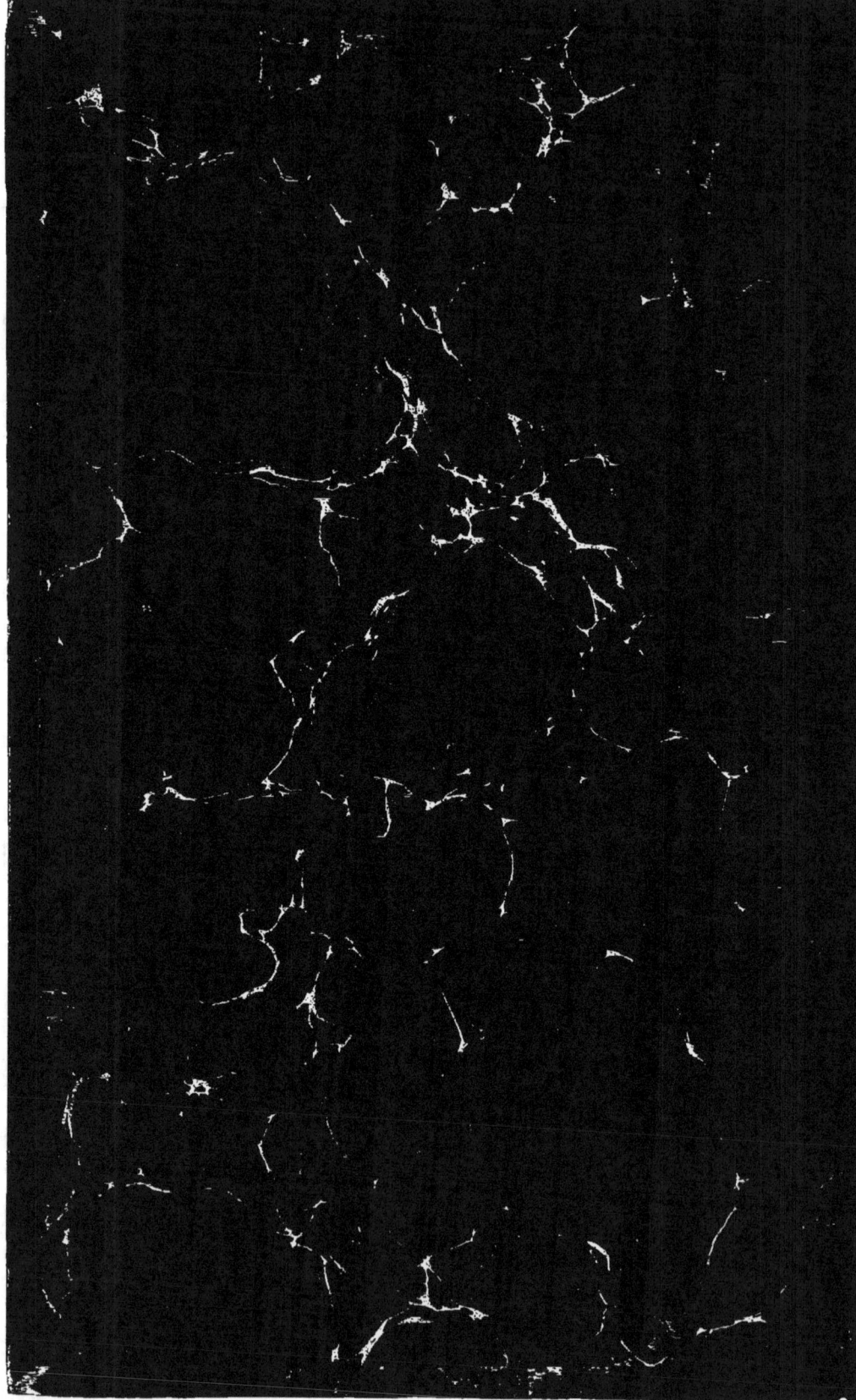

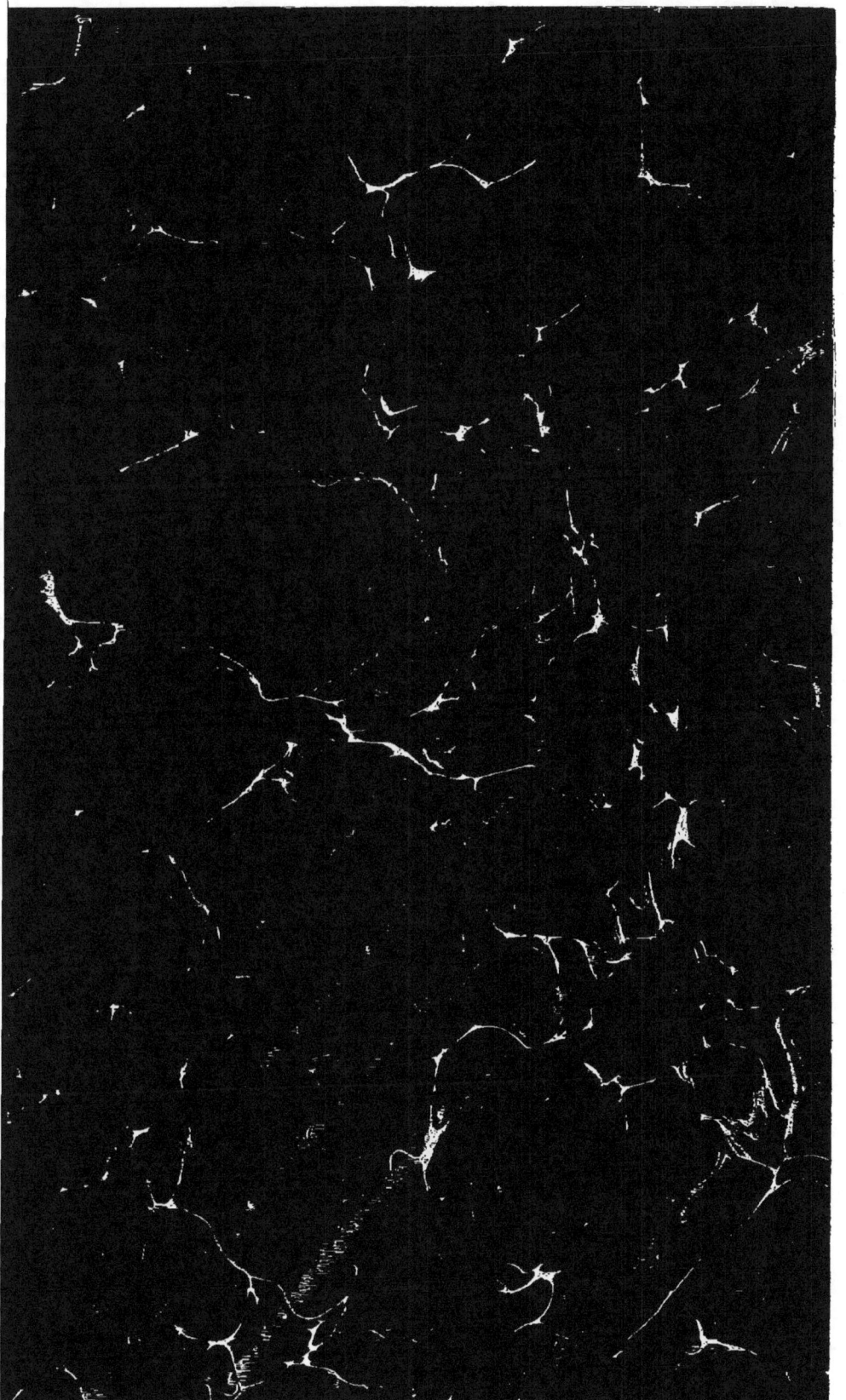

# HISTOIRE

DE LA

# GUERRE D'ESPAGNE

ET DE PORTUGAL.

*Les formalités ayant été remplies, conformément aux lois, je poursuivrai tout contrefacteur ou débitant du présent ouvrage contrefait.*

## CET OUVRAGE SE TROUVE AUSSI AU DÉPÔT DE MA LIBRAIRIE,

*Palais-Royal, galeries de bois, nos 265 et 266.*

*Nota.* Les personnes qui désireront le Catalogue général de ma Librairie, pourront en faire la demande, il leur sera envoyé *gratis*.

## SOUS PRESSE :

HISTOIRE DE LA GUERRE DE RUSSIE ET D'ALLEMAGNE, de 1812 à 1814; par M. SARRAZIN, maréchal de camp, 1 vol. in-8 orné d'une belle carte, où sont tracées les marches des armées françaises et celles des alliés.

# HISTOIRE
## DE LA
# GUERRE D'ESPAGNE
# ET DE PORTUGAL,

### DE 1807 À 1814.

### PAR M. SARRAZIN,

MARÉCHAL-DE-CAMP,

UN DES COMMANDANS DE LA LÉGION D'HONNEUR ET ANCIEN CHEF D'ÉTAT-MAJOR
DU PRINCE ROYAL DE SUÈDE AUX ARMÉES D'ALLEMAGNE ET D'ITALIE.

ORNÉE DE LA CARTE D'ESPAGNE ET DE PORTUGAL,

Où sont tracées les marches des armées française, anglaise et espagnole,

### DRESSÉE PAR M. LAPIE,

DIRECTEUR DU CABINET TOPOGRAPHIQUE DU ROI.

« Un général victorieux n'a point fait de fautes aux yeux
« du public, de même que le général battu a toujours tort,
« quelque sage conduite qu'il ait tenue. »
VOLTAIRE, *Hist. gén.*, chap. CLXXXII.

## PARIS,
### J. G. DENTU, IMPRIMEUR-LIBRAIRE,
Rue du Pont-de-Lodi, n° 3, près le Pont-Neuf.

1814.

# PRÉFACE.

Nous n'avons pas l'histoire de la guerre allumée entre la France et l'Espagne, par l'ambition de Buonaparte. Il serait même difficile de la composer avec exactitude, sans les rapports officiels insérés dans les papiers anglais ; car les journaux français ne publiaient que ce qui pouvait être convenable au gouvernement de Napoléon. Les circonstances particulières dans lesquelles je me suis trouvé, m'ont permis de recueillir des renseignemens intéressans sur les principaux évènemens de cette guerre injuste, dont l'auteur a enfin reçu le châtiment dû à son machiavélisme.

A Londres et à Paris, j'ai consulté des officiers généraux qui avaient servi en Espagne, et j'ai rectifié bien des erreurs qui se trouvaient dans les rapports officiels. Par exemple, tous les détails insérés dans les journaux de Londres sur les affaires de Baylen en 1808, mentionnent Castanos comme présent sur le terrain, et commandant en personne l'armée espagnole. Il m'a été assuré à Paris, par des personnes de rang, qui étaient dans l'armée française, que Castannos était resté à Andujar avec les réserves espagnoles, et que c'était le général Reding qui avait dirigé les opérations et signé la capitulation. Ainsi il faut lire Reding, au lieu de Castannos, pages 23 et 24.

L'Europe fut étonnée, en apprenant le sort de ce corps d'armée, commandé par un chef également distingué par des actions brillantes à la guerre, et par des services utiles dans le cabinet. Mais une armée de ligne, soutenue par toute la population en armes, et retranchée dans une forte position, s'empara de la seule route praticable, tant pour aller à Madrid que pour en recevoir des renforts, et força le général Dupont à capituler. Ce que les papiers anglais ont eu soin de cacher, c'est la violation de la capitulation. Quoique les Français eussent commandé l'admiration et le respect, par des prodiges de valeur, une populace effrénée, ivre de ses succès, insulta aux vaincus, et leur fit éprouver toutes sortes d'humiliations. Les bagages furent pillés, et les soldats égarés furent impitoyablement massacrés. Les restes du corps qui avait capitulé eurent beaucoup de peine à arriver à Cadix; et, comme si on eût voulu leur faire regretter de ne pas avoir succombé sous les poignards des bandits de la Sierra-Morena, on les ensevelit dans des cachots, ou on les entassa dans des pontons.

Cette conduite barbare n'était point dans le caractère espagnol; mais le propre d'une révolution est de tourner toutes les têtes, et de faire violer les principes les plus sacrés. Plus tard, les Espagnols ont connu leur erreur : ils ont été convaincus qu'il n'y avait qu'un grand coupable, et dès qu'il a été privé du pouvoir de faire le mal, ils ont considéré les Français comme des frères. J'en atteste la discipline sévère qu'ils ont observée dans le midi de la France. Je devais aux Français et aux Espagnols ces courtes réflexions sur un évènement mal apprécié, parce qu'il a été dénaturé dans ses circonstances. Il se sera sans doute glissé d'autres inexactitudes dans le cours de cet ouvrage; mon empressement à les corriger, aussitôt qu'on aura eu la complaisance de m'en donner avis, prouvera sans réplique que j'ai cru à la vérité des relations sur lesquelles j'ai basé mon travail.

Je n'ai point la prétention de publier une *Histoire complète*, mais seulement des *Notes critiques* sur les principales opérations militaires qui ont eu lieu dans la péninsule depuis 1807, jusqu'à l'entrée de lord Wellington sur le territoire français. L'étude toute particulière que j'ai faite de cette guerre me fait vivement désirer d'être bientôt à même de composer un corps d'histoire régulier qui renferme les détails indispensables sur la force des armées, la description des positions, les ressources du pays, et les changemens politiques qui se sont opérés pendant la durée de la guerre. De même que l'étude de l'histoire conduit les hommes d'état à la connaissance des peuples et de leur gouvernement, de même l'étude des campagnes des grands capitaines doit être pour les militaires une source féconde d'instruction, sous le double rapport de la théorie et de la pratique, puisque leurs fautes étant rectifiées par les principes, accroissent singulièrement l'expérience de tout lecteur attentif. Telle est la véritable marche à suivre, en temps de paix, pour se perfectionner dans l'art de la guerre, qui est la plus vaste, la plus compliquée, la plus importante et la plus noble de toutes les sciences, puisque c'est par elle que les nations conservent leur liberté, leur religion, leurs propriétés, leur commerce et leur gloire. Un habile général a toujours été considéré comme le plus ferme soutien du trône de son souverain, devenant, par son commandement, le véritable dépositaire de toute sa puissance, et le plus sûr garant des espérances de la patrie.

On me demandera peut-être quels sont mes titres, pour oser ainsi m'ériger en censeur des plus habiles généraux, tels que Soult, Dupont, lord Wellington, Suchet, Masséna, etc., etc. Je réponds, que depuis ma plus tendre enfance, je m'occupe des mathématiques et de l'art militaire. En 1786, à peine âgé de seize ans, j'étais dans un régiment de dragons. J'ai servi le roi, la république, le directoire, et enfin Buonaparte, jusqu'en juin 1810, que je partis pour aller offrir mes services à Louis XVIII. Déjà en 1794, je rédigeais, sous la direction du célèbre Kléber, le premier siége de Mayence et ses notes sur la guerre de la Vendée. Si les héritiers du vainqueur d'Héliopolis, possèdent ces manuscrits, il serait essentiel qu'ils en fissent la remise au gouvernement. Ils renferment des détails du plus grand intérêt. D'ailleurs, la confiance qui m'a été accordée par le prince royal de Suède, dont j'ai été le chef d'état-major aux armées d'Allemagne et d'Italie, doit convaincre le lecteur intelligent que mon opinion sur les opérations sera toujours le résultat d'un examen sérieux basé tant sur les principes fondamentaux de l'art, que sur les faits d'armes les plus brillans de nos plus habiles généraux.

J'ai publié pendant mon séjour à Londres, la *Confession de Buonaparte à l'abbé Maury*, et deux volumes d'un ouvrage périodique intitulé le *Philosophe, ou Notes historiques et critiques;* ces productions ont été favorablement accueillies dans toute l'Europe, excepté en France où leur circulation était sévèrement prohibée. La *Confession de Buonaparte* a été traduite en plusieurs langues. Les militaires sur-tout en firent l'éloge, parce que les campagnes des Français y sont raisonnées d'après les principes de stratégie et de tactique mis en pratique par le grand Frédéric, et adoptés par les généraux qui ont marqué dans cette dernière guerre. J'ai suivi la même marche dans la guerre d'Espagne et de Portugal. La guerre de Russie et d'Allemagne, de 1812 à 1814, est écrite avec la même impartialité et le même zèle pour les progrès de l'art.

On aurait sans doute désiré que j'eusse donné une analyse succincte de la guerre de 1793 à 1795, comme je l'ai fait pour la guerre de la succession. Je craignais que ces détails si connus, comme encore récens, ne parussent ennuyeux. Les observations de mes amis me déterminent à remplir ici cette lacune de l'ouvrage, par quelques courtes réflexions sur les généraux en chef et les principaux évènemens.

Le 6 mars 1793, la France déclara la guerre à l'Espagne. Le 23 du même mois, la cour de Madrid donna les ordres pour repousser la force par la force. Les troupes furent dirigées vers les Pyrénées. Le général don Antonio Ricardos eut le commandement de l'armée qui devait envahir le Roussillon, et don Ventura Caro fut chargé de défendre les passages qui couvrent l'Espagne du côté de la Bidassoa. Le général Ricardos fit une campagne très-brillante. Avec des moyens à peine suffisans pour rester sur la défensive, il arriva jusque sous les murs de Perpignan, et il s'empara de Bellegarde. Sa mort affligea avec raison tous les bons Espagnols. Les généraux français Flers, Dagobert et Doppet, qui luttèrent contre Ricardos, avaient sa bravoure, mais non ses talens. Le général Caro obtint d'abord des succès tels, qu'on craignit pour Bayonne. La victoire du 1$^{er}$ mai 1793, s'il eût su en profiter, le rendait maître du cours de l'Adour. Il fut rejeté sur la Bidassoa par les nombreux renforts qui arrivèrent aux Français. Ce fut dans cette campagne que deux héros, qui se sont rendus si célèbres, firent leurs premières armes dans l'attaque de Biriatou. Le premier grenadier de France, Latour-d'Auvergne, à la tête de ses braves, attaqua le marquis de La Romana, chargé de la défense de Biriatou. Les Français furent repoussés.

La campagne de 1794 fut une série de désastres pour les Espagnols. Le comte de La Union, le successeur de Ricardos, était très-brave grenadier, mais un médiocre général. Il mourut au champ d'honneur comme Dugommier ; le général français avait assuré la victoire par l'habileté de ses plans et par l'audace de ses attaques. Figuières fut livré par trahison. Ricardos avait cantonné son armée sur le territoire français pendant l'hiver de 1793, et un an plus tard, cette même armée, commandée par le général Las Amarillas, ne se croyait pas en sûreté sur son propre territoire, à vingt lieues de ses frontières. Cette terreur panique des chefs se communiqua à ceux de l'armée de Navarre. Les intrigans de la cour avaient fait remplacer le général Caro, par le comte de Colomera. Il fut battu, et l'Espagne envahie jusqu'à Tolosa, où le général Moncey établit son quartier-général, en août 1794. Des affaires de poste, où les Espagnols obtinrent souvent l'avantage sur les Français, prouvèrent que les soldats des deux armées étaient aussi braves que leurs adversaires, et que leurs revers n'étaient dus qu'à la médiocrité de leurs généraux.

La campagne de 1795 s'ouvrit en faveur des Français par la prise de Roses. On ne s'était pas aperçu dans l'armée française de la mort de Dugommier, parce qu'il avait été remplacé par le général Pérignon, qui possédait la confiance et l'attachement des généraux et soldats sous ses ordres. Don Joseph Urrutia remplaça Las Amarillas. On ne tarda pas à se bien trouver de cet heureux changement. L'armée fut réorganisée très-promptement, et reprit l'offensive avec des succès variés, lorsque la paix signée à Bâle, le 22 juillet 1795, mit fin aux hostilités. En Navarre, le prince de Castel-Franco avait remplacé le comte de Colomera. Il ne lui fut pas possible d'empêcher les Français de s'emparer de Vitoria ; mais il réorganisa l'armée, et il montra des talens, puisqu'avec des forces inférieures à celles du général Moncey, il réussit à préserver d'invasion les deux Castilles. On peut même assurer que, sans la conclusion de la paix, au moyen des renforts qu'il reçut à cette époque, il aurait pris l'offensive, et forcé les Français à se replier sur la Bidassoa.

La France avait alors des armées sur toutes ses frontières et dans la Vendée. Par-tout elle était triomphante. En 1808, l'Europe était soumise à Napoléon, s'il eût respecté la délicatesse espagnole. Le vainqueur des Autrichiens à Austerlitz, des Prussiens à Iéna et des Russes à Friedland, se voit braver par un peuple loyal et intrépide, indigné qu'on lui enlève son légitime souverain. Qui pourra nous donner la solution du problème suivant : « Com-
« ment la France, en 1794 et 1795, fut-elle au
« moment de donner la loi à l'Espagne et à tout
« le continent, tandis qu'en 1808, cette même Es-
« pagne osa résister à la France, dont toutes les
« forces disponibles devaient l'écraser, et qu'en 1814,

« les Espagnols commandaient sur les rives de la
« Garonne, depuis Bordeaux jusqu'à Toulouse ? »
Les soldats français de 1808 étaient bien supérieurs
à ceux de 1794 et 1795, puisqu'ils avaient acquis
l'expérience de la guerre. Les plans de Buonaparte
étaient ou devaient être *bien plus savamment combinés* que les radotages du comité de Salut public et
du Directoire ; et cependant en 1795, les Français arrivent jusque sur l'Ebre, et en 1814, ils sont
poursuivis jusque sur les bords de la Garonne !!

La cause première des triomphes d'un empire
existe dans les mesures adoptées par son gouvernement qui active ou neutralise, *à son gré*, les talens
de ses généraux, et les meilleures dispositions de
ses troupes. Ricardos et Dugommier ne doivent
peut-être leur grande réputation qu'à la mort qui
les surprit au sein de la victoire. Plus tard, ils
auraient été victimes des intrigues de leurs envieux ; car le vrai mérite en a toujours. Ainsi Caro
fut enlevé à l'armée de Navarre, dont il avait accru
la gloire, en partageant ses dangers. Comme
ses compagnons d'armes, il voyait avec chagrin
que son gouvernement agissait avec mollesse ;
et sa douleur fut à son comble, quand il apprit la
paix conclue par son roi avec le nouveau gouvernement de France. Ce loyal Espagnol avait juré de ne
remettre l'épée dans le fourreau, que quand l'auguste famille des Bourbons serait rétablie sur le
trône de Saint-Louis.

Je m'exprime souvent avec chaleur en faveur des
Espagnols. Je crois être juste, et en même temps
je paie mon tribut de reconnaissance pour les bontés
que m'ont témoigné plusieurs chefs de cette nation,
dont la valeur est la moindre de ses grandes qua-

lités. En 1797, le marquis de Spinola, commandant quatre frégates espagnoles, en rade de Trieste, me combla des plus grands égards. J'étais alors chef de l'état-major du général Bernadote, aujourd'hui prince royal de Suède. En 1800, l'amiral Gravina, commandant la flotte espagnole, en rade de Brest, me reçut souvent à son bord avec la plus grande distinction, et accepta une fête que je lui donnai le 14 juillet au camp de Saint-Renan, où j'avais sous mes ordres deux mille Espagnols débarqués des vaisseaux de la flotte. En 1803, le général Kindelan, gouverneur à Saint-Yago de Cuba, m'accueillit à mon retour de Saint-Domingue, me protégea contre les corsaires qui voulaient s'emparer de mon vaisseau, et m'offrit, avec la plus grande générosité, tous les secours dont je croirais avoir besoin; et enfin, don Diego Morphy, consul espagnol à Charles-Town, me protégea contre la populace de cette place, et me fournit les moyens d'arriver en France, sans être capturé par les Anglais. On cessera donc d'être surpris, que je saisisse avec empressement les occasions de célébrer la loyauté espagnole, dont j'ai fait une si douce expérience.

Une influence puissante, quoique cachée, m'empêche de recevoir la récompense due à mes services. J'éprouve à Paris les mêmes tracasseries que lord Castlereagh me suscita à Londres, lorsque je refusai la pension de quinze cents livres sterling qu'il me fit offrir par lord Cochrane. Je me bornai à demander la paie attachée à mon grade; mais on ne voulut point y consentir, en disant « qu'un Français, « fût-ce Buonaparte lui-même, ne serait jamais « traité aussi bien qu'un Anglais. » Est-ce que les

ministres anglais seraient assez puissans pour m'empêcher d'être traité à Paris comme un Français, afin
de me faire repentir d'avoir voulu être traité à Londres selon mon rang? Les ministres de Prusse et
d'Autriche en ont agi avec bien plus de loyauté,
puisque par décision du 19 juin dernier, le conseil
d'état a annullé les jugemens et levé le séquestre,
concernant les Français qui ont servi ces deux puissances contre la France.

Quand on aura lu mes plans, on n'aura plus tant
d'admiration pour Kutusof, le fuyard d'Austerlitz;
Schwarzenberg, l'ancien prisonnier de Kelh; Blü-
cher, l'ancien prisonnier de Schwartau en 1806,
après la bataille d'Iéna..... Je demande qu'on me
rende mes plans, ou qu'on m'en paye le montant,
évalué à soixante mille livres sterling. On m'avait
promis bien davantage, mais je n'ai voulu demander au parlement britannique que l'équivalent de
mes pertes par mon départ du camp de Boulogne.

On peut, au mépris de toutes les lois, laisser mes
biens sous le séquestre, retenir mon argent au mi-
nistère de la police, et me blâmer de n'avoir pas
voulu porter les armes contre la France; mais on ne
pourra jamais faire que tout ce que j'ai annoncé en
1810, dans le *Times* et dans mes ouvrages, devoir
arriver, par l'exécution de mes plans, n'ait été dignement couronné en 1814, par la restauration de
l'auguste famille des Bourbons sur les trônes de
France et d'Espagne.

*Le maréchal-de-camp,*<br>
SARRAZIN.

A Paris, le 21 septembre 1814.

# TABLE DES MATIÈRES

CONTENUES DANS CET OUVRAGE.

P<small>RÉFACE</small>,　　　　　　　　　　　　　　　Page j

LIVRE PREMIER,　　　　　　　　　　Page 1

　Introduction. Ambition de Buonaparte. Les Français entrent à Lisbonne et à Madrid. Ferdinand VII. Sa fermeté. Sévérité du prince Murat. Combats de Cadix, de Baylen et de Medina-del-Rio Secco. Premier siége de Sarragosse. Bataille de Vimieira. Convention de Cintra Flotte russe. Fautes des alliés Expédition du général Moore. Prise de Burgos et de Madrid. Retraite des Anglais. Combat de Bénavente. Bataille de la Corogne. Affaires de Catalogne.

LIVRE DEUXIÈME,　　　　　　　　　Page 60

　Second siége de Sarragosse. Héroïsme de Palafox. Soult enlève d'assaut la ville de Porto. Reprise de cette place par les Anglais. Retraite de Soult en Galice. Il délivre Lugo. Triomphe de sir Arthur Wellesley. Combats de San-Payo et de Belchite. Le général Cuesta. Son indécision. Bataille de Talavera. Retraite des alliés. Défaite de Venegas à Almonacid. Détails sur les guérillas. Combat d'Alba-de-Tormès. Bataille d'Occana. Prise de Gérone. Fautes des belligérans.

LIVRE TROISIÈME,　　　　　　　　Page 113

　Passage de la Sierra-Morena. Prise de Grenade et de Séville. Lenteur du prétendant Joseph. Blocus de Cadix. Le duc d'Albuquerque. Son énergie. Malaga est occupé par les Français. Hostalrich leur est abandonné. Capitulation de Lérida et d'Astorga. Tempête près de Cadix. Troubles en Andalousie. Reddition de Mequinenza. Masséna prend Ciudad-Rodrigo et Alméida Bataille de Busaco. Marche des Français sur Lisbonne. Arrivée du 9<sup>e</sup> corps. Imprudence de lord Blaney. Prise de Tortose.

LIVRE QUATRIÈME,　　　　　　　　Page 162

　Mort du marquis de La Romana. Son éloge par lord Wellington. Défaite de Mendizabal par Soult. Victoire des Anglais à Barrosa. Mort du général Ruffin. Retraite de Masséna. Combat de Sabugal. Blocus d'Alméida. Siége de Badajoz par les alliés.

Bataille d'Albuera. Mort du général Verlé. Bataille de Fuentes-de-Onora. Heureuse audace de la garnison d'Alméida. Fautes du général anglais. Jonction de Soult et de Marmont. Ravitaillement de Badajoz. Siége de Tarragone. Surprise de Figuières par les Catalans. Reprise de cette place par Macdonald. Marquesito, Esposymina, Abadia et Ballasteros.

## LIVRE CINQUIÈME, Page 219

Le duc d'York, considéré comme l'auteur des succès des Anglais. Attaque de Niébla. Combat de Baza. Blocus de Ciudad-Rodrigo. Jonction de Dorsenne et de Marmont. Combats d'Elbodon et d'Aldéa-de-Ponte. Jactance des généraux français. Siége de Santander. Combat d'Arroyo-del-Molinos. Reddition du fort d'Oropesa. Bataille de Sagonte. Capitulation du château. Mort du général Godinot. Passage du Guadalaviar. Capitulation de Valence. Belle défense de Tariffa. Ciudad-Rodrigo pris d'assaut par les Anglais. Apathie des Galiciens. Energie des Catalans. Péniscola est livrée aux Français. Conquête héroïque de Badajoz. Affaires de Portugal, d'Andalousie, de Galice et de Catalogne.

## LIVRE SIXIÈME, Page 286

Coup de main sur Almaraz. Habileté du général Hill. Combat de Bornos. Belle manœuvre du général Conroux. Fautes de Ballasteros. Marche des alliés sur Salamanque. Manœuvres de Marmont. Prise des forts de Salamanque. Mouvemens de lord Wellington entre le Douro et la Tormès. Combat de Castrejon. Bataille de Salamanque. Clausel remplace Marmont. Combat de la Serna. Prise de Madrid. Lâcheté du gouverneur du *Retiro*. Evacuation de l'Andalousie. Savante retraite de Soult. Destitution de Ballasteros. Prise d'Astorga et de Valladolid. Siége du château de Burgos. Défense héroïque de la garnison. Retraite des alliés. Circonspection du maréchal Soult envers lord Wellington.

## LIVRE SEPTIÈME, Page 324

Observations générales. Ouverture de la campagne. Bataille de Vitoria. Bon mot de Louis XIV. Nature des talens de lord Wellington. Censure du charlatanisme. Prise de Tolosa. Combat de Castalla. Malheureuse expédition contre Tarragone. Justification du général Murray. Siége de St.-Sébastien. Bataille des Pyrénées. Fautes des belligérans. Prise de St.-Sébastien. Combat de Sanmarcial. Eloge de la marine anglaise. Bévue de lord Bentinck. Audace du maréchal Suchet. Détails sur Tarragone. Passage de la Bidassoa. Capitulation de Pampelune.

| | |
|---|---|
| Notice biographique sur le maréchal Soult, | Page 379 |
| Note sur le siége du château de Burgos, | 399 |
| Réponses de l'auteur, etc. | 400 |

FIN DE LA TABLE DES MATIÈRES.

# HISTOIRE

DE LA

# GUERRE D'ESPAGNE.

## LIVRE PREMIER.

L'Espagne est située, pour ainsi dire, entre l'Europe et l'Afrique; car si on laisse de côté les conventions géographiques pour baser son calcul sur les faits, on sera obligé de convenir que la péninsule appartient également à ces deux parties du globe, puisqu'elle réunit leurs productions, et que sa population est formée des Goths venus du nord et des Sarrazins venus du midi. L'Espagne est bornée à l'est par la Méditerranée; au sud, par la même mer et par le détroit de Gibraltar; à l'ouest, par le Portugal et par l'Océan atlantique; et au nord, par le golfe de Biscaye et par les monts Pyrénées. Sa largeur, du nord au sud, est évaluée à 195 lieues, et sa longueur, de l'est à l'ouest, est de 219. On porte son circuit à 580 lieues.

Cette riche contrée fut connue des Phéniciens environ mille ans avant l'ère chrétienne. Ils y établirent des colonies. Trois siècles avant la même ère, Carthage réussit à conquérir les plus belles provinces de la péninsule. Le prétexte du commerce couvrit les premières entreprises. Bientôt les généraux carthaginois joignirent la violence de leurs bandes à l'astuce des négocians, et en très-peu de temps ils furent maîtres des provinces qui avoisinent la côte, depuis Cadix jusqu'à Barcelonne. Rome, l'ennemie jurée de Carthage, offrit son appui aux Espagnols. La destruction de Sagonte par Annibal, si bien vengée par la victoire éclatante de Scipion dans les plaines de Zama, fit accueillir favorablement les Romains. Mais les extorsions de ces nouveaux protecteurs ne tardèrent pas à les rendre aussi odieux que leurs prédécesseurs les Carthaginois. Courageux, sobres, vigoureux, lestes et infatigables, les Espagnols se montrèrent dignes de combattre les Romains. Les habitans de Numance, à l'exemple des Sagontins, s'ensevelirent sous les ruines de leur cité, ne voulant point survivre à la perte de leur indépendance. Quoique dirigés d'abord par Viriatus, et ensuite par Sertorius, tous deux célèbres par leurs exploits et par leurs talens, les malheureux Espagnols furent obligés de se soumettre à la fortune du grand Pompée. La bataille de Munda, gagnée par César sur le fils aîné de son illustre rival, acheva la conquête d'un pays que son heureuse température, la fertilité de son sol et la richesse de ses mines d'or et d'argent rendirent pour les Romains une bien précieuse récompense de leurs prodigieux efforts pour soumettre Carthage.

L'Espagne fit partie de l'Empire romain jusqu'au commencement du cinquième siècle. Elle devint alors l'un des principaux théâtres des révolutions qu'occasionnèrent les irruptions des barbares du nord. Ceux-ci furent détruits par les Sarrazins en 712. Vers l'an 1000, Sanche-le-Grand avait réuni la péninsule en un seul corps de monarchie; mais, à l'exemple de Charlemagne, il fit à sa mort des états séparés pour chacun de ses enfans. L'Espagne ne fut réunie de nouveau qu'en 1474, par le mariage de Ferdinand V avec Isabelle de Castille. Sa population était, à cette époque, évaluée à 14,000,000 d'âmes. Le règne de Charles-Quint fut pour cette puissance ce qu'a été depuis pour la France le siècle de Louis-le-Grand. Les Espagnols donnèrent le ton à l'Europe, et jusque vers le milieu du dix-septième siècle, ils furent regardés comme des modèles de politesse, de galanterie, d'érudition, de loyauté, de valeur et de magnificence. François I<sup>er</sup>, battu à Pavie, fut prisonnier dans Madrid !

La nomination d'un prince français au trône d'Espagne en 1700, souleva l'Europe contre Louis XIV. Il en résulta une guerre générale connue sous le nom *de guerre de la succession d'Espagne*, dont j'esquisserai les principaux traits, à cause de leur analogie avec les évènement qui font le sujet de cet ouvrage.

En 1706, Philippe V fut à deux doigts de sa perte. Il fut obligé de lever le siége de Barcelonne, et réduit à ramener son armée en Espagne, par Perpignan et Bayonne. Ciudad-Rodrigo, Salamanque et même Madrid, avaient ouvert leurs portes aux alliés. La lenteur et la faiblesse de l'archiduc rendirent inutiles sous ces avantages. Philippe rentra dans sa capitale. La bataille d'Almanza, en 1707, gagnée par Berwick sur lord Galloway, consolida ce monarque sur son trône. On blâma avec raison sa sévérité envers Xativa, ville du royaume de Valence. Les habitans avaient épousé le parti de l'archiduc son rival : leur résistance contre les troupes du roi fut signalée par un courage et un dévouement qui plaçaient les assiégés au niveau des héros de Sagonte. La ville fut prise d'assaut, pillée, brûlée, et tous les habitans passés au fil de l'épée. En 1708, Tortose fut prise par le duc d'Orléans, à la vue de Stharenberg, général de l'archiduc. En 1710, la fortune sourit aux alliés. Philippe fut complètement battu près de Sarragosse. Stharenberg, son vainqueur, conduisit l'archiduc à Madrid, tandis que le roi fugitif réunissait à Valladolid les débris de son armée : il paraissait perdu sans retour. Louis XIV était aussi le jouet des caprices du sort. Ce monarque, battu jusque dans l'intérieur de son royaume, fit un appel à la nation française, qui fit de grands efforts à cause de la franchise, de la modération et de la noblesse de tous les procédés de Louis. Le traitement hautain fait à ses plénipotentiaires pendant les conférences de Gertruydenberg piqua les Français, dans tous les temps si dévoués pour maintenir l'honneur du trône, et venger les insultes dirigées contre leur souverain. Les renforts pour l'Espagne furent mis sous les ordres du duc de Vendôme, l'un des plus célèbres généraux de Louis XIV. A son arrivée, les grands d'Espagne refusaient de lui obéir, et délibéraient sur le rang qu'on lui donnerait. « Tout « rang m'est bon, leur répondit fièrement le « digne descendant de Henri IV. Je ne viens « point vous disputer le pas, je viens pour « vous conserver votre roi légitime. » Etonnés de tant de modestie avec un mérite si transcendant, tous les généraux espagnols rivalisèrent de zèle pour l'exécution de ses ordres. Vendôme tint parole. Il leur conserva Philippe, et il le ramena à Madrid. Il fit prisonnier Stanhope avec son armée, et battit Stharemberg dans les plaines de Villaviciosa. Ces succès firent cesser les alarmes de Philippe, et dissipèrent les espérances de l'archiduc. Ce monarque offrit à Vendôme 500,000 livres en or pour récompense de ses services. Le général français les refusa, et lui dit : « Sire, je suis « sensible à votre générosité, mais je supplie « Votre Majesté de faire distribuer cet or à ces « braves Espagnols dont la valeur et l'amour « pour votre personne vous ont conservé en « un jour tant de royaumes. » Quelle grande leçon pour les Cuesta, les Eguia, les Arrizaga, les Lapena, les Ballasteros !

La paix fut signée à Utrecht, le 15 juillet 1713. Néanmoins Barcelonne, quoiqu'évacuée par les troupes de l'empereur, et réduite à ses propres forces, refusait de reconnaître Philippe pour son souverain; il fallut en faire le siége, et ce fut sur la brèche, quand les autres siéges finissent, que celui-ci parut commencer avec un acharnement qui tenait de la rage : on se battit dans les rues et dans les maisons corps à corps; les moines croisèrent la baïonnette contre les grenadiers français, et souvent avec succès; enfin les Barcelonnais furent obligés, comme Sarragosse l'a été en 1809, de se rendre à discrétion après les plus terribles assauts. Le maréchal de Berwick, pénétré d'admiration pour l'héroïsme de ces intrépides Catalans, leur accorda leurs biens et la vie, quoique son armée demandât à grands cris que, conformément aux lois de la guerre, Barcelonne, prise d'assaut, fût traitée comme l'infortunée Xativa. Ainsi Barcelonne soutint onze mois de blocus et deux mois de tranchée ouverte, et ne fut conquise qu'après avoir fait perdre aux assiégeans plus de dix mille hommes.

Le Portugal est situé dans la partie occidentale de la presqu'île d'Espagne. Sa longueur, du nord au sud, est de 125 lieues, et sa largeur, de l'est à l'ouest, de 54. Ce royaume ne fut séparé de l'Espagne qu'après l'expulsion des Maures. La royauté, dans le Portugal, date de 1139. L'époque brillante des Portugais eut lieu vers la fin du quinzième siècle, sous le règne d'Emmanuel-le-Grand. C'est alors que Vasco-de-Gama ouvrit à l'Europe les routes des grandes Indes, et que le duc d'Albuquerque, aussi célèbre par son génie que par son audace, y procura une gloire immortelle aux armes portugaises. En 1580, le Portugal fut réuni à l'Espagne par la mort du cardinal Henry. Philippe II tourmenta ses nouveaux sujets par les vexations les plus inouies. La fierté portugaise, indignée de tant de tyrannie, reconquit sa liberté après soixante ans de souffrances. Don Juan IV fut proclamé roi, en 1640. Dans la guerre de la succession d'Espagne, Pierre II prit le parti des alliés contre Philippe V, et il joua un rôle important dans la confédération. Depuis cette époque, le Portugal doit sa conservation en royaume et la prospérité de sa population, à la sage politique de ses souverains, qui n'ont rien négligé pour mériter l'appui et l'amitié de l'Empire britannique.

Je passe sous silence la guerre entre l'Espagne et la France, si heureusement terminée pour les deux nations par le traité de Bâle, signé le 22 juillet 1795. Dès que Buonaparte fut consul, il convoita la domination de la péninsule. Pour mieux attirer l'Espagne dans ses filets, il lui fit espérer la conquête du Portugal, et sa réunion à la couronne de Castille. Charles IV, jaloux de conserver la paix à ses sujets, dont il était plus le père que le roi, eut la bonhomie de croire à la loyauté du nouveau cabinet des Tuileries. Il adopta aveuglément les projets de Buonaparte, lorsque celui-ci, enchanté d'avoir obtenu une influence si avantageuse à ses desseins, parut déployer une grande modération en acceptant les propositions pacifiques que la cour de Portugal lui fit porter par M. le chevalier d'Aranjo. En conséquence de l'autorisation de Napoléon, le général en chef, Manuel de Godoi, signa la paix entre l'Espagne et le Portugal, le 6 juin 1801. Vers le premier août, le général Leclerc, beau-frère de Buonaparte, commandant en chef l'armée *auxiliaire*, quitta l'Espagne pour rentrer en France. Les Espagnols traitèrent de la manière la plus amicale les officiers et les soldats français. L'Espagne fut entièrement évacuée après la conclusion de la paix entre la France et le Portugal, signée le 29 septembre. On doit remarquer que Buonaparte, qui voulait donner aux Espagnols une opinion favorable de ses troupes, avait pris grand soin de ne donner à Leclerc que des corps d'élite; en outre il fut ordonné, sous les peines les plus sévères, de traiter les Espagnols avec les plus grands égadrs. Ces dispositions furent si bien exécutées, que les Castillans, peuple confiant et généreux, parurent regretter ces mêmes Français qui devaient revenir bientôt pour leur enlever leur roi et les soumettre à Buonaparte.

Les désastres d'Ulm et d'Austerlitz, en 1805, forcèrent l'Autriche et la Russie à quitter momentanément le champ de bataille. Malgré la bonne harmonie qui semblait régner entre les cours de Paris et de Madrid, on fit courir le bruit que dès que Buonaparte se serait assuré de la sincérité des protestations amicales de la Prusse et de la Russie, plusieurs divisions de la grande armée française d'Allemagne seraient détachées sous prétexte d'aller faire le siége de Gibraltar, mais réellement pour placer un frère de Napoléon sur le trône d'Espagne. Pendant le printemps de 1806, j'eus mon quartier-général chez le prince de Nassau, dans son château de Weilbourg. Un jour où je causais avec son altesse sur la situation politique et militaire de l'Europe, il fut question de la possibilité de faire rentrer la France dans ses limites de 1789. D'après les idées du prince, l'Autriche, la Prusse et la Russie devaient attaquer la ligne du Rhin; l'Angleterre devait débarquer cent mille hommes sur les côtes de la Manche, et marcher sur Paris; l'Espagne devait pénétrer par les Pyrénées jusque vers la Loire; l'Italie devait être attaquée par deux cent mille Turcs. Je m'écriai : *O pulchrum caput, si cerebrum haberet !* Je reconnus facilement, à cette opinion, une attaque secrète de son beau-frère le prince Louis, duc de Wurtemberg, oncle de l'empereur Alexandre, qui depuis deux mois était venu de Saint-Pétersbourg pour visiter la famille de son épouse. Je fis observer au prince de Nassau que si la Prusse ne se soumettait pas aux volontés de la France, Frédéric Guillaume serait attaqué et battu; que les Russes arriveraient trop tard à son secours, comme l'année d'auparavant, pour coopérer avec Mack; que l'Autriche, ennemie invétérée de la Prusse, serait ravie de voir humilier cette puissance, qui avait, *si impolitiquement*, refusé de concourir au salut de l'Allemagne en 1805 ; que l'Espagne était sous l'influence de Napoléon, qui ne regardait le roi Charles que comme son premier préfet, qu'il remplacerait bientôt par un de ses frères, et que la Turquie n'avait ni la volonté ni les moyens de s'emparer de l'Italie ; enfin je lui dis que l'Angleterre, si puissante, si active et si heureuse sur mer et dans les Deux-Indes, calculerait si long-temps sa marche sur Paris, qu'il ne serait plus possible de l'effectuer avec succès, lorsque l'expédition serait définitivement adoptée.

Le prince, quoique d'un caractère fort doux, ne put pas cacher un mouvement de colère qui lui échappa en entendant mon opinion sur le roi d'Espagne. « Il n'y a donc rien de sacré « pour votre souverain, » me dit son altesse, « et l'on ne peut pas se fier à ses promesses ? » « Oh non certainement, » lui répondis-je avec calme, « à moins qu'elles ne soient favorables « à ses desseins ultérieurs ; la conduite de Buo- « naparte est celle des anciens conquérans qui « ont ravagé le globe ; il ne connaît d'autre loi « que son intérêt. » J'étais sur le point de lui dire qu'il serait aussi absorbé à son tour, lorsqu'il m'interrompit, en disant : « Vous êtes « dans l'erreur la plus grossière ; j'ai eu l'hon- « neur d'être souvent admis dans la société de

« votre empereur; *j'ose me flatter de bien*
« *connaître les hommes ;* je suis un zélé dis-
« ciple de Lavater. La physionomie *noble et*
« *prévenante* de Buonaparte m'assure qu'il est
« incapable de maltraiter son plus fidèle allié,
« le roi d'Espagne. Avez-vous donc oublié la
« bataille de Trafalgar, dans laquelle les Espa-
« gnols se sont certainement battus de ma-
« nière à mériter la reconnaissance de Napo-
« léon? Et vous voudriez me faire croire que
« Buonaparte est assez perfide pour oublier
« tant de dévouement, jusqu'à priver l'Espa-
« gne de son légitime souverain ! « Je répon-
dis au prince que ses observations faisaient
l'éloge de son amour pour la justice; que si
Buonaparte avait possédé des sentimens aussi
vertueux, il serait encore colonel d'artillerie,
et que son ambition insatiable garantissait la
justesse de mes pressentimens.

En effet, la campagne de 1806 contre la
Prusse, détruisit l'ouvrage du grand Frédéric.
Les terribles journées d'Eylau et de Friedland,
en 1807, firent perdre à la Russie tout espoir de
succès dans sa lutte contre la France. Buonaparte
crut le moment favorable pour accomplir ses
projets d'invasion dans le midi de l'Europe.
La cour de Madrid, persuadée que son allié

n'avait pour but que de fermer le continent au commerce anglais, approuva le traité de Fontainebleau du 26 octobre 1807. L'article second donnait la province d'Alentejo et le royaume des Algarves, en toute propriété et souveraineté, au prince de la Paix. Vingt mille Espagnols eurent ordre de se réunir à un corps de vingt-cinq mille Français commandés par le général Junot. Le prince régent de Portugal partageait la fatale sécurité de Charles, et il serait tombé dans les fers de Buonaparte sans la prévoyante sollicitude des Anglais pour le sort de leur fidèle allié. Ce ne fut que par les plus fortes remontrances que sir Sidney Smith et l'ambassadeur anglais à Lisbonne, réussirent à décider le prince à quitter sa capitale pour se rendre au Brésil. Le lendemain du départ de la cour, qui eut lieu le 29 novembre, les Français entrèrent dans Lisbonne. Les mesures sévères adoptées par Junot déplurent à la populace : des groupes de mécontens se réunirent; quelques soldats furent blessés et un officier tué. Junot, qui avait appris à Milan et au Caire comment Buonaparte réussissait à calmer les émeutes des grandes villes, fit faire feu sur les attroupemens, et le calme fut rétabli.

Par un des articles du traité précité, il était convenu qu'en outre de l'armée de Junot, un nouveau corps de quarante mille hommes se réunirait à Bayonne, au plus tard le 20 novembre 1807, pour être prêt à entrer en Espagne, et se porter en Portugal dans le cas où les Anglais menaceraient de l'attaquer. Au lieu de quarante, on en réunit soixante mille. Cette armée passa les Pyrénées sous les ordres du général Murat, qui cantona ses troupes dans les environs de la route de Bayonne à Madrid. Dans cette position, ce général épiait le moment favorable pour profiter des troubles que les agens de Buonaparte devaient bientôt faire éclater dans la famille royale d'Espagne. Dès que Murat eut appris les évènemens du 15 au 17 mars 1808, il se porta rapidement sur Madrid avec les corps des généraux Moncey et Dupont. Le 24, il fit son entrée dans cette ville à la tête de l'armée; il la fit camper sur les collines qui avoisinent la capitale; il ne resta dans la place que les troupes jugées nécessaires pour le maintien du bon ordre. Depuis le 19 mars, le roi Charles, encore péniblement affecté des dissensions qui avaient troublé la paix de sa famille en octobre 1807, avait cédé aux circonstances, en abdiquant la couronne en faveur du prince des Asturies, qui prit le titre de Ferdinand VII. Une proclamation du nouveau roi annonçait au peuple que la révolution qui venait d'avoir lieu devait servir à fortifier l'alliance de l'Espagne avec la France. Sa majesté témoignait aux Espagnols sa vive satisfaction de la manière amicale dont ils avaient reçu les troupes françaises, et les assurait que les intentions de Buonaparte, d'accord avec les siennes, n'avaient d'autre but que de combattre énergiquement le gouvernement anglais.

Dès que Napoléon eut appris le bon accueil fait à son lieutenant et à ses troupes, par Ferdinand et ses sujets, il se nomma conciliateur pour mettre fin aux querelles survenues entre ses alliés. On insinua à Charles qu'il ferait bien de réclamer contre une abdication qu'il ne pouvait attribuer qu'à la violence, et on lui persuada que l'empereur, son fidèle allié, s'empresserait de lui faire rendre une couronne dont il avait eu tort de se dessaisir, s'il consentait à solliciter sa puissante médiation. Ce bonhomme se prêta à tout ce qu'on parut désirer. Le 25 mars 1808, il écrivit à Buonaparte : « J'ai été forcé d'abdiquer le trône ; « mais aujourd'hui la tranquillité est rétablie,

« et, plein de confiance dans la générosité et
« dans le génie du grand homme qui s'est tou-
« jours déclaré mon ami, j'ai pris la résolution
« de me remettre dans ses mains, et d'attendre
« ce qu'il résoudra sur mon sort, celui de la
« reine et sur le prince de la Paix.... »

A cette lettre était jointe la protestation suivante :

Je proteste et déclare que mon décret du 19 mars, par lequel je renonce à la couronne en faveur de mon fils, est un acte auquel j'ai été forcé, afin de prévenir de plus grands malheurs, et pour épargner l'effusion du sang de mes sujets bien aimés. En conséquence, il doit être déclaré de nulle valeur.

*Signé,* MOI LE ROI.

D'un autre côté, Murat reconnaissait Ferdinand VII, le traitait en roi, et lui donnait les assurances les plus formelles de l'amitié de Napoléon. On réussit à persuader à ce prince que tous ses différends avec son père seraient terminés à son entière satisfaction, s'il se décidait à s'en rapporter à la médiation de l'empereur. La famille royale d'Espagne se rendit à Bayonne, où Buonaparte était arrivé depuis quelques jours. Les conférences pour applanir les difficultés entre le père et le fils, durèrent jusqu'au 5 mai. Parmi plusieurs désagrémens qu'éprouva Ferdinand, il eut la douleur de s'entendre contester la légitimité de sa naissance par la personne dont il avait reçu le jour. La faiblesse de Charles, la folie de la reine, et la bassesse du prince de la Paix, leur méritèrent le mépris du public. Ferdinand et l'infant don Carlos montrèrent beaucoup de fermeté. Buonaparte voulant effrayer le premier, lui dit « que le passé devait lui avoir appris « qu'on ne lui résistait pas en vain, et qu'il lui « était aussi facile de punir que de menacer. » « Je vous comprends, » lui dit Ferdinand avec beaucoup d'énergie, « vous cherchez à m'in- « timider, en me rappelant le sort du duc « d'Enghien; je vous demande, comme une « faveur, de me faire périr comme mon cou- « sin, si vous êtes décidé à me ravir la couronne « d'Espagne. » Son frere, l'infant don Carlos, qui était présent, se jeta au cou de Ferdinand, en disant à Buonaparte : « Et moi aussi je de- « mande, comme une grace spéciale, de mou- « rir avec mon frère et mon roi, si tu es assez « injuste pour priver les Espagnols de leur sou- « verain légitime. » Les deux frères se tinrent quelque temps étroitement serrés dans les bras l'un de l'autre, et pleurant à chaudes larmes. Buonaparte, malgré son cœur d'acier, n'eut pas la force de leur parler davantage. Duroc acheva la négociation, ou plutôt il fit signer les ordres absolus de son maître, à qui la couronne d'Espagne fut cédée par Charles et par ses deux fils. Cette renonciation est du 6 mai 1808. Joseph Buonaparte fut nommé roi des Espagnes et des Indes, le 5 juin suivant.

Il fallait à Murat une garantie de la soumission des habitans de Madrid. Ce n'est qu'après une lutte décisive qu'on reconnaît à qui appartient la palme. On répandit des bruits alarmans sur le compte de la famille royale. On prétendit qu'ils étaient traités en prisonniers d'état par leur *grand ami*, qui n'avait réellement pris ce titre qu'afin de mieux remplir ses ambitieux projets. La reine d'Etrurie et l'infant don Francisco étaient sur le point de quitter aussi Madrid, pour se rendre à Bayonne, lorsque le peuple s'opposa à leur départ. Un aide-de-camp du prince Murat fut, *dit-on*, sur le point de périr. La troupe française fit feu sur les habitans. De toutes parts on courut aux armes. Une multitude sans ordre, contre des troupes aguerries, devait finir par succomber. « La mitraille « et la baïonnette, dit Murat dans son rapport,

« *ont nétoyé les rues.* » Il porte à 20,000 personnes le rassemblement formé dans la rue d'Alcala et places environnantes. Les Espagnols firent un feu très-meurtrier de l'intérieur des maisons. La garnison ayant été renforcée par les troupes campées près de Madrid, l'attaque devint générale. Les portes furent enfoncées, et tous les habitans trouvés *les armes à la main* furent passés au fil de l'épée. Le massacre fut horrible, et le pillage immense. Cette journée, du 2 mai, coûta la vie à plus de dix mille Espagnols, la plupart égorgés sans défense, et lorsqu'ils imploraient *la clémence des vainqueurs!* La tactique de Buonaparte, d'inspirer la terreur à tout un peuple, en fusillant indistinctement amis et ennemis dans les capitales, lui est particulière, et imprime à sa politique un caractère de férocité, inconnu dans les siècles d'Alexandre et de César.

Les provinces furent bientôt informées des tristes évènemens de Bayonne et de Madrid. Les gouverneurs et les magistrats n'eurent qu'une seule et même pensée : « La résistance « à l'oppression. » Leurs sentimens étaient communs à tous les Espagnols. On peut dire que l'insurrection fut générale, excepté dans les points où les Français étaient en force, et dans les villes de Navarre et de Catalogne, dont ils s'étaient emparés sous le masque de l'amitié. Les troupes Espagnoles qui étaient en Portugal sous les ordres du général Junot, avaient été rappelées, et étaient rentrées en Espagne. Les relations amicales furent de suite rétablies avec l'Angleterre, et d'après d'anciens règlemens, la junte de Seville fut regardée comme le centre du gouvernement général du royaume au nom de Ferdinand VII. Une proclamation de cette junte, en date du 6 juin 1808, déclare la guerre à la France, et développe les motifs de cette mesure avec précision et énergie. Cet appel au courage castillan fut reçu avec joie. Les proclamations les plus patriotiques furent publiées par les juntes de chaque province; mais on écrivit plus qu'on n'agit. On ne sut pas tirer parti de l'enthousiasme qui électrisait tous les cœurs. Le désir de la vengeance était à son comble; personne ne sut en organiser les véritables moyens, et les succès momentanés qui furent obtenus sur plusieurs points de la péninsule, en augmentant la confiance des Espagnols, leur firent négliger les mesures indispensables pour profiter de leurs premières victoires.

L'amiral Rosily se trouvait dans le port de

Cadix, ayant sous ses ordres une escadre composée de cinq vaisseaux de ligne et d'une frégate. Le général Morla le somma de se rendre. Sur son refus, il fut vivement canonné les 9 et 10 juin. Voyant que toute résistance était inutile, l'amiral français arbora pavillon parlementaire ; et, après plusieurs explications, il se rendit le 14. Ce résultat, dû autant à la présence d'une escadre anglaise qui bloquait Cadix, qu'au feu des batteries de cette place, fut néanmoins entièrement attribué aux Espagnols : leur drapeau fut arboré sur tous les vaisseaux français sans la moindre réclamation de la part des Anglais. Cette délicatesse si extraordinaire de leurs nouveaux alliés produisit le meilleur effet sur l'esprit du gouvernement espagnol et des chefs militaires. Castanos fut nommé général de l'armée d'Andalousie, et le général Caro eut le commandement dans le royaume de Valence. Le maréchal Moncey, après quelques affaires d'avant-garde, arriva devant cette place le 28 juin, à la tête de quinze mille hommes. Il crut en imposer aux troupes et aux habitans par un grand feu d'artillerie et de mousqueterie. Les assiégés firent bonne contenance, et furent sourds à toutes les propositions d'accommodement. Moncey avait cru s'emparer de Valence par un coup de main. Revenu de son erreur, et inquiet pour ses communications avec Madrid, il se retira avec perte d'environ mille hommes hors de combat. Il fut plus heureux que le général Dupont, détaché en Andalousie avec dix-huit mille hommes. Les insurgés s'étant défendus dans Cordoue, la ville fut emportée d'assaut, et livrée au pillage.

Quoique cette conduite, nécessitée par les circonstances, acheva de pousser à bout les habitans. Toute la province courut aux armes; on fit main basse sur les hommes isolés qui allaient à la maraude pour se procurer des vivres. Le général Reding commandait vingt-cinq mille hommes de troupes régulières, et menaçait de couper les communications des Français avec Madrid. Le général Dupont, très-habile officier, sentit tout le danger de sa position; il évacua Cordoue et prit poste à Andujar sur la rive droite du Guadalquivir. Il détacha le général Vedel à Baylen. Du 1er au 18 juillet, il fut livré plusieurs combats dont les succès furent partagés. Castanos jugea avec beaucoup de sagacité qu'il battrait facilement les Français, s'il réussissait à diviser leurs forces. Deux colonnes espagnoles s'emparèrent de Baylen et s'y établirent. Gobert se replia sur la Caroline. Dupont quitta sur-le-champ Andujar pour se joindre à Vedel, dans la Sierra-Morena : il trouva Castanos à la tête de vingt-cinq mille hommes en position sur la grande route de Cordoue à Madrid. Résolu de s'ouvrir un passage l'épée à la main, il les attaqua avec impétuosité ; il fut repoussé. Le général espagnol avait disposé ses troupes sur plusieurs lignes, et il avait profité du terrain avec beaucoup d'habileté. Dupont fit effectuer successivement sept charges à la baïonnette sous la protection d'un feu très-meurtrier d'artillerie. Les Espagnols furent inébranlables. Castanos parcourait les rangs en disant aux soldats : « Souvenez-vous, « amis, que vous combattez pour votre chère « liberté, pour notre bon roi Ferdinand VII, « et pour notre sainte religion ». Dupont vantait à ses troupes leur glorieuse conduite jusqu'à ce jour, et leur répétait sans cesse qu'il fallait *vaincre ou mourir*. Il n'était plus possible d'obtenir la victoire à cause de la bonne position et de la supériorité numérique des Espagnols ; et les soldats français, quoique très-courageux, étaient si exténués de fatigue qu'ils n'avaient plus la force d'aller chercher la mort dans les rangs ennemis. Le général Marescot, ingénieur plus savant que tacticien profond, dit qu'il ne restait d'autre moyen de conserver les troupes à la France que de capituler; il était plus ancien de grade que Dupont. Celui-ci, péniblement affecté de la crise affreuse où le plaçaient et l'abattement de ses troupes, et les ordres de Buonaparte, qu'il n'avait exécutés qu'à contre-cœur, se décida à s'entendre avec Reding, pour éviter la destruction totale de son armée. Je suis loin de blâmer le général Dupont d'avoir capitulé: toute sa troupe fut témoin, non-seulement de son courage qui rendit long-temps la victoire incertaine, mais de son désespoir, qui lui fit chercher souvent la mort dans les endroits les plus périlleux. Il est fâcheux que ses ordres n'aient point été ponctuellement exécutés par le général Vedel, parce qu'alors les Espagnols n'auraient pas osé concevoir le projet de couper la retraite des Fançais sur Madrid. Quatorze mille hommes mirent bas les armes. Environ deux mille avaient été tués ou pris, dans la bataille de Baylen, commencée le 19 à trois heures du matin, et continuée avec le plus grand acharnement jusqu'à deux heures de l'après-midi.

Les efforts du général Cuesta, dans le nord de l'Espagne, n'obtinrent pas les succès que faisait espérer la belle armée à ses ordres. Il avait réuni près de quarante mille hommes sur les hauteurs de Médina del Rio Seeco. Il fut attaqué dans cette position le 14 juillet, par le maréchal Bessières ; la défense des Espagnols fut brillante. Quoique plus de la moitié de leur armée fût composée de nouvelles levées, l'enthousiasme et le courage suppléant l'instruction et l'expérience, rendirent long-temps la victoire indécise. Bessières eut recours à la ruse. Il refusa sa droite et son centre : il porta l'élite de ses troupes à son aile gauche, et il réussit à culbuter la droite de Cuesta. Blake fit des prodiges de valeur, et couvrit la retraite qui s'effectua sur Bénaventé. La victoire des Français fut en partie due aux 10$^e$ et 23$^e$ régimens de chasseurs à cheval, qui fournirent plusieurs charges contre l'infanterie espagnole avec la plus grande intrépidité. Le mouvement de Cuesta était prématuré. Il n'ignorait pas qu'il avait en face des troupes d'élite dont la garde impériale faisait partie. Au lieu de s'avancer jusqu'à Médina, la prudence lui prescrivait de se fortifier dans les montagnes de Léon, ou au moins de ne pas dépasser Bénaventé, jusqu'à ce qu'il pût agir de concert avec les armées d'Andalousie et d'Arragon.

Ce revers fut amplement compensé par la belle défense de Sarragosse. Le 2 juillet, les Français attaquèrent les dehors de cette place, et forcèrent les troupes à rentrer dans la ville : le couvent de Saint-Joseph fut enlevé. Le 12, le pont sur l'Ebre commencé le 2, fut terminé, et l'investissement de la place complété. L'artillerie nécessaire pour le siège fut fournie des arsenaux de Bayonne et de Pampelune. L'attaque et la défense ne furent point régulières, mais de part et d'autre on y mit un acharnement sans exemple.

Le 2 et 3 août 1808, les assiégeans bombardèrent la ville et canonnèrent la muraille près la porte Santa Engracia. La brèche ayant paru praticable, le 4 à la pointe du jour, les troupes montèrent à l'assaut, et réussirent à pénétrer dans une partie de la ville. Le général français, persuadé que les Espagnols avaient perdu tout espoir de résister, fit proposer au général Palafox de capituler. Ce brave homme lui fit répondre ces mots :

« *Guerre au couteau* ».

Pendant plusieurs jours, les Français furent

obligés de faire le siége de chaque maison à fur et mesure qu'ils voulaient pénétrer dans la ville. Il est à présumer que le gouverneur était instruit des succès obtenus à Valence et à Baylen, et qu'il s'attendait à reçevoir de prompts secours. Quoiqu'il en soit, son énergie, le courage de la garnison et le dévouement des habitans sont au-dessus de tout éloge. Le frère du gouverneur réussit à entrer dans la place avec des munitions, lorsqu'elles commençaient à manquer. Les troupes qui escortaient ce convoi, au nombre d'environ deux mille, furent aussi d'un grand secours. Toutes les classes rivalisèrent de zèle. La comtesse de Burita avait formé un corps des dames les plus respectables par leur naissance et leurs richesses, pour donner des secours aux blessés, et souvent on vit ces intrépides amazonnes courir les plus grands dangers et remplir les fonctions honorables dont elles s'étaient chargées, au milieu des balles, des bombes et des boulets. Une conduite si héroïque fut enfin récompensée. Les Français battirent en retraite, et le siége fut levé dans la nuit du 13 au 14 août.

Plusieurs évènemens moins importans avaient eu lieu dans les autres provinces d'Espagne.

Le 3 juillet, le général Caulaincourt, frère de l'ambassadeur de France à Saint-Pétersbourg, s'empara de Cuença et mit la ville au pillage. Le 5 du même mois, le général Reille attaqua les Catalans qui bloquaient Figuières, les dispersa, et ravitailla la place. Le 16, le général Merlin attaqua Bilbao, qui fut occupé après une vive résistance. Le 23, le général Merle s'empara de Santander. Le 26, le maréchal Bessières occupa Léon. Le roi Joseph quitta Madrid le 1er août, et le 22, il établit son quartier-général à Burgos. On vit avec étonnement que le Moniteur, pour pallier la fuite de ce prince, osât publier : « Que l'armée « française allait prendre des quartiers de ra- « fraîchissemens, afin de respirer un air plus « doux et boire de meilleures eaux ». Ce même journal fit un grand étalage des malheurs qui sont presque toujours le résultat des grandes commotions politiques. Le peuple, justement irrité de la mauvaise foi avec laquelle Buonaparte s'était conduit envers l'Espagne, et surtout la famille royale, crut se venger en faisant tomber les têtes de quelques partisans de la France. Saavedra et environ trois cents Français à Valence, Solano à Cadix, Truxillo à Grenade, le comte d'Aquila à Séville, le corrégidor de la Caroline, le gouverneur de Badajoz, Miquel Ceballos à Valladolid et quelques autres individus, peut-être plus imprudens que coupables, périrent victimes de l'erreur d'une multitude dont l'indignation paraissait légitime contre les véritables traîtres. A Dieu n eplaise qu'on nous croie disposés à jeter le voile de l'indulgence sur d'aussi affreux attentats; mais nous ne balançons pas d'en faire rejaillir tout l'odieux sur les auteurs des calamités qui depuis sept ans ont été le triste partage des peuples de la Péninsule.

L'Angleterre, dont les intérêts commerciaux sont fondés sur l'indépendance du continent, s'empressa d'accepter les offres d'amitié des Portugais et des Espagnols. Une expédition sous les ordres de sir Arthur Wellesley, fut dirigée vers le Portugal, pour en chasser l'armée Française. Les troupes débarquèrent le 1$^{er}$ août 1808, dans la baie du Mondego. Le général Spencer quitta Cadix avec cinq mille hommes, pour se joindre à sir Arthur. Cette réunion s'effectua le 5. Le 8, l'armée était campée et en mesure de recevoir l'ennemi. Le 12, l'avant-garde se porta sur Leyria. L'armée Portugaise forte de six mille hommes, dont cinq cents chevaux, se réunit à l'armée anglaise, qui dès-lors se trouva forte de près de vingt-mille combattans. Le 15, il y eut une escarmouche à Caldas avec les avant-postes français. Le 17, le général anglais attaqua une division de six mille hommes, commandée par le général Laborde, qui était campée sur les hauteurs au sud de Rolica. Le terrein fut bien disputé. Néanmoins, la position fut enlevée, et Laborde effectua sa retraite en assez bon ordre. Il avait des troupes aguerries, et il était supérieur en cavalerie. Cette affaire coûta aux Anglais près de cinq cents tués ou blessés. Le 18, sir Arthur prit la position de Lourinha, pour protéger le débarquement des troupes aux ordres du brigadier-général Ackland. Cette opération terminée, l'armée vint camper sur les hauteurs près de Vimiera. Le 21, le général Junot ayant réuni toutes ses forces disponibles, qui pouvaient monter à quatorze mille hommes, attaqua la gauche des Anglais. Il fut reçu à coups de baïonnettes, et obligé de se replier sur ses réserves. Il revint à la charge contre les troupes du général Fergusson, postées sur les hauteurs le long de la route de Lourinha ; il fut repoussé avec la même intrépidité. Dès-lors, sa retraite fut décidée. Le général Kellermann, qui était chargé de protéger ce mouvement, fit de très-belles manœuvres, se prévalut d'une fausse position prise par les troupes anglaises qui étaient à sa poursuite, et réussit à empêcher sir Arthur de tirer de sa victoire tout le parti que faisait d'abord espérer le désordre des vaincus. Cette bataille qui décida du sort du Portugal, ne coûta aux Anglais que huit cents hommes. Celle des Français dût être beaucoup plus considérable, à cause des difficultés que leur présentait le terrein pour arriver à la position des Anglais qui, de leur côté, avaient la facilité de faire feu avec l'avantage qu'on a dans des retranchemens contre des troupes qui les attaquent.

Dans la nuit qui suivit la bataille de Vimiera, Junot réunit les généraux français pour prendre leur avis sur la marche à suivre la plus avantageuse à l'armée et à la France. Le général Laborde proposa de se replier par Castello Branco et Guarda, sur Ciudad Rodrigo et Salamanque, afin de se joindre à l'armée du maréchal Bessières. Pour l'exécution de ce projet, il fallait abandonner l'artillerie, les malades et les équipages; il fallait s'attendre à se voir harceler continuellement, et sur tous les points, par les Portugais et les Espagnols, tandis que l'avant-garde anglaise talonnerait l'arrière-garde

française. « C'est tout au plus, dit le jeune Kel-
« lermann, commandant la cavalerie de Junot,
« si nous arriverons à Burgos avec la moitié de
« l'armée. » Malgré qu'on affectât du mépris
pour les Espagnols, la catastrophe du général
Dupont calma la fougue de Junot, et il autorisa
Kellermann à se rendre au quartier-général des
Anglais pour demander une suspension d'armes, en donnant à entendre qu'il desirait en
venir à un accommodement pour l'évacuation
du Portugal. La suspension d'armes fut signée
le 22 août. Il fut convenu que la rivière de
Sizandra formerait la ligne de démarcation
des deux armées ; que les Français ne pourraient, dans aucun cas, être considérés comme
prisonniers de guerre, et que toute l'artillerie
de calibre français, ainsi que les chevaux de la
cavalerie, seraient transportés en France. C'est
d'après ces bâses que fut signée la convention
définitive, datée de Lisbonne, le 30 août 1808,
mais plus connue sous le nom de *Convention
de Cintra.*

L'amiral Cotton ne jugea pas à propos de
faire un traitement si avantageux à l'escadre
russe qui était dans le Tage. La convention
qu'il conclut avec l'amiral Siniavin, en date
du 3 septembre, portait que les neuf vaisseaux

et la frégate russes, actuellement dans le Tage, seraient délivrés à l'amiral sir Charles Cotton, avec *toutes leurs munitions*, et envoyés en Angleterre pour y être gardés en *dépôt* par Sa Majesté britannique, avec promesse de les rendre six mois après la signature de la paix entre Sa Majesté britannique et Sa Majesté impériale de toutes les Russies. Il était stipulé par l'article second, que l'amiral Siniavin, les officiers, matelots et soldats de marine, retourneraient en Russie; ils étaient au nombre de cinq mille six cent quatre-vingt-cinq. Cet arrangement était loyal de la part des Anglais, et avantageux aux deux partis autant que les circonstances permettaient de l'espérer. Les Russes, il est vrai, furent désarmés sans se battre; mais à quoi aurait abouti le combat le plus sanglant, puisqu'ils avaient en tête non-seulement des forces supérieures, mais des marins anglais? La convention de Cintra fut hautement blâmée en Angleterre, où l'on vit avec indignation que l'armée française ne faisait que changer de position. Par l'article 4, on lui laissait toute son artillerie avec les chevaux qui avaient été mis en réquisition, et fournis par les Portugais. Les auteurs de cette mesure faible et dangereuse, ont cherché à se justifier en portant à plus de vingt-six mille hommes la force des Français en Portugal ; mais ils n'ont pas dit qu'il fallait déduire de ce nombre les garnisons, les malades et les administrations. Après la bataille de Vimiera, Junot n'avait pas plus de douze mille combattans à opposer à environ vingt mille alliés. Cependant, on verra cette opération d'un œil plus favorable, si on considère qu'on paralisait pour plusieurs mois cette force française ; que l'armée alliée devenait disponible, que le Portugal était évacué, et qu'on épargnait à Lisbonne les horreurs d'un siége.

Telle fut la fin de la première campagne de la péninsule, très-avantageuse aux Portugais et si glorieuse pour les Espagnols. Osons le dire, il ne manqua aux alliés qu'un homme d'une expérience consommée pour les organiser, pour maintenir leur enthousiasme, bien diriger leurs efforts, et sur-tout pour leur répéter sans cesse « qu'ils n'avaient rien fait tant « qu'il restait un seul Français armé sur le « territoire espagnol. » Août, septembre et octobre furent perdus en arrangemens superflus : on laissa s'évanouir l'occasion favorable de chasser les Français au-delà des Pyrénées ;

il fallait les poursuivre l'épée dans les reins sans leur donner le temps de se reconnaître. Il est constant que Joseph, après sa fuite de Madrid, ne put pas réunir sur l'Ebre plus de quarante mille combattans ; tandis qu'à la même époque, Castanos, Caro, Palafox, Cuesta et Blake avaient sous leurs ordres plus de cent mille hommes qui, ivres de leurs succès, auraient achevé de détruire ou de disperser les débris de l'armée française. On laissa tranquilles dans leurs cantonnemens ces mêmes Français qui, deux mois auparavant, ravageaient les plus belles provinces d'Espagne. Ne dirait-on pas que Madrid devint une seconde Capoue pour les vainqueurs de Valence et de Baylen ? Sous prétexte d'habiller les régimens de l'armée de Castanos, ils furent placés en quartier dans les environs d'Aranjuez : c'était bien mal choisir le temps pour une semblable opération. Ce n'était pas au mois d'août, et dans un climat chaud, que le manque d'habits pouvait paraître une raison suffisante pour arrêter l'armée et l'empêcher de profiter de la stupeur causée à l'ennemi par ses revers : rien n'empêchait de confectionner l'habillement ; on avait tout le temps de l'envoyer avant l'hiver, là où l'armée aurait pris poste, après l'entière évacuation de l'Espagne. J'insiste sur cette époque, parce que c'est au délai que les chefs mirent alors dans la poursuite des Français, que doivent être attribués les désastres qui accablèrent les Espagnols dans la campagne suivante.

Une longue expérience a prouvé à l'Europe que le gouvernement anglais n'a cessé de combattre les rivaux de son commerce, mais surtout la France, toujours avec passion, souvent avec habileté, mais rarement avec activité. On doit aussi convenir qu'il est très-rare que le cabinet de Saint-James ait sacrifié l'intérêt général de la nation aux caprices de quelque favori. Nous ne pouvons donc attribuer les revers de l'Angleterre qu'à l'inexpérience des chefs de ses expéditions, ou à la mollesse de ses alliés à seconder ses efforts. L'envoi de l'armée de sir Arthur Wellesley sur Santander, pour agir avec Blake et Cuesta contre la droite de l'armée française, pendant que Castanos, Caro et Palafox l'auraient attaquée de front et par sa gauche, aurait décidé Joseph à se réfugier sous les murs de Bayonne. Buonaparte, qui avait raison de craindre une rupture avec l'Autriche, n'aurait pas osé tenter le passage des Pyrénées de vive force, tant qu'il n'aurait pas été tranquille du côté de l'Allemagne. L'armée de Junot ne pouvait pas échapper; et tout porte à croire qu'instruit de la retraite de l'armée d'Espagne, ce général aurait été très-satisfait d'accepter de sir Charles Cotton les conditions de Cintra, pour se soustraire à la fureur des Portugais. On objectera que Junot n'aurait point voulu se rendre aux nationaux, et qu'il se serait maintenu en Portugal. Je réponds à cette observation, que Dupont, bien plus habile officier que Junot, ne put pas se maintenir en Andalousie, quoiqu'il eût l'espoir d'être secouru de Madrid. Il n'avait que les nationaux à combattre, et il n'avait pas à approvisionner ou *à contenir sans vivres* une ville comme Lisbonne, de près de trois cent mille ames de population. Lord Castlereagh, heureux dans ses expéditions contre le cap de Bonne-Espérance, Copenhague, la Martinique et le Portugal, l'aurait été bien mieux dans le nord de la péninsule, si le général Moore eût été chargé de diriger en chef les armées des alliés. Dès le 25 septembre 1809, sa seigneurie donna ses ordres pour envoyer dans cette partie de l'Espagne une armée de quarante mille hommes, dont cinq mille de cavalerie. Le corps du marquis de La Romana, fort de dix mille hommes, avait réussi à se séparer de l'armée française en Danemark; et il fut décidé qu'il serait débarqué à Santander pour opérer de concert avec l'armée anglaise. Malgré l'échec de Medina del Rio-Secco, il restait encore à Blake près de trente mille hommes. Les armées d'Estramadoure, de Castille, d'Andalousie, de Valence et d'Arragon, ne pouvaient point être évaluées à moins de cent mille hommes. En disposant de vingt mille pour couvrir Madrid, et battre l'estrade sur les différentes routes qui y conduisent, il restait deux grandes armées, chacune de quatre-vingt mille hommes, qui, bien manœuvrées, étaient plus que suffisantes pour repousser avec succès tous les efforts des Français.

Buonaparte était instruit de ces détails; il connaissait à fond les moyens de résistance des Espagnols secourus par les Anglais; il fit ses dispositions pour les rendre inutiles. Alarmé par l'attitude hostile que prenait l'Autriche, il résolut de resserrer ses liens d'amitié avec l'empereur de Russie, afin d'intimider l'empereur François II. Il eut une entrevue avec Alexandre à Erfurt, vers la fin de septembre 1808. Il en obtint le consentement de placer son frère Joseph sur le trône d'Espagne, et l'assurance de sa coopération contre l'Autriche, si cette puissance déclarait la guerre à la France. La marche des colonnes destinées contre l'Espagne avait été suspendue pendant quelques jours : dès que Buonaparte fut assuré des sentimens d'Alexandre, soixante mille hommes de vieilles troupes commencèrent à défiler par Bayonne pour renforcer l'armée de Joseph, et dix mille se rendirent en Catalogne avec le général Gouvion Saint-Cyr, qui prit le commandement en chef de cette province. Les maréchaux Soult, Ney, Bessières, Moncey, Lefévre, Mortier et Victor furent placés à la tête des différens corps; Buonaparte prit le commandement en chef. Le 31 octobre, Lefévre attaqua Blake, qui avait été joint par les troupes du marquis de La Romana : les succès furent variés jusqu'au 10 novembre. Lefévre ayant reçu de nombreux renforts sous les ordres de Victor, obtint une supériorité décidée. Les Espagnols se battirent avec la plus rare intrépidité; mais ils furent vaincus par le nombre, la discipline et l'habileté. S'ils eussent eu un chef prudent qui eût su se retirer de position en position, évitant une affaire générale jusqu'à l'arrivée de l'expédition anglaise, on aurait certainement rendu cette campagne digne de la première. Les montagnes des Asturies présentaient plusieurs positions d'autant plus avantageuses, qu'elles rendaient inutiles l'artillerie et la cavalerie françaises; tandis que le voisinage de la mer rendait facile l'arrivée des provisions et des secours de tout genre, pour les alliés.

Les campagnes de Buonaparte en Italie, en Allemagne et en Prusse, auraient dû convaincre ses ennemis que son grand principe de guerre était d'attaquer avant que son adversaire n'eût eu le temps de réunir ses troupes. Blake attaqua et battit Lefévre, duc de Dantzick, le 31 octobre, dans les environs de Guenez, près de Bilbao. Le général espagnol ne sut pas profiter de cet avantage, et Lefévre ayant reçu des secours, ne tarda pas à prendre sa revanche. Les succès de Lefévre à Espinosa ne furent dus qu'à la présomption de Blake et à son inexpérience de la guerre. Les mêmes causes produisirent le même résultat relativement aux autres armées espagnoles. Le 10 novembre, Soult attaqua l'armée d'Estramadoure, qui, après une légère résistance, prit la fuite dans le plus grand désordre. Les Français s'emparèrent de Burgos; ils y trouvèrent des magasins considérables, qui eussent été beaucoup mieux placés à Astorga et à Sarragosse. Le 16, l'avant-garde de Soult s'empara de Santander; on y trouva des dépôts d'armes et de munitions de guerre qu'on aurait dû laisser sur un point plus à l'abri de l'invasion des Français. Le 23, le maréchal Lannes attaqua Castanos dans sa position de Tudela. L'armée d'Andalousie, qui formait la gauche de la ligne de bataille, résista pendant long-temps, et ne quitta le terrain que lorsque sa droite, restée à découvert par la fuite de l'armée de Castille, lui fit craindre d'être enveloppée par la nombreuse cavalerie des Français. Buonaparte n'avait alors que quatre-vingt mille combattans; il n'avait pas encore été joint par les corps de Mortier et de Junot : néanmoins il se décida à marcher sur Madrid pour profiter des succès qu'il venait d'obtenir. Il dirigea le maréchal Moncey contre Sarragosse, et il chargea Soult de contenir Blake et La Romana. Le 30, le corps de Victor attaqua la position du Sommo-Sierra, défendue par dix mille Espagnols : si leurs retranchemens eussent été construits avec intelligence, ils eussent été imprenables à cause des avantages du terrain, dont les ingénieurs n'avaient pas su tirer parti. Le rapport de Buonaparte prouve évidemment cette assertion : il y est dit qu'une charge faite par le général Montbrun, à la tête des lanciers polonais, décida l'affaire. C'est certainement la première fois qu'on voit une montagne, pour ainsi dire à pic et retranchée, être enlevée par une charge de cavalerie : il est plus vraisemblable de dire que l'infanterie de Victor gravit la montagne et tourna les redans construits par les Espagnols; ceux-ci ayant pris la fuite, la cavalerie sabra quelques traîneurs. Buonaparte saisit cette occasion de faire un roman pour vanter la prouesse de ces nouveaux régimens de sa garde, et apprendre aux Parisiens que les braves qui enlevaient au galop une des plus difficiles montagnes de la Castille, sauraient bien défendre les Tuileries et Saint-Cloud *contre toutes leurs levées en masse.*

La déroute du corps qui défendait le Sommo-Sierra, déconcerta les habitans de Madrid. On voulait et on pouvait se défendre; personne n'en indiquait les moyens. La junte avait cru prudent de ne pas attendre au dernier moment pour se mettre en sûreté. Le peuple, indigné de tant d'apathie de la part de ses chefs, s'arma de tout ce qui lui parut le plus propre à se défendre. Les rues furent barricadées et les maisons retranchées. Le 1er décembre, Bessières arriva sur les hauteurs qui environnent Madrid, à la tête de la cavalerie. Il somma le gouverneur de se rendre. Le général Morla se montra dans cette circonstance aussi faible, qu'il avait paru ferme six mois auparavant, dans sa conduite à Cadix. Au lieu d'encourager ses compatriotes à se défendre, il employa toute son influence pour les engager à poser les armes. La résistance de Madrid pendant quinze jours était possible, et dès-lors Buonaparte était dans une position embarrassante. Sir John Moore, parti de Lisbonne le 27 octobre, était arrivé à Salamanque le 13 novembre avec son avant-garde. Sir David Baird arrivait à Astorga le 19. Malgré les revers éprouvés par les Espagnols, il était encore possible de réunir vingt mille hommes sous les ordres de La Romana. Sir John s'en serait servi pour faire de fausses attaques, tandis qu'avec son corps de trente mille hommes, il aurait attaqué Soult dans les premiers jours de décembre. Une foule d'avis contradictoires qui, par la nature de leur source, paraissaient avoir un caractère égal d'authenticité, le tinrent en suspens, et causèrent du retard dans ses mouvemens.

Madrid se rendit le 4 décembre, presque sans résistance. Buonaparte n'avait que quarante mille hommes, contre soixante mille qui, derrière des murailles, étaient aussi intrépides que de vieilles troupes. Il se garda bien de compléter l'investissement de cette place, dans la crainte de pousser à bout une population jalouse de conserver ses lois et sa religion. La nuit qui précéda la capitulation fut employée pour la sortie de toutes les personnes qui ne voulaient pas rester avec les Français. Malgré les vifs reproches dont Buonaparte accabla Morla sur sa conduite relativement à la capitulation de Baylen, ce général n'en parut point effrayé, et il se soumit à son nouveau roi. Les avis qu'il fit donner au général Moore pour l'engager à marcher au secours de Madrid, firent croire qu'il était d'intelligence avec Buonaparte. Le général anglais avait un plan fixe d'opérations; et il ne tarda pas à avoir lieu de se féliciter d'avoir été sourd aux insinuations de la mauvaise foi, et aux conseils, pour ne pas dire aux ordres de l'ignorance. Il voulait combattre pour la défense des Espagnols, mais il ne voulait pas se mettre dans une position à être obligé de passer sous les fourches Caudines. Quand il eut une connaissance exacte de la position des Français, il se crut assez en force pour attaquer le corps de Soult; il marcha par sa gauche pour se rapprocher de sir David Baird. Le 16 décembre il prit position à Toro. Sir David était campé à Bénavente. Le 20, l'armée se réunit à Mayorga : l'avant-garde de Soult était à Sahagun, et son corps d'armée à Saldagna. Lord Paget fut envoyé pour enlever le parti qui occupait Sahagun, fort de six cents chevaux. Les Français ne furent pas surpris; ils avaient eu le temps de prendre les armes; ils furent attaqués avec impétuosité; leur perte fut d'environ deux cents tués ou prisonniers. Le 21, l'armée anglaise se réunit à Sahagun : sa force était de vingt-cinq mille cinq cents hommes, dont deux mille cinq cents de cavalerie : il s'en fallait de plus de dix mille hommes qu'elle ne fût au complet, d'après le plan de lord Castlereagh. La Romana était à Léon avec vingt mille hommes, dont dix mille étaient de bonnes troupes; le surplus ne pouvait être employé que comme partisans, pour inquiéter les maraudeurs français. Buonaparte était encore à Madrid.

Sir John Moore prit enfin le parti d'attaquer Soult, dont le corps, fort de dix-huit mille hommes, occupait Carrion et Saldagna.

Le 23, sir John écrivit à La Romana, pour le prévenir qu'il se portait le même jour à Carrion ; que le lendemain 24, il attaquerait le poste de Saldagna, et qu'il l'engageait à le seconder, soit en marchant directement sur Saldagna par Mansilla, soit en passant la rivière au-dessus de Saldagna pour déborder la droite de Soult. Au moment où l'armée anglaise allait commencer son mouvement, le général Moore fut prévenu que Soult avait été renforcé, et qu'une grande partie des troupes qui avaient pris Madrid, se rendait à marches forcées pour le tourner par sa droite et se saisir de sa ligne d'opérations, en coupant ses communications avec la Corogne. Sir John, qui connaissait la tactique de Buonaparte, jugea qu'il n'y avait pas un moment à perdre pour éviter le piége qui lui avait été tendu avec beaucoup d'adresse. Il contremanda la marche sur Carrion; et le 24, il commença sa retraite sur Bénavente, dans l'intention de prendre position sur la rive droite de l'Esla, pour être à même de continuer sa retraite ou de reprendre l'offensive, suivant les circonstances. Les doutes de sir John sur les mouvemens des Français ne tardèrent pas à être dissipés; il apprit par une voie sûre que Buonaparte avait quitté Madrid le 22, et qu'il s'était fait précéder par la cavalerie de Bessières et le corps de Ney. Le 28, les Anglais quittèrent Bénaventé, excepté l'arrière-garde commandée par lord Paget. Ce même jour Buonaparte établit son quartier-général à Valderas, et Soult se plaça à Mansilla. Le 29, les chasseurs à cheval de la garde impériale traversèrent l'Esla, croyant qu'ils n'auraient à combattre que quelques postes laissés pour la protection des traîneurs. Lord Paget les attaqua avec toute sa cavalerie, les culbuta et les força à battre en retraite dans le plus grand désordre; le général Lefévre, qui les commandait, fut fait prisonnier. Cet évènement fit sur toute l'armée française un effet fort singulier; il n'y eut pas un régiment qui ne fût ravi de joie en apprenant que les Anglais avaient rabattu l'orgueil de ces chasseurs, qui se croyaient tous des héros, depuis le succès qu'ils avaient obtenu contre la garde impériale russe à la bataille d'Austerlitz.

L'armée anglaise, qui jusqu'alors avait observé la plus sévère discipline, se livra à quelques excès contre les habitans, dont l'apathie envers leurs alliés était bien faite pour occasionner quelque mécontentement. Sir John, qui n'avait pas encore commandé une armée si considérable, sur-tout en retraite, fit trop attention à des abus presqu'indispensables, dont la répression était tout au plus de la compétence des sous-officiers et des officiers des régimens. Ses ordres du jour pour rétablir la discipline, font plus l'éloge de son cœur que de son expérience; sa sévérité, hors de saison, ne produisit d'autre effet que de mécontenter beaucoup d'officiers, qui se virent avec peine proclamer les auteurs d'un mal qu'ils cherchaient à diminuer autant que possible. Il est pénible d'avouer, mais cette vérité est reconnue incontestable, qu'il est à la guerre des momens critiques où il est nécessaire de fermer les yeux sur quelques inconvéniens, pour en éviter de plus grands. N'est-il pas en effet inconséquent de punir les maraudeurs lorsqu'on ne fait point de distributions de vivres? Peut-on espérer que le soldat soutiendra le choc d'un ennemi bien nourri, lorsqu'il aura été vingt-quatre heures sans manger? Telle fut la position de l'armée anglaise dans sa retraite sur la Corogne; et malgré les privations qu'elle éprouva, elle ne laissa échapper aucune occasion de soutenir sa réputation d'obéissance et de bravoure, quand il fut possible d'arrêter les progrès de l'armée française.

Sir John quitta Astorga le 31, et Buonaparte y établit son quartier-général le 1ᵉʳ janvier 1809. Il passa en revue son armée, composée des corps de Soult, Ney, Junot, et de la cavalerie de Bessières. Convaincu qu'il ne lui était plus possible d'exécuter son plan de cerner les Anglais, il chargea le général Soult de les poursuivre pour les forcer à se rembarquer. Le maréchal Ney eut l'ordre de pousser jusqu'à Lugo pour renforcer Soult en cas de besoin. Le 3, au moment où sir John quittait Villa-Franca, son arrière-garde fut attaquée près de Cacabelos, par l'avant-garde de Soult. Après une vive fusillade, les Français, qui s'étaient aventurés dans un terrain peu favorable, furent obligés de se replier. Le général Colbert s'étant avancé à la tête des tirailleurs, fut blessé à mort. Deux jours auparavant, Buonaparte, en passant la revue de la cavalerie qu'il commandait, lui avait dit avec un ton d'amitié : « Vous m'avez prouvé en Italie et en « Allemagne que vous étiez un de mes plus « braves : dans peu, vous recevrez la récom- « pense due à vos services. » « Dépêchez-vous, « sire, » lui répondit vivement Colbert ; » car « quoique je n'aye que trente ans, je sens que « je suis très-vieux. » Son pressentiment se réalisa, au grand regret de Buonaparte, qui faisait un grand cas des talens de cet officier. Colbert commandait la cavalerie légère de Soult.

Le 5 janvier, sir John arriva à Lugo. Il reconnut les environs. Ils lui parurent favorables pour livrer bataille. Le 6, l'avant-garde de Soult fut en présence, mais n'attaqua point. Le 7, les Français, étonnés que les Anglais n'eussent pas continué leur retraite, firent avancer leur artillerie, et commencèrent une vive canonnade qui fut bien répondue par les Anglais. Soult fit aussi marcher quelques colonnes d'infanterie qui furent reçues par un feu très-vif, et obligées de rentrer dans leur première position. Le général Franceschi eut ordre de se porter sur la gauche des alliés avec sa cavalerie légère. Cette manœuvre fut exécutée lentement, et à une trop grande distance des Anglais. Sir John Moore regarda ces mouvemens de Soult comme une forte reconnaissance; et, persuadé qu'il serait attaqué le lendemain d'une manière plus sérieuse, il fit ses dispositions pour s'assurer la victoire. Le 8, l'armée anglaise était rangée en ordre de bataille dès la pointe du jour. Le général, en parcourant les rangs, fut très-satisfait de la belle tenue des troupes, et de leur désir d'en venir aux mains, pour lui prouver que les désordres de quelques individus n'avaient point altéré leur caractère de bravoure et de discipline. Sir John dut regretter d'avoir généralisé ses reproches contre des officiers qui, depuis le commencement de la guerre, s'étaient toujours montrés pleins d'honneur, et zélés partisans du bon ordre. Soult se mit aussi en ordre de bataille; mais il ne montra aucune détermination de commencer l'attaque. Si l'armée de La Romana, au lieu de se disperser dans les montagnes, eût continué à manœuvrer sur la gauche de l'armée anglaise, il n'y a point de doute que sir John Moore aurait pris l'offensive dans cette journée pour en imposer à Soult, et le mettre hors d'état de troubler l'embarquement qui devait avoir lieu à la Corogne.

Dans la nuit du 8 au 9, l'armée anglaise quitta sa position de Lugo. Le 10, elle fit halte à Betanzos, et le 11, elle prit position sur les hauteurs en avant de la Corogne. Il y eut quelques affaires d'arrière-garde de peu de conséquence. Faute de moyens de transport, on perdit une partie des bagages, et ce même motif fit abandonner quelques pièces de campagne. Le 12, Soult arriva avec la majeure partie de ses troupes sur les hauteurs opposées à celles qu'occupaient les Anglais. La destruction du pont de Burgo retarda son artillerie, qui ne le rejoignit que le 14. Il employa la journée du 15 à faire ses dispositions, et le 16, à trois heures de l'après-midi, il commença l'attaque. Les transports étaient arrivés de Vigo à la Corogne depuis le 14; sir John avait donné les ordres nécessaires pour que l'armée fût embarquée dans la nuit du 16 au 17. Il était en chemin pour aller voir les troupes, lorsque le feu des avant-postes, et un rapport du général Hope, lui apprirent qu'il était attaqué. Soult fit avancer ses colonnes d'infanterie sous la protection de plusieurs pièces d'artillerie, dont le feu était favorisé par l'élévation du terrain. Ses efforts furent dirigés contre l'aile droite des Anglais, dont la position était très-défectueuse. Sir John s'y porta de sa personne : il dirigea les mouvemens des 4$^e$, 42$^e$ et 52$^e$ régimens qui se couvrirent de gloire par leur sang-froid et leur intrépidité. Les Français furent reçus à coups de baïonnette dans leur attaque contre le village d'Elvina. Au centre et à la gauche, l'attaque fut moins vive, le terrain étant en faveur des Anglais. Par-tout les Français furent repoussés; et, après avoir continué à tirailler et à canonner jusqu'à la nuit sans pouvoir gagner un pouce de terrein, ils se retirèrent dans leur première position. La perte des deux côtés fut à-peu-près égale; chacun eût environ mille hommes hors de combat. Mais la perte des Anglais fut bien plus considérable, par la mort du général Moore, qui eut l'épaule gauche fracassée par un boulet au moment où il donnait l'ordre au 42e régiment de se précipiter sur les Français à coups de baïonnette. Le général Baird avait été grièvement blessé, et obligé de quitter le champ de bataille. Le général Hope, chargé par conséquent du commandement en chef, se conforma aux dispositions de sir John, et fit embarquer l'armée pendant la nuit. Cette opération, l'une des plus difficiles en présence d'un ennemi même inférieur en nombre, fut exécutée avec le plus grand succès, quoique le corps de Soult fut présent, et fort de vingt mille hommes. Cette circonspection des Français ne peut être attribuée qu'à la conduite signalée qu'avait tenue l'armée dans toute sa retraite, et sur-tout dans le combat du jour précédent.

Ainsi se termina cette expédition trop vantée par les partisans, et trop critiquée par les ennemis du brave général qui la finit par une victoire, et par le sacrifice de sa vie. L'envoi de l'expédition dans le nord de l'Espagne était très-bien conçu ; il fut mal exécuté. Les troupes auraient dû être débarquées entre Gijon et Santander, et y être réunies dans les premiers jours de novembre : elles auraient servi de réserve aux armées de Blake et de La Romana encore intactes. Le mouvement contre Soult, quoique incomplet, força Buonaparte à différer l'exécution de ses projets contre l'Andalousie et le Portugal. Il n'y avait pas un soldat pour défendre les passages de la Sierra-Morena, et il ne restait que très-peu d'Anglais en Portugal. Si Buonaparte avait bien connu la situation de l'armée anglaise, et la détresse du corps de La Romana, il aurait laissé Lefévre à Madrid ; il aurait envoyé Victor en Andalousie, et Ney en Portugal ; il aurait marché avec la cavalerie de Bessières et le corps de Junot seulement pour menacer la droite du général Moore. Tous les rapports portaient les Anglais à quarante mille, et les Espagnols à vingt mille. Buonaparte voulut les attaquer au moins à nombre égal ; et c'est à cette erreur de Buonaparte, autant qu'à la sagacité de Moore, que Valence, Séville et Lisbonne furent redevables de ne pas être à cette époque obligées d'ouvrir leurs portes aux Français. On blâma avec raison le général anglais de ne pas avoir profité de la coopération de La Romana pour attaquer Soult, ce qu'il aurait pu effectuer du 18 au 22 décembre sans se compromettre. Si même, comme sa supériorité par la réunion des Espagnols le faisait espérer, il avait obtenu un succès complet contre ce maréchal, il pouvait, en abandonnant sa poursuite à quelques corps de nouvelles levées espagnoles, marcher rapidement par sa droite sur la route de Bénavente pour faire face aux troupes qui arrivaient de Madrid, et qui, surprises de se voir attaquer avec vigueur par ces mêmes Anglais qu'ils croyaient prendre comme dans une souricière, auraient sans doute été obligées de se replier avec beaucoup de perte. On a aussi reproché à sir John de ne pas avoir attaqué Soult le 8 janvier à Lugo : c'est une grande erreur de la part de ses adversaires. Le corps de Ney n'était qu'à une journée de marche de Lugo. Sa réunion avec Soult pouvait s'effectuer dans douze heures, et dès-lors la position de l'armée anglaise devenait extrêmement critique. Après avoir bien calculé toutes les hypothèses pour et contre les deux partis, tout en rendant justice à l'audace de Buonaparte en marchant sur Madrid, et à l'habileté de ses manœuvres pour écraser les Anglais dans les environs de Bénaventé, l'observateur impartial sera forcé de convenir que, dans le cours de toute cette campagne, sir John et l'armée anglaise ont rivalisé de science et de bravoure sur les troupes et les lieutenans de Buonaparte, dont les succès ne furent dûs qu'à leur supériorité de nombre, ainsi qu'à l'indifférence inouie des chefs, des soldats et des paysans espagnols des contrées qui furent le théâtre de la guerre.

Pendant que les provinces du sud et du nord de l'Espagne se battaient avec plus de courage que d'ensemble pour la défense de leur liberté, la Catalogne les surpassait par le zèle de ses habitans, qui, en outre, mettaient plus d'accord dans leurs rassemblemens et plus d'énergie dans leurs attaques. Depuis le commencement de la campagne, le général Duhesme était étroitement bloqué dans Barcelonne. Le 6 novembre, le général Saint-Cyr fit investir la place de Roses. La garnison fit plusieurs sorties; elle se battit d'abord avec succès, mais accablée par le nombre, elle fut obligée de rester dans la place, et de renoncer à ce genre de guerre, qui diminuait les forces de la garnison, sans être d'une utilité réelle. La tranchée fut ouverte dans la nuit du 17 au 18 novembre. Le 23, la brèche, dans le château de la Trinité, fut jugée praticable. Le 24, le général Alvarez, à la tête de 6000 Catalans, attaqua les postes de la division Souham, et obtint d'abord quelques succès. Le général Saint-Cyr ayant fait renforcer cette division, les Catalans furent obligés de repasser la Fluvia, après avoir chaudement disputé la victoire. Le 28, on somma le gouverneur de Roses de rendre la place. Il ne jugea pas à propos de répondre. Lord Cochrane s'était jeté dans la place avec des détachemens des vaisseaux anglais qui étaient en rade, afin de conserver à l'Espagne, aussi long-temps que possible, une place si importante par sa situation. La ville ayant été enlevée de vive force, la garnison se retira dans la citadelle. Tous les moyens de défense étant épuisés, ce fort capitula le 6 décembre, après dix-huit jours de tranchée ouverte. Après avoir pris les mesures nécessaires pour détruire les approvisionnemens du fort de la Trinité, lord Cochrane, avec ses détachemens, rejoignit l'escadre. Dès que Saint-Cyr fut maître de Roses, il dirigea son armée sur Barcelonne. Les Catalans qui formaient le blocus de cette place, se dispersèrent à l'approche d'une force si considérable, et les communications du 7ᵉ corps avec le général Duhesme furent rétablies. Cette jonction fut effectuée le 17 décembre, après quelque résistance de la part du général Reding, qui commandait le blocus. Ce général rallia ses troupes dans le camp retranché de Lobregat, au sud de Barcelonne. Il y fut attaqué par Saint-Cyr, et forcé de l'évacuer, en y abandonnant sa grosse artillerie. Dans tout le cours de cette campagne, Reding manœuvra avec beaucoup d'habileté; il avait en tête un des meilleurs lieutenans de Buonaparte. S'il fut obligé de se replier, c'est à la discipline et à la supériorité du nombre des troupes de Saint-Cyr qu'il faut en attribuer la véritable cause. Les troupes de Reding étaient presque toutes de nouvelles levées, et n'excédaient pas quinze mille hommes, tandis que Saint-Cyr était à la tête de vingt-cinq mille hommes, qui presque tous avaient fait plusieurs campagnes.

## LIVRE DEUXIÈME.

—

Les succès obtenus en Catalogne occasionnèrent une grande satisfaction à Buonaparte, qui, instruit du courage et de l'amour de la liberté des Catalans, n'avait pas compté sur une si prompte réussite. Il apprit en même temps que le 13 janvier 1809, Victor avait attaqué et défait les débris de l'armée de Castanos, que Vénégas avait ralliés dans les environs de Cuença. Soult lui rendit compte qu'après la bataille du 16 janvier, il s'était emparé de la Corogne, et que le 24, les autorités de terre et de mer du port du Férol lui avaient témoigné le désir de se soumettre au roi Joseph. Les Français occupèrent cette place le 27. Ces dernières dépêches ne trouvèrent plus Buonaparte en Espagne. Il avait appris que l'Autriche faisait de grands efforts pour pouvoir profiter de la guerre d'Espagne, afin de réparer par des triomphes les honteux échecs d'Ulm et d'Austerlitz. L'occupation de Madrid, la dispersion des armées espagnoles, le départ de l'expédition anglaise, la prise de Roses, le ravitaillement de Barcelonne, et une foule de succès partiels remportés par ses troupes dans presque toutes leurs rencontres avec les Espagnols, lui persuadèrent que la douceur acheverait dans peu de temps ce que ses légions avaient si heureusement et si rapidement ébauché. Valence, l'Andalousie et le Portugal devaient, selon lui, non s'opposer, mais concourir pour leur prospérité à l'établissement de la nouvelle dynastie. Il croyait avoir soumis les Espagnols, parce qu'il les avait vaincus. Il lui restait Sarragosse à conquérir. Il confia cette opération au général Lannes, qui eut sous ses ordres les généraux Mortier et Junot.

La défense héroïque de Palafox dans le premier siége, effrayait d'avance les officiers et les troupes envoyées contre cette ville. Aussitôt que Castanos eut été battu à Tudela, Moncey avait eu ordre d'attaquer cette place. La garnison, en y comprenant les paysans armés qui s'y étaient jetés de toutes les parties de l'Arragon, montait à près de cinquante mille combattans. Le général français qui connaissait à quels hommes il allait avoir à faire, eut d'abord recours aux moyens de conciliation.

La place ne fut point investie complètement, afin que les troupes et les habitans pussent recevoir des avis positifs sur les évènemens propres à influencer une décision pacifique. Tout fut inutile. La destruction de l'Espagne entière n'aurait point ébranlé la généreuse résolution de tant de braves, de ne se soumettre qu'après avoir épuisé toutes les ressources que fournit en pareil cas l'honneur, et qu'utilise presque toujours un noble désespoir. Le 20 décembre 1808, le général Suchet attaqua les hauteurs de Saint-Lambert, situées sur la rive droite de l'Ebre, pendant que le général Gazan enlevait les hauteurs de San-Gregorio sur la rive gauche. Les assiégés y avaient construit des retranchemens, afin de retarder, pendant quelques jours, l'attaque du corps de la place. Tous ces postes furent défendus avec le plus grand courage. Les canonniers se firent hacher sur leurs pièces, et les troupes s'y firent presque toutes massacrer, après avoir vendu chèrement leur vie aux assaillans. Moncey, peu versé dans la guerre des siéges, fut remplacé dans le commandement devant Sarragosse par le général Junot, foudre de guerre, et par son audace comme général, et par sa témérité comme grenadier; tel en un mot qu'il le fallait pour rivaliser Palafox, sous ces deux rapports. Junot lui était inférieur pour les talens, mais Buonaparte avait eu soin d'attacher à l'armée de siége d'excellens ingénieurs et artilleurs. Junot voulut signaler son arrivée par un coup d'éclat : il fit attaquer le couvent de Saint-Joseph, et il réussit à s'en emparer, après un combat très-sanglant. La garnison fit plusieurs sorties, presque toutes avec succès. A peine les Français avaient construit un ouvrage, que Palafox réussissait à le faire détruire. Il attirait l'attention des assiégeans sur d'autres points par de fausses attaques, habilement combinées pour favoriser la réussite de celle qu'il voulait réaliser. Son expérience et son coup-d'œil déconcertèrent souvent les savantes dispositions des généraux Dedon et Lacoste, commandans de l'artillerie et du génie.

La lenteur du siége et le désir de le voir finir promptement, déterminèrent Buonaparte à y employer le général Lannes, qui, à la plus rare intrépidité, joignait un grand bon sens et beaucoup de sang-froid. Junot, jaloux de plaire à l'empereur, avait déjà perdu beaucoup de monde en multipliant, contre toutes les règles, des attaques de vive force souvent infructueuses et toujours très-meurtrières. Il continua à servir sous Lannes, qui prit le commandement en chef le 20 janvier. Le général Mortier fut envoyé avec le 5ᵉ corps, tant pour seconder les attaques, que pour les protéger contre les partis extérieurs qui chercheraient à secourir la place. En effet, du 20 au 26 janvier, les Espagnols se présentèrent sur plusieurs points pour harceler l'armée de siège : par-tout ils furent repoussés avec perte, après s'être bien battus. Leur défaite fut occasionnée par la supériorité de la cavalerie française, qui les attaqua dans la plaine. Le 26, Lannes fit battre en brèche; le 27, il fit donner l'assaut. Le couvent de Santa-Engrazia fut emporté l'épée à la main par le général Rostollant, qui y fut dangereusement blessé, et dont l'aide-de-camp fut tué à ses côtés. La facilité avec laquelle on fait une brèche praticable cessera d'étonner, quand on saura que Sarragosse n'est point une place forte; ses murs n'ont été construits que pour des motifs de police administrative; il n'y a ni bastions, ni demi-lunes, pas même les tours des anciennes fortifications. Les maisons de brique, solidement construites, et les rues étroites et tortueuses, étaient les uniques moyens de défense des assiégés, dont le nombre, de tout âge et de tout sexe, était évalué, avant la guerre, à soixante mille ames.

Il est impossible de donner une plus haute idée de la courageuse défense des assiégés, qu'en citant les propres expressions du XXXIII<sup>e</sup> bulletin de Buonaparte. Il y est dit : « Le 30
« janvier, les couvens de Sainte-Monique et
« des Grands-Augustins furent enlevés ; *soi-*
« *xante maisons furent prises à la sape !*
« les sapeurs du 14<sup>e</sup> régiment de ligne se dis-
« tinguèrent. Le premier février, le général
« Lacoste fut atteint d'une balle et mourut
« sur le champ d'honneur : c'était un officier
« aussi brave qu'instruit ; sa perte a été sensi-
« ble à toute l'armée, et plus particulièrement
« encore à l'empereur ( il était un de ses aides-
« de-camps )...... L'ennemi défendait chaque
« maison ; trois attaques de mines étaient con-
« duites de front, et tous les jours trois ou
« quatre mines faisaient sauter plusieurs mai-
« sons et permettaient aux troupes de se loger
« dans plusieurs autres. C'est ainsi qu'on ar-
« riva jusqu'au *Corso*, grande rue située pres-
« qu'au centre de Sarragosse, qu'on se logea
« sur les quais, et que l'on s'empara de la mai-
« son des écoles et de l'université. L'ennemi
« tentait d'opposer mineurs à mineurs ; mais

« peu habiles dans ce genre d'opérations, ses
« mineurs étaient sur-le-champ découverts et
« étouffés, etc. etc. » Tout militaire qui lira
avec attention cet extrait de la confession de
Buonaparte lui-même sur la défense des habitans de Sarragosse, sera, quelque soit son système politique, forcé de convenir que les anna-
les du monde n'avaient point encore fourni un
tableau aussi digne du respect et de l'admiration
de l'univers. Les traits d'héroïsme qui illustrè-
rent Numance et Sagunte avaient déjà été éga-
lés dans le premier siége de Sarragosse. Palafox,
son armée, le peuple, le clergé, les moines,
les femmes et même les enfans firent des prodiges dans ce second siége. Les Français avaient
une armée nombreuse, une artillerie formidable et de très-habiles ingénieurs. Vauban a
tellement perfectionné la fortification, que la
défense la plus savante est subordonnée à une
attaque régulière et bien dirigée. Les Français
s'étaient emparés du faubourg situé sur la
rive droite de l'Ebre : la ville était presque
toute entière en leur pouvoir ; plus de vingt
mille Espagnols avaient péri dans le cours du
siége, et cette perte énorme était le résultat
autant de leur audace que du peu d'ordre
qu'ils portaient dans leurs attaques. Tout ce

qui peut exalter les esprits, l'amour de l'indépendance, le fanatisme, l'autorité du clergé, l'exemple des moines placés toujours aux premiers rangs, et la crainte qu'inspirait la licence bien avérée des assiégeans, tout en un mot concourait à faire croire à cette vaillante population que le comble de la gloire était de verser son sang les armes à la main pour la défense de leur roi et de la religion. Le château se rendit le 21 février, et Sarragosse n'était plus qu'un tas de décombres, ou pour parler avec plus de précision, un vaste cimetière.

Depuis plusieurs jours Palafox, épuisé de fatigue, était dangereusement malade, il était difficile de le remplacer; et cet accident, bien plus que le feu des assiégeans, avait jeté la consternation dans la ville. On voit avec peine que le général français, qui était un véritable brave, ait refusé une capitulation à Palafox, le plus brave officier avec qui il eût eu jusqu'alors à se battre et à négocier. Si le refus du duc de Montebello lui avait été prescrit par Buonaparte, il est blâmable d'avoir accepté le commandement à une condition si déloyale : l'hypothèse contraire nous paraît inadmissible, parce que nous sommes intimement persuadés qu'il n'est pas possible d'être plus vaillant et plus généreux que le maréchal Lannes, qui par conséquent était incapable de manquer aux égards dus au digne gouverneur de Sarragosse. En publiant « que Palafox « était l'objet du mépris des Espagnols, et « qu'on ne l'a jamais vu dans les postes dan- « gereux, » Buonaparte ne fit qu'ouvrir un vaste champ à ses adversaires. Croit-il avoir vengé l'honneur de ses armes et fait oublier la retraite de ses troupes, après le siége de 1808, en insérant dans ses bulletins les imputations les plus ridicules contre un général sans peur et sans reproche? Il n'a manqué à Palafox, pour être le Washington de l'Espagne, qu'un génie vaste et organisateur. Si, avec la grande ame dont la nature l'a doué, il avait possédé ces éminentes qualitesé, il aurait chassé les Français de la péninsule, et il aurait joué un rôle très-brillant dans le rétablissement de l'équilibre de l'Europe. Palafox était alors âgé de quarante ans ; il a reçu une bonne éducation ; il accompagna Ferdinand VII à Bayonne : quand il vit que son roi était prisonnier, il s'évada, accourut à Sarragosse, et mit tout en usage pour s'opposer à l'invasion. Ce brave homme est resté long-temps prisonnier en France. On peut reprocher à Buonaparte de n'avoir pas su honorer le mérite et respecter le malheur dans un ennemi vaincu.

Au premier mars 1809, la campagne d'hiver commencée le premier novembre 1808, se trouvait terminée à l'avantage des Français, qui, par cette raison, l'appellent la *campagne impériale*. Les Espagnols furent long-temps à revenir de l'épouvante que leur avait causée la défaite de leurs armées, la prise de Madrid, la soumission de Sarragosse, et le départ des Anglais de la Corogne. Cet esprit de terreur se propagea jusqu'à Lisbonne : le général Craddock avait fait tous les préparatifs nécessaires pour s'embarquer avec les troupes sous son commandement, dans le cas où Victor, qui était déjà arrivé à Alcantara, se serait porté vers la capitale du Portugal. Ce mouvement, qui était facile, n'eut pas lieu quand il pouvait être fait avec succès. Victor attendait des nouvelles de Soult. Le 10 février, ce général avait réuni son corps d'armée dans les environs de Tuy. Suivant les calculs de Buonaparte, il devait passer le Minho le 11, arriver à Porto du 15 au 20, et faire son entrée à Lisbonne vers la fin du même mois. Quoique le maréchal n'eût à combattre que des milices portugaises, il fut arrêté dans sa marche plus long-temps que Buonaparte ne s'y était attendu. Les paysans se réunirent aux milices et demandèrent à marcher contre l'ennemi ; sur les observations que leur fit le général portugais, frère d'Andrade, ils le soupçonnèrent de trahison, et ils le massacrèrent ; ils lui donnèrent pour successeur le baron d'Eben. Soult fut obligé de livrer plusieurs combats très-vifs. Le 26 mars 1809, il arriva devant Porto, et il reconnut les environs de la place ; il attaqua sans succès les 27 et 28. Le 29, il renouvela son attaque sur tout le front de la place : quand il crut le moment favorable, il fit marcher vers l'endroit le plus facile à emporter, une colonne d'élite qu'il avait tenue cachée à la faveur du terrain. La ville fut mise au pillage, malgré les efforts de Soult pour l'empêcher. Il désirait conserver les ressources qu'elle pouvait fournir à l'armée. Cette conduite de Soult lui gagna l'estime des habitans, et fit oublier quelques désordres inséparables d'un assaut. La résistance qu'il avait éprouvée pour parvenir jusqu'à Porto, lui donna la mesure des obstacles qu'il rencontrerait s'il marchait sur Lisbonne. Il avait été obligé de laisser des garnisons à Chavès et à Braga pour maintenir ses communications avec Ney, qui occupait la Galice. Le général Silveira, qui n'avait cessé de harceler son arrière-garde depuis son entrée en Portugal, avait pris poste à Amarante, où il se maintint jusqu'au 2 mai. Les Français l'ayant attaqué avec des forces très-supérieures, il fut obligé de se retirer vers les montagnes, sur la rive gauche du Tamega.

Après avoir calculé avec sagesse toutes les chances de sa position, Soult renonça à son projet de marcher sur Lisbonne, jusqu'à ce qu'il eût appris que Victor s'avançait pour seconder son opération : il attendit pendant tout le mois d'avril. Dans le commencement de ce mois le maréchal Victor avait remporté près de Medellin un avantage décisif sur l'armée de Cuesta. Il lui tua plusieurs milliers d'hommes; mais il ne sut pas profiter de ce succès. Il désirait avoir reçu des nouvelles du maréchal Soult avant d'entrer en Portugal. Soult et Victor avaient sans cesse présens à l'esprit les reproches terribles d'ineptie et de défaut de caractère dirigés par Buonaparte contre Dupont, qui, je le répète, est un des généraux les plus instruits et les plus fermes de l'armée française. C'est à son injustice envers cet offi-

cier que Buonaparte doit attribuer la non-exé-
cution de ses ordres de la part de Soult, bien
plus qu'à l'énergie des milices et des paysans
portugais. D'ailleurs, Lisbonne était occupé
par les Anglais qui, en avril, reçurent assez
de renforts pour prendre l'offensive sous les
ordres de sir Arthur Wellesley.

Le 6 mai, ce général passa la revue de ses
troupes à Coimbre. Le 10, son avant-garde
passa la Vouga, rencontra un parti français,
et le força à prendre la fuite. Le 11, sir Arthur
rencontra l'avant-garde française occupant une
forte position sur les hauteurs au nord de
Grijon. L'attaque fut faite avec lenteur; de
sorte que les Français s'étant assurés qu'ils
étaient attaqués par des forces supérieures,
firent leur retraite en bon ordre. Soult avait
envoyé à cette colonne l'ordre de se retirer :
l'officier qui en était porteur avait été tué par
les paysans. Si le général Murray, qui avait
tourné la gauche des Français, s'était porté en
colonne contre ces lignes, au lieu de perdre
un temps précieux à se déployer, le bataillon
français qui formait l'arrière-garde de cette
troupe se trouvait coupé et était obligé de
mettre bas les armes. Sir Arthur n'avait pas été
bien informé de la force de cette avant-garde,

autrement il aurait certainement manœuvré de manière à ce que pas un homme ne lui eût échappé.

Dans la nuit du 11 au 12, Soult fit replier tous ses postes sur la rive droite du Douro, et il fit rompre le pont de bateaux établi sur ce fleuve. Le général Béresford avait été détaché par sir Arthur pour menacer la gauche des Français, en passant le Douro près de Lamego. Il avait ordre de se porter rapidement sur Chaves, par Villapouca, afin de fermer ce passage au maréchal Soult dans son mouvement rétrograde sur la Galice. Pour seconder l'opération de Béresford, il était essentiel d'attaquer l'armée française, afin de retenir sur ce point, la majeure partie de ses forces. Le 12, sir Arthur passa le Douro sous la protection de l'artillerie qu'il avait établie sur les hauteurs de Villanova, presqu'en face de Porto. On ne peut point excuser le général français de n'avoir pris aucune disposition pour disputer ce passage. Il ne parut que lorsqu'il y avait assez de troupes pour lui résister. La nature du terrein, exposant les Français à un grand feu d'artillerie, leurs attaques furent mollement exécutées. Soult était rentré dans Porto pour donner des ordres de retraite qu'il voulait effectuer à l'entrée de la nuit : il présumait que sir Arthur, après avoir passé le Douro, prendrait position, et ne ferait une attaque générale que le lendemain ; en conséquence, il s'était mis à table avec son état-major, lorsqu'il apprit par les coups de fusil des tirailleurs anglais qui se battaient dans les rues de Porto, qu'il n'avait pas un moment à perdre s'il voulait éviter d'être fait prisonnier. Il monta de suite à cheval, et il s'ouvrit un passage le sabre à la main avec son état-major et une escorte de chasseurs à cheval. Après avoir rallié ses troupes, il voulut faire volte-face, et rentrer dans Porto : il fut repoussé. En même temps sir Arthur fut joint par le général Murray qui avait passé le Douro à une lieue au-dessus de Porto. Ainsi, pressé au centre par le général Hill, à droite, par le général Sherbrook, et à gauche par le général Murray, Soult se retira sur Amarante, où se trouvait la division du général Loison.

Les Français furent pris à Porto presque en flagrant délit. Comme il faut toujours un motif pour excuser une faute, on prétendit qu'un officier du 18e régiment de dragons, nommé Argentou, avait livré un poste, et donné le mot d'ordre, ce qui avait facilité le passage du Douro à la colonne du général Murray. Sans contester l'exactitude de ce fait, on n'y trouve aucune raison suffisante pour pallier la négligence d'avoir laissé débarquer une partie de la colonne du général Hill, sans lui tirer un seul coup de fusil. On est aussi étonné de voir sir Arthur se procurer, dès son arrivée à Villanova, assez de bateaux pour effectuer si promptement le passage d'un fleuve du premier rang. Soult, qui dût être instruit de tous ces préparatifs, qui se faisaient au nez de ses sentinelles, et presque sous ses propres yeux, puisqu'il avait son quartier-général à Porto, ne fit pas même canonner les alliés, quoiqu'il eût à sa disposition une artillerie fort nombreuse. Les personnes qui apprécient le maréchal Soult, sont d'avis que cet officier, qui regardait sa position très-hasardée, était bien aise d'avoir l'occasion d'en sortir le plutôt possible, et de manière à ne pas se compromettre avec Buonaparte. Il avait encore dix-huit mille hommes, et sir Arthur n'en avait que seize mille. Les combats de Grijon et de Villanova, prouvent qu'il ne se battît que par manière d'acquit. Il laissa sept cents malades dans l'hôpital de Porto. Arrivé à Pennafiel, il abandonna une partie de son artillerie qui embarrassait sa marche, et il se dirigea sur Braga par Guimarens. Dès le 13, sir Arthur s'était mis à sa poursuite sur la route de Braga, et il avait réitéré l'ordre au général Béresford de se porter sur Chaves, pour harceler la marche des Français, et pour leur couper ce point de communication avec la Galice. Soult qui se savait vivement poursuivi, comprit qu'il devait gagner de vîtesse pour se sortir du mauvais pas où il se trouvait, sur-tout à cause de l'insurrection générale des habitans. Il se résolut à abandonner ses gros bagages, et ce qui lui restait d'artillerie, après le combat que son arrière-garde eut à soutenir le 16 à Salamonde contre une colonne commandée par le général Sherbrooke. Les Français laissèrent Chaves sur leur droite, et se dirigèrent sur Orensé par Montalègre. Ils eurent à parcourir des chemins presque impraticables. Beaucoup d'entr'eux périrent par les mains des paysans Portugais. Soult était entré en Portugal au mois de février 1809, avec vingt-trois mille hommes ; trois mois après, il quitta ce royaume avec seize mille, sans équipages et sans artillerie. Cette expédition infructueuse coûta à la France sept mille soldats, dont plus de deux tiers furent égorgés par les Portugais. Le surplus périt dans les combats où resta dans l'hôpital de Porto. Avec un général plus expérimenté, plus actif et plus audacieux que sir Arthur Wellesley, le Portugal aurait été témoin de la répétition de la triste scène de Baylen, en Andalousie.

Si au lieu de diriger ses principales forces contre Porto, le général anglais n'avait fait qu'une fausse attaque dans cette direction, et qu'il se fut porté avec l'élite de ses troupes à Pennafiel, après avoir passé le Douro vis-à-vis de Poucinho, Soult aurait été séparé de Loison. L'un et l'autre pouvaient alors être attaqués successivement par des forces supérieures; car, aux seize mille Anglais que commandait sir Arthur, il faut ajouter dix mille Portugais aux ordres des généraux Béresford et Silveira. C'est ainsi qu'avait manœuvré Castanos, lorsqu'il s'empara de Baylen pour se placer entre Dupont et Vedel. Il est probable que Soult aurait abandonné Loison, et que, forçant sa marche autant que possible, il se serait porté rapidement sur Tuy par Barcelos et Ponte-de-Lima. En admettant qu'il eût réussi à passer le Minho, et à forcer les défilés de la Serra-da-Estria, il est probable que sa perte aurait été très-considérable, en outre de la colonne de Loison, forte de six mille hommes, qui aurait été obligés de mettre bas les armes.

La bonne fortune de Soult en ordonna bien autrement. Non-seulement il réussit à s'échapper du Portugal, mais encore il fut assez heureux pour arriver dans les environs de Lugo au moment où cette place, bloquée par le général Mahi, à la tête de vingt mille espagnols, était sur le point de se rendre : la garnison étant sans vivres. Il avait été question d'évacuer la ville pendant la nuit, et de se replier sur Astorga. Le général Fournier, gouverneur de Lugo, aurait exécuté ce projet, si la route entre ces deux villes eût présenté quelque facilité d'effectuer ce mouvement avec succès. Mais c'est un défilé qui dure pendant près de huit lieues, et où un corps d'armée en retraite peut être facilement détruit par la supériorité que donnent à l'assaillant les hauteurs qui dominent la route des deux côtés. Les assiégés furent au comble de la joie, quand, au lieu de voir les Espagnols, ils reconnurent l'uniforme français. La prudence fit d'abord prendre des précautions. Le mot d'ordre n'étant pas le même, on craignit une surprise. Le maréchal Soult s'étant présenté, fut de suite reconnu par le général Fournier, et reçu en triomphe comme un libérateur. Le premier aveu de Soult fut de convenir qu'il ne s'était jamais trouvé dans une situation aussi critique qu'en Portugal, ayant à ses trousses une armée d'élite bien supérieure à la sienne, et étant continuellement harcelé sur son front et sur ses flancs par des nuées de paysans portugais. Les officiers de la garnison, après l'avoir remercié du service éminent qu'il venait de leur rendre, lui avouèrent que son arrivée les avait d'autant plus agréablement surpris, que depuis plusieurs jours tous les avis s'accordaient à dire qu'il avait été obligé de se rendre, et qu'il était déjà embarqué pour être conduit en Angleterre. Les soldats du corps de Soult avaient été quinze jours sans provisions, et ils n'avaient vécu que par la maraude. Sans habits, sans souliers, et quelques-uns sans armes, presque tous pâles et défigurés, ils ressemblaient moins à une troupe réglée qu'à une bande de paysans insurgés. On était forcé de convenir que sans les qualités supérieures du maréchal Soult, pas un individu de l'armée n'aurait échappé à la rage des Portugais; et que c'était à son habileté que l'armée était redevable d'avoir évité une entière destruction.

Sir Arthur arriva à Montalègre le 18 mai :

il ne jugea pas convenable de continuer à poursuivre les Français au-delà des frontières du Portugal. Cette expédition n'avait pas coûté aux alliés plus de quatre cents hommes hors de combat. Le général Silveira resta dans le nord, sur les frontières de la Galice; l'armée anglaise marcha sur Lisbonne, par Porto. Elle fut reçue sur tous les lieux de son passage avec cet enthousiasme qu'inspire un grand service nouvellement rendu; de sorte que la marche des Anglais fut une série de fêtes, un vrai triomphe. Sir Arthur était proclamé, malgré ses nombreuses fautes, le sauveur des Portugais, puisqu'il les délivrait pour la seconde fois de la domination française, à une époque où les succès obtenus par Buonaparte et ses lieutenans, dans l'intérieur de l'Espagne, faisaient craindre avec raison l'asservissement du Portugal. L'armée anglaise reçut une bien douce récompense de ses travaux, par les bénédictions de tout un peuple qui se pressait en foule autour de ses colonnes pour leur exprimer sa reconnaissance.

C'est au milieu des cris de joie et des applaudissemens des Portugais, que l'armée anglaise arriva le 12 juin 1809 dans les environs d'Abrantès, où le général Mackensie avait été stationné pour couvrir Lisbonne pendant la campagne de sir Arthur contre Soult. Le général Victor, en apprenant la retraite de ce maréchal et le retour de l'armée anglaise dans le Sud, ne se crut point assez fort pour résister à une attaque combinée entre les Anglais et les Espagnols. Le 12 mai, il avait détaché une division pour s'emparer d'Alcantara, où était posté le colonel Mayne, qui en fut délogé avec perte de plus de 300 hommes. Cette division française poussa quelques partis en Portugal ; mais Victor qui avait sur son flanc gauche l'armée de Cuesta, l'avait fait rétrograder. Dès qu'il fut assuré que sir Arthur était de sa personne à Abrantès, et que l'armée anglo-portugaise faisait ses préparatifs pour marcher à lui, il quitta Truxillo, passa le Tage sur les ponts d'Almaraz et d'Arzobispo, et prit position à Talavera de la Reyna.

L'Autriche avait déclaré la guerre à la France. Les hostilités avaient suivi de près cette déclaration. La bataille d'Eckmulh avait ouvert à Buonaparte les portes de Vienne. Battu à Essling, les 22 et 23 mai, il avait été obligé de repasser le Danube. Il demandait à corps et à cris qu'on le renforçât de tout ce qui se trouvait dans les dépôts de France, afin de pouvoir reprendre l'offensive avec des forces supérieures. Dès-lors l'armée française dans la péninsule se trouvait abandonnée à ses propres forces ; et c'est aux revers éprouvés sur le Danube qu'on doit attribuer la concentration de l'armée d'Espagne. L'Estramadoure, la Galice et la Manche furent évacuées vers la fin du mois de juin. Le 8, le général Carrera avait été attaqué par les troupes du général Ney, au pont de Saint-Payo, près de Vigo. Les Espagnols, au nombre de 12 mille, dont la moitié paysans mal armés, repoussèrent les Français qui étaient au nombre de 8 mille, et les forcèrent à se replier sur Santyago. La vigoureuse résistance de Carrera fut favorisée par un feu très-nourri de quatre barques canonnières qui battaient le flanc droit des Français. Cette défaite, les pertes journalières causées par les assassinats commis par les Espagnols sur des soldats isolés, la difficulté des communications, le manque presque absolu de vivres et l'irritation de tous les habitans contre la France, déterminèrent les maréchaux Ney et Soult à se porter dans le royaume de Léon. Le Férol fut évacué le 21, et la Corogne le 22. Le général Sebastiani qui s'était porté jusqu'à el Moral avec Joseph pour reconnaître les passages de la Sierra-Morena, quitta cette position le 30 juin, et s'établit dans les environs de Consuegra. Le 18 du même mois, le général Suchet, commandant le 3ᵉ corps de l'armée française, attaqua le général Blake qui avait pris poste sur les hauteurs en avant de Beclhite, et il l'obligea à se retirer avec perte sur Alcanitz. Suchet était venu remplacer Junot dans le commandement de la province d'Arragon. Ce général jouit dans l'armée française d'une grande réputation d'audace et de bonheur. Une éducation soignée lui a donné le précieux avantage de l'instruction. Il est très-actif. Il paraît avoir été un des grands favoris de l'empereur, parce qu'il a toujours été aussi adroit à plaire à ses chefs qu'il est sévère envers ses subordonnés.

Les Espagnols furent informés, vers le 10 juin, des revers de Buonaparte sur le Danube. On devait s'attendre à les voir redoubler d'énergie pour profiter de l'abattement que ces nouvelles désastreuses devaient occasionner dans le moral de l'armée d'Espagne. Tout le mois de juin se passa sans qu'on fit aucun effort contre les Français, excepté en Arragon. La Romana et Carrera en Galice, Cuesta et lord Wellington sur les deux rives du Tage, et Venegas dans la Sierra-Morena restèrent dans une apathie difficile à justifier. Lord Wellington, après s'être arrêté successivement à Abrantès et à Placentia jusqu'au 16 juillet, partit de ce dernier endroit le 17. Le 20, il fit sa jonction à Oropesa avec le général Cuesta, brave homme, mais vieillard débile, incapable autant de concevoir que d'exécuter avec habileté, et néanmoins, d'un entêtement inconcevable pour faire adopter son opinion. Le 22, l'armée alliée partit d'Oropesa. L'avant-garde attaqua l'ennemi dans sa position de Talavera, et l'obligea de se replier sur l'armée de Victor, placée sur la rive gauche de l'Alberche. Sir Arthur voulut livrer bataille le 23. Le général Cuesta obtint que la partie serait remise au lendemain; mais lorsqu'on se présenta, on trouva la position évacuée. Les Français instruits de l'approche de Venegas, parti de Madridejos le 19, avaient jugé nécessaire de se concentrer, afin de manœuvrer avec la majorité de leurs forces, de manière à combattre séparément les armées alliées, et sur-tout à empêcher leur jonction. Ils réussirent au-delà de leurs espérances. Le 24, le général Cuesta se mit à la poursuite de Victor. Lord Wellington refusa de coopérer avec les Espagnols, *en raison de la grande insuffisance des moyens de transport en Espagne*. Ce sont les propres expressions de sa seigneurie. Le résultat de cette désunion était facile à prévoir. Cuesta fut attaqué le 26 près de Torrijos par les corps de Victor et de Sebastiani, et obligé de se replier sur Talavera. Joseph avec un corps de réserve était parti de Madrid le 23, pour protéger les mouvemens de son armée. Un corps de troupes légères avait été laissé devant Venegas pour retarder sa marche, et une forte garnison fut placée à Tolède pour s'opposer au passage du Tage. Ces dispositions protégeaient Madrid, et couvraient les communications de l'armée, qui marcha le 27, pour attaquer les alliés à Talavera.

L'avant-garde, aux ordres du général Mackenzie, fut attaquée avec vigueur, et obligée de se replier sur la gauche des alliés, ce qu'elle exécuta dans le plus grand ordre. Peu de temps après, l'attaque devint générale. L'infanterie espagnole, placée à la droite de la ligne, repoussa la cavalerie française : une vive canonnade dirigée contre la gauche occupée par les Anglais, produisit peu d'effet, et fut bien répondue par l'artillerie anglaise. Le 28, dès la pointe du jour, l'attaque fut renouvelée par les Français, principalement contre l'armée anglaise. De part et d'autre, il fut fait des prodiges de valeur. Lord Wellington fut attaqué pendant toute cette journée par des troupes très-aguerries et supérieures en nombre. Il repoussa toutes les attaques de Victor, parce que ses troupes étaient aussi bonnes que celles qui lui étaient opposées, et parce qu'il avait su choisir un champ de bataille qui lui était très-avantageux, par les difficultés que le terrain présentait à la régularité et à la vivacité des manœuvres des assaillans. La nuit sépara les combattans; la perte des alliés, dans cette journée, fut d'environ huit mille hommes, dont cinq mille trois cent soixante-sept de l'armée anglaise. La perte des Français fut plus forte, en raison de la nature de leurs attaques, qui les exposait presque à découvert à un feu très-soutenu d'artillerie et de mousqueterie, et à des charges de cavalerie très-meurtrières. Le roi Joseph apprit pendant la bataille que Venegas, commandant l'armée de la Manche, était arrivé sur le Tage avec trente mille hommes, qu'il bombardait Tolède, et que ses partis avaient poussé jusqu'à 4 lieues de Madrid, après avoir passé le Tage à Aranjuez. Il donna l'ordre à Sebastiani de partir sur-le-champ pour secourir Tolède : Victor se replia sur Santa-Ollala.

La victoire était restée aux alliés : ils négligèrent d'en profiter. Leur force avant de combattre était de soixante mille hommes. La perte des 26, 27 et 28 n'exceda pas dix mille tués, blessés et prisonniers. Le général Crawfurd arriva à Talavera le 28 au soir. Venegas était intact. La force des alliés sur le Tage était donc, au 1$^{er}$ août, de quatre-vingt mille combattans. Il n'en restait à Joseph pas plus de quarante mille. La sanglante journée de Talavera avait répandu l'effroi dans l'armée française, et l'on convenait *que les Anglais se battaient tout aussi bien que les Russes.* L'ordre fut donné de faire tous les préparatifs nécessaires pour l'évacuation de Madrid. Le mouvement de Soult sur Placentia ne fut réellement qu'une ruse de guerre, dont le succès fut complet. Ce général n'avait pas plus de trente mille hommes présens sous les armes. Le corps de Ney avait été placé, pour le maintien des communications, depuis Zamora jusqu'à Placentia. Les corps de Soult et de Mortier ne devaient point inquiéter lord Wellington. En admettant, contre toute probabilité, qu'il n'eût pas réussi à s'emparer de Madrid, et que Soult eût continué son mouvement sur Talavera, le général anglais avait sa retraite assurée par Madridejos sur la Sierra-Morena, ou vers l'Estramadoure par la Manche, en longeant la rive gauche de la Guadiana. Quelle apparence que Soult, qui, deux mois auparavant avait pris la fuite avec dix-huit mille hommes devant seize mille Anglais et dix mille Portugais, quoique protégé par le Douro contre leurs attaques, fut assez imprudent pour se placer avec trente mille hommes sur les derrières d'une armée de quatre-vingt mille ? Tout le fruit des succès de lord Wellington contre Soult dans le nord du Portugal, fut perdu par son séjour dans les environs d'Abrantès. Au lieu d'arriver à Talavera le 22 juillet, l'armée alliée aurait dû y être rendue le 22 juin. Le plan concerté entre Cuesta et lord Wellington à Almaraz était vicieux. Il était dangereux de diriger Venegas sur Arganda par Fuente-Duena; c'était l'éloigner du centre des opérations, et l'exposer à être battu séparément. On aurait dû lui ordonner de faire une fausse attaque sur Tolède, tandis que le gros de son armée descendant la rive gauche du Tage, serait venu passer ce fleuve vis-à-vis de Puebla de Montalban, pour se réunir à la grande armée qui, dès le lendemain de cette manœuvre décisive, aurait marché sur la capitale, et s'en serait emparée sans obstacle. Cette importante opération pouvait être terminée le 30 juin, pendant que Soult et Ney étaient encore dans la Galice, occupés à guerroyer contre La Romana et Carrera dans les environs d'Orensé.

Une des qualités les plus essentielles pour un général, c'est le courage d'esprit; on retrouve difficilement une occasion favorable qu'on a laissé échapper. Si lord Wellington avait détruit la division Loison, du corps de Soult, postée à Amarante le 12 mai, ou s'il eût marché le 12 juin contre Victor, il n'aurait pas eu à combattre avec la crainte de savoir le maréchal Soult menaçant de couper sa ligne d'opérations. Si sa seigneurie, plus habituée aux détails de la guerre offensive, avait conservé à Talavera les moyens de transport qui lui avaient servi pour y arriver depuis Placentia, il aurait dû céder avec empressement au désir de Cuesta de se porter en avant pour se renforcer de l'armée de Venegas, et opérer avec une supériorité de forces, qui assurait la victoire et la conquête de Madrid. Le manque de moyens de transport ne peut point être admis comme excuse suffisante : la vérité est que lord Wellington craignait une défaite, et qu'il manqua de courage d'esprit. Avant de se battre il songeait à sa retraite; et il se décida à garder la position de Talavera, qui, par le pont d'Arzobispo ou par celui d'Almaraz, lui offrait une grande facilité de mettre le Tage entre lui et les Français. Cette conduite est prudente sans doute; mais elle est loin d'être conforme au caractère loyal de la nation anglaise. Lord Wellington ne sera jamais approuvé d'avoir laissé battre les Espagnols à Torrijos le 26, lorsqu'il est prouvé, par la bataille de Talavera, qu'il était en état, avec les troupes anglaises seulement, de résister à toute l'armée française. Une autre circonstance qui confirme le peu d'accord qui existait entre les généraux alliés, c'est que Vénégas était encore, le 10 août, dans les environs de Tolède, attendant à chaque instant de voir avancer la grande armée alliée pour profiter du désordre incroyable que la victoire de Talavera avait semé dans l'armée française. Dans cet espoir, ce général avait pris position avec son armée près d'Almonacid; il y fut attaqué le 11 août par Joseph en personne, à la tête de vingt-cinq mille hommes d'élite. Vénégas disputa la victoire pendant neuf heures, et ne se retira que parce que sa gauche fut culbutée par la supériorité de la cavalerie de Sebastiani. Il est bien à regretter que les courageux efforts de ces braves de la Manche aient été rendus inutiles par la retraite d'une armée de plus de cinquante mille Anglo-Espagnols, dans un moment où tout concourait à obliger Joseph de fuir de Madrid à la même époque qu'il y avait été contraint en 1808.

Le 3 août, l'armée anglaise quitta Talavera, se dirigeant sur Oropesa. Le 4, elle passa le Tage sur le pont d'Arzobispo ; l'armée de Cuesta suivit ce mouvement. Il avait été convenu entre les deux généraux en chef que l'armée espagnole conserverait la position de Talavera, pendant que l'armée anglaise irait combattre le maréchal Soult et le forcer à rentrer en Castille. La mésintelligence, ce terrible fléau de presque toutes les alliances, fit changer ces dispositions : le général espagnol ne se crut pas assez fort pour faire face à Victor ; il quitta Talavera. Cette retraite exposait lord Wellington à être pris en flanc dans sa marche contre Soult, et il se décida à s'éloigner du théâtre des opérations, très-mécontent d'avoir été non-seulement faiblement secondé ; mais même contrarié, quoique personne ne pût contester son vif désir de servir la cause de la péninsule, sans toutefois compromettre l'honneur des armes britanniques. Ce n'est pas à son cœur, mais à son peu d'habitude de diriger de grandes armées, qu'on doit attribuer les erreurs qui furent commises dans le cours de cette campagne ; les sentimens de lord Wellington pour faire triompher la noble cause des Espagnols étant au-dessus de toute éloge. Il se retira à petites journées ; et vers la fin d'août il occupait le pays situé sur les deux rives de la Guadiana, entre Mérida et Badajoz. Joseph s'était réinstallé dans son palais de Madrid, encore dans l'étonnement d'avoir réussi à ne pas être obligé de faire le voyage de Bayonne avec les débris de son armée. Le corps de Ney s'était réuni dans les environs de Salamanque ; celui de Soult occupait Placencia ; Mortier avait ses troupes stationnées depuis Oropesa jusqu'à Talavera de la Reyna ; Victor avait cantonné son corps dans les environs de Tolède, et Sebastiani était sur sa gauche, occupant Aranjuez et Alcala, pour couvrir Madrid contre les partisans espagnols.

Presque aussitôt après le passage du Tage, Cuesta avait donné sa démission. Son successeur, le général Eguia, prit d'autres dispositions ; il laissa le duc d'Albuquerque avec un corps de dix mille hommes pour repousser les partis français qui viendraient fourrager sur la rive gauche du Tage, et il se dirigea avec le surplus de l'armée, qui se montait à vingt mille hommes, vers la Sierra-Morena, pour se joindre à Venegas. Le général Beresford, avec les Portugais, gardait les frontières du royaume depuis le Tage jusqu'à Alméida. Le marquis de La Romana avait quitté son armée pour se rendre à Séville : ce changement fut très-nuisible aux succès des Espagnols dans cette partie du royaume. Son successeur, le général Mendizabal, ne montra pas la même activité ni la même énergie, et il n'inspira pas la même confiance. Les habitans de l'Arragon se battaient, mais faiblement; ils n'étaient pas encore remis des fatigues que leur avait causé le siége de Sarragosse. Le général Suchet s'occupait à mettre ses troupes à même de recommencer une nouvelle campagne. Les guérillas, qui ont joué depuis un rôle si important, commençaient à s'organiser. L'expérience avait appris aux Espagnols que dans les attaques de vive force sur des points déterminés d'avance, leur courage échouait presque toujours devant la tactique et la discipline des Français : la guerre de partisans leur parut un moyen plus sûr pour les combattre avec succès; la connaissance du pays les mettait à même de préparer des embuscades où leurs adversaires devaient succomber, parce qu'on les attaquait à l'improviste et en nombre supérieur : on devait en outre choisir des points où il ne leur serait pas possible de manœuvrer, comme des gorges, des ravins, des défilés, etc. C'est au marquis de La Romana qu'on attribue l'organisation de ce système de guérillas qui, commandés par des hommes intelligens et audacieux, ont beaucoup servi à chasser les Français, d'abord sur la rive gauche de l'Ebre, et enfin jusques sur l'ancienne France.

Depuis le premier janvier 1809, l'armée d'Espagne n'avait pas reçu le moindre renfort, quoiqu'elle eût éprouvé des pertes énormes. Sa force, au premier septembre 1809, y compris les garnisons, n'excédait pas cent mille hommes, dont vingt mille étaient en Catalogne sous les ordres du maréchal Augereau, qui avait remplacé le général Gouvion Saint-Cyr. Buonaparte avait battu le prince Charles le 6 juillet dans les plaines de Wagram : la paix n'était pas encore assurée, et il ne cessait de demander des renforts pour son armée, lorsque l'expédition de Valcheren nécessita la réquisition des gardes nationales et de la gendarmerie. On assure, qu'en conséquence d'un avis du conseil d'état, le ministre de la guerre écrivit à Joseph pour le prier de détacher vingt mille hommes pour couvrir Paris. Joseph lui répondit qu'il viendrait avec plaisir de sa personne avec toute l'armée, mais seulement quand il en recevrait l'ordre de l'empereur ; qu'il avait conservé Madrid par miracle, et qu'il ne lui était pas possible de détacher un bataillon sans s'exposer à être poussé vers les Pyrénées. Il finissait sa lettre par dire au duc de Feltre que dès que *la crise de l'Escaut* serait passée, il était essentiel de lui envoyer cent mille hommes tant pour remplacer les cinquante mille qui avaient péri dans la dernière campagne, que pour pouvoir occuper Valence, l'Andalousie, l'Estramadoure et la Galice. Dès qu'on fut assuré que les Anglais quittaient le haut Escaut et se préparaient à retourner en Angleterre, les bataillons qui formaient des régimens provisoires, furent dirigés sur Bayonne pour de là se rendre en Espagne. Plusieurs bataillons qui étaient arrivés à Strasbourg pour rejoindre la grande armée à Vienne, reçurent l'ordre de rétrograder pour se porter vers la péninsule ; ces mouvemens s'exécutèrent en septembre et en octobre. On peut évaluer à trente mille hommes les renforts qui entrèrent en Espagne dans les quatre derniers mois de 1809.

Quoique Joseph ne soit point versé dans l'art militaire, son bon sens lui fit comprendre que Jourdan, très-brave et plein de zèle pour son service, était peu propre à remplir les fonctions de chef d'état-major général de l'armée. Il appela Soult auprès de lui, et il le chargea de ces importantes fonctions. D'ailleurs le maréchal Soult, depuis qu'il avait refusé de rester en Galice avec le maréchal Ney, vivait en mésintelligence avec son collègue. Le bien du service n'aurait pas tardé à en souffrir. La nouvelle place de Soult lui donnait une supériorité qui déplut à Ney, ce qui le détermina de se rendre à Paris. Il laissa le commandement de ses troupes au général Marchand. Celui-ci, désirant profiter d'une occasion favorable d'exercer son commanment en chef, marcha contre l'armée de La Romana postée sur les hauteurs de Tamames, près de Ciudad-Rodrigo. Le 18 octobre, il obtint d'abord du succès contre la gauche de l'ennemi. Mendizabal et Carrera se mirent à la tête de la réserve, chargèrent les Français à la baïonnette, et les obligèrent de se replier presque en désordre. Le duc Delparque, commandant en chef, fit avancer toute son armée le 21, afin de profiter de l'avantage qu'il venait de remporter. Le 25, il arriva sur les hauteurs de Salamanque, d'où les Français s'étaient retirés la nuit précédente, et avaient marché sur Toro. Les habitans reçurent avec enthousiasme les braves compagnons de La Romana. Leur joie fut de courte durée. Soult disposa des renforts qui arrivaient de France pour grossir le sixième corps. Le général Kellermann eut ordre de marcher contre le duc Delparque, qui avait déjà coupé la communication entre Madrid et Valladolid. Il évacua Carpio, dès qu'il sut qu'il allait y être attaqué par des forces supérieures, et il prit la position d'Alba-de-Tormes, près de Salamanque. Le 28 novembre, le duc fut attaqué par Kellermann. La résistance de ses troupes ne répondit pas à leurs anciens exploits ; elles se retirèrent en désordre avec perte de toute leur artillerie. Une division du sixième corps prit possession de Salamanque le 29. La défaite du duc Delparque provint de ce qu'il n'avait pas ses troupes réunies au moment de l'attaque à laquelle il ne s'attendait pas. D'ailleurs, les Asturiens et les Galiciens regrettaient le marquis de La Romana et leurs montagnes. Ils profitèrent du désordre qui suivit la journée du 28, pour se disperser et rentrer dans leurs foyers.

Le général Arrizaga avait remplacé Venegas et Eguia dans le commandement des armées de la Manche et de l'Estramadoure. Etonné de se voir à la tête de cinquante mille hommes, et charmé d'entendre ses troupes demander à grands cris à marcher contre les Français, ce général, plus courageux qu'expérimenté, s'avança jusque dans les plaines d'Ocana, près d'Aranjuez. Soult fit sur-le-champ ses dispositions pour le faire repentir de sa témérité. Il réunit les corps de Mortier et Sébastiani avec tout ce qui était disponible dans Madrid. Sa force n'excédait pas trente mille hommes, dont quatre mille de cavalerie. Il fit attaquer l'aile droite des Espagnols. Cette attaque fut complètement repoussée. Fier de ce premier succès, Arrizaga prit l'offensive, et culbuta la division Leval qui formait la gauche de Soult. Il commit l'imprudence de franchir le ravin qui était entre sa ligne et celle des Français. Le passage du ravin avait mis du désordre dans les rangs espagnols. Une division de troupes fraîches en profita pour les attaquer à rangs serrés et baïonnette croisée. L'infanterie d'Arrizaga, obligée de battre en retraite, fut vivement poursuivie. La cavalerie, commandée par Sébastiani, se précipite sur les bataillons qui, déjà ébranlés, ne peuvent point soutenir son choc. La cavalerie espagnole, qui avait été placée dans un terrein désavantageux, est forcée d'abandonner l'infanterie et de prendre la fuite. Quelques régimens espagnols se forment en carrés, et se retirent en bon ordre pendant plus d'une lieue ; mais entraînés par le torrent, et à la faveur des ténèbres de la nuit, ils se débandent, et la retraite n'est plus qu'une déroute complète.

Ce succès, en consolidant Joseph sur son trône, lui fit concevoir le projet de soumettre les riches provinces du sud. L'Andalousie fut l'objet des préparatifs d'une expédition dont Soult devait avoir le commandement en chef. Les troupes attendues de France n'étant pas encore arrivées, il fut impossible de profiter du désordre des Espagnols depuis la journée d'Ocana, et l'attaque de la Sierra-Morena fut renvoyée au commencement de 1810. La capitulation de Gérone, qui eut lieu le 10 décembre 1809, termina la troisième campagne des Français en Espagne. Cette place avait sur Sarragosse l'avantage d'une fortification régulière, et quoique sa défense fut beaucoup plus longue, on ne peut faire un plus grand éloge de la garnison et des habitans, qu'en les déclarantles dignes frères des braves défenseurs de la capitale de l'Arragon. Parmi les époques les plus glorieuses du siége de Gérone, qui ne se rendit qu'après s'être vaillamment défendue pendant près de six mois, on distingua l'habileté de Blake pour ravitailler cette place. Il savait que la garnison manquait de vivres. Il fit préparer un convoi de quinze cents mulets sous l'escorte de quatre mille hommes, aux ordres du général Garcia de Condé. Ce convoi, qui s'était formé dans les environs d'Olot, devait passer le Ter à Amer, et se diriger sur Gérone, en longeant la rive droite du fleuve. Pour protéger ce mouvement, Blake employa la ruse : le 30 août 1809, il fit attaquer les Français avec toutes ses forces disponibles, dans les environs de Brunola. La division Souham ayant été culbutée, Saint-Cyr, qui commandait en chef, crut que le général espagnol voulait livrer bataille pour délivrer Gérone. Il réunit son armée, et ne laissa devant la place que les troupes nécessaires pour défendre les travaux contre la garnison. Sur ces entrefaites, le convoi parut, culbuta les troupes du siége, et fit son entrée dans Gérone au milieu des applaudissemens et des embrassemens des assiégés. Aussitôt que Saint-Cyr fut instruit que la place avait été ravitaillée, il quitta la position de Brunola, et concentra ses troupes pour intercepter ce qui voudrait sortir de la place. Malgré ces dispositions, ce qui était inutile dans Gérone, tels que les conducteurs et les mules, en sortit sans la moindre perte. Cette circonstance, qui devait être attribuée au peu de troupes qu'avait Saint-Cyr, fut proclamée par Buonaparte comme une faute majeure contre toutes les règles de l'art militaire; et c'est à cette occasion qu'il le fit remplacer par le maréchal Augereau.

Le 19 septembre fut un jour brillant pour la garnison de Gérone. Le général français se mit en tête d'en imposer aux habitans par un coup d'éclat; et la brèche ayant été reconnue praticable, il ne se proposait rien moins que d'enlever la place d'assaut. Il dirigea de fausses attaques sur plusieurs points avec des échelles, tandis qu'il marcha à la tête de six mille hommes pour s'établir sur la brèche. La vivacité du premier choc fit reculer d'abord les troupes qui la défendaient. La réserve chargea à la baïonnette, aux cris de *vive Ferdinand VII*. L'ennemi prit la fuite. Rallié par ses officiers, trois fois il renouvella ses attaques, et toujours sans fruit. Les brèches furent réparées, et le siége converti en blocus. Augereau, comme tous les débutans, voulut se signaler, afin de pouvoir annoncer à Buonaparte son arrivée suivie d'un succès, qui engageât son maître à s'applaudir d'avoir fait choix d'un de ses plus fameux lieutenans.

Le 29 octobre, il attaqua Blake sur les hauteurs de Brunola. Le général espagnol, qui n'était pas assez fort pour livrer bataille, avait levé son camp dans la nuit du 28, pour prendre la position de Santa-Coloma. Cette manœuvre avait pour but de couvrir son dépôt d'Hostalrick où se préparait un convoi pour Gérone. Le général Souham l'attaqua avec des forces supérieures, et le força à battre en retraite. Le 8 novembre, Augereau envoya la division Pino pour attaquer Hostalrick et détruire les magasins. La ville fut prise et pillée; mais le fort où s'était retirée la colonne du général Quadrado, força le général Pino à battre en retraite avec ce qu'il avait enlevé aux malheureux habitans. Les 3 et 7 décembre, les ouvrages extérieurs de Gérone furent enlevés de vive force, malgré la courageuse résistance des assiégés. Privés de toute communication avec l'armée de Blake, et n'ayant plus d'espoir d'en être secourus, ils se rendirent le 10; le 11, les Français prirent possession de la ville et des forts. La garnison et les habitans manquaient absolument de vivres. Cet échec ne découragea point les Catalans. Le blocus de Barcelonne fut renforcé, et les guérillas destinés à intercepter les communications de l'ennemi, se multiplièrent et redoublèrent d'activité. Les Anglais, par mer, secondaient de tous leurs moyens les efforts des Espagnols. Lord Collingwood avait dispersé un convoi parti de Toulon, et destiné pour Barcelonne. Le 25 octobre, l'escorte composée de trois vaisseaux de ligne et de deux frégates, avait été forcée de se jeter à la côte, excepté une frégate qui gagna le port de Marseille. Le convoi qui s'était retiré dans la baie de Roses, fut en partie détruit ou pris dans la nuit du 31, par un détachement de la flotte anglaise.

Le ravitaillement de Gérone; la victoire de Talavera; l'évacuation de la Galice; les succès de l'armée de La Romana, contre le corps de Ney, et l'activité des guérillas faisaient espérer que la troisième campagne serait en faveur des Espagnols. Des plans aussi peu réfléchis que mal exécutés, des prétentions dangereuses, et des dégoûts tout-à-fait ridicules, pour ne pas dire très-blamables, paralysèrent le zèle des braves espagnols, et les généreux efforts de leur puissant allié. L'orgueil de quelques individus, rendit inutile ce sang précieux versé avec tant de gloire pour l'indépendance de la Péninsule! La nation et le gouvernement anglais sont, ainsi que la nation et le gouvernement espagnol, innocens des bévues, des jalousies et des délais de ces hommes qui ont abusé de la confiance de leurs commettans, en palliant leurs fautes et leurs animosités du spécieux prétexte de l'intérêt général.

Rien n'est ridicule comme d'entendre le général Cuesta dire à la suprême junte, dans son rapport du 7 août : « Que le 26 juillet, il envoya « un officier à sir Arthur Wellesley; et qu'en con- « séquence des ordres de ce général, il résolut « de faire un mouvement rétrograde de Torrijos « sur Talavera ». Quel pouvait être le but d'une semblable assertion? Cuesta voulait-il nous dire qu'il était sous les ordres de sir Arthur? Sa conduite du 24, en se portant avec sa seule armée sur Torrijos, nous a prouvé qu'il était libre de ses mouvemens. Sir Arthur fit certainement une grande faute en ne suivant pas le mouvement de Cuesta; mais celui-ci en fit une plus grande en se séparant de l'armée anglaise; et quand il vit sir Arthur décidé à rester dans la position de Talavera, tout lui prescrivait de se conformer à la détermination de son allié. La suite lui prouva la vérité de ce raisonnement. La lettre de lord Wellington en date de Deleytosa du 8 août, est aussi une pièce curieuse. Il y est dit : « Qu'il est bien posté pour défendre le « passage d'Almaraz et la partie inférieure du « Tage; » tandis que l'armée anglaise se mit en marche le 9 pour se rendre à Badajoz par Truxillo et Merida. C'est une nouvelle manière de défendre le passage d'un fleuve, que de mettre dix lieues d'un pays désert et montagneux entre ce fleuve et les troupes chargées d'en défendre les bords.

Sir Arthur était à Badajoz à l'époque de la sanglante journée d'Ocana; il avait sous ses ordres une armée d'environ vingt-cinq mille braves qui ne demandaient qu'à combattre. Beresford et le duc d'Albuquerque suffisaient pour contenir les Français qui étaient sur la rive droite du Tage. Si, par une marche rapide, que sa position lui permettait de dérober assez long-temps pour atteindre son but, sir Arthur eût remonté la Guadiana, qu'il eût joint Vénégas à Consuégra, et qu'il eût attaqué Joseph avec quatre-vingt mille combattans, il est incontestable qu'il aurait obtenu une victoire complète, et que ses mouvemens subséquens auraient entièrement réparé les fautes du commencement de cette campagne. C'est à un semblable mouvement que les Romains furent redevables de la victoire remportée par les consuls Livius, Salinator et Claudius Néron sur Asdrubal, qui conduisait une armée nombreuse pour renforcer celle de son frère Annibal, l'an de Rome 547. Claudius sortit de son camp, qui était en vue de celui d'Annibal, ne prit avec lui que l'élite de ses troupes, au nombre de dix mille hommes, et fit sa jonction avec Livius. Il ne fut point arrêté par le manque de moyens de transport, parce que, dit Tite-Live : *Claudianus exercitus nihil ferme, preter arma, secum in expeditionem tulerat.* « L'armée « de Claude n'avait presque d'autre bagage que « ses armes. » Asdrubal périt avec toute son armée, forte de soixante mille combattans, et cela par trente mille Romains ! Sans aller dans l'antiquité chercher des exemples de cette activité qui augmente les forces, et par le nombre et par l'étonnement, on peut parcourir les premières campagnes de Buonaparte en Italie, et nous serons forcés de convenir que les vues généreuses de l'Angleterre et les intentions patriotiques des Espagnols, n'ont point été remplies. Depuis le mois d'août jusqu'au mois de décembre, le quartier-général de l'armée anglaise fut à Badajoz; les troupes de Vénégas et d'Arrizaga étaient taillées en pièces, tandis qu'il n'y avait pas un seul Français en présence des Anglais et des Portugais. C'est aussi dans cet intervalle que lord Wellington se rendit à Cadix pour y visiter son frère le marquis, qui retournait en Angleterre; il fut de retour à l'armée le 12 novembre. Il quitta l'Espagne pour se rendre dans les environs d'Alméida; toutes les troupes anglaises étaient rentrées en Portugal avant le 1<sup>er</sup> janvier 1810.

La paix entre la France et l'Autriche avait été signée le 14 octobre 1809. Ce grand évènement, que quelques observateurs attribuent, peut-être avec raison, moins aux victoires de Buonaparte sur l'archiduc Charles, qu'à l'influence de son astucieuse politique auprès de l'empereur François, tendit à décourager cette classe d'Espagnols qui, dans tous les pays, attend, pour se décider, quelque raison péremptoire. Le parti de Joseph se trouva donc grossi des indifférens; mais les véritables Espagnols n'en devinrent que plus fermes dans leur noble résolution de conquérir leur indépendance.

L'évacuation de l'île de Valcheren rendit

toutes les forces de la France disponibles contre l'Espagne : plusieurs colonnes de bonnes troupes furent dirigés sur Bayonne et Perpignan pour compléter les régimens et pour renforcer les corps d'armée. On avait réuni au camp de Boulogne et dans les garnisons, des cadres des quatrièmes bataillons pour instruire les conscrits nouvellement levés ; on en avait formé des demi-brigades provisoires fortes chacune de trois bataillons. Dès que Buonaparte sut qu'il n'avait plus rien à craindre sur l'Escaut, il envoya ces corps en Espagne : on incorpora les soldats dans les régimens, et les officiers ainsi que les sous-officiers rentrèrent en France dans les dépôts pour surveiller la formation des nouvelles recrues. Ces dispositions étaient certainement connues en Angleterre et en Espagne ; néanmoins on ne prit point de mesures pour résister efficacement aux efforts des Français. Le marquis de Wellesley était arrivé à Cadix au commencement d'août ; il y avait été reçu en roi. Cet homme qui avait paru avec tant d'éclat dans les grandes Indes, ne fut pas aussi heureux en Espagne : il approuva toutes les dispositions de son frère, lorsqu'il aurait dû se servir et de son autorité et de son attachement, pour l'empêcher de se séparer de l'armée espganole. Il agit envers les Espagnols avec autant de circonspection que s'il eût traité avec la chambre des lords; tandis qu'il aurait dû parler en maître, au nom de son gouvernement, qui en avait certainement le droit incontestable, afin de pouvoir recueillir quelque fruit des sacrifices immenses de la Grande-Bretagne pour la défense de la péninsule. Le noble marquis manqua donc de fermeté, ou s'il en montra, ce ne fut que pour concourir à une mesure désastreuse, le départ de l'armée anglaise pour les environs d'Alméida, où sa présence était bien inutile, puisque cette partie des frontières du Portugal était défendue par deux places fortes, par la division du général Beresford et par l'armée de La Romana aux ordres du duc Delparque. D'ailleurs, les Français n'avaient alors sur ce point que le corps de Ney, dont la force n'excédait pas 14000 hommes, parce qu'il n'avait pas encore reçu les renforts qui devaient le porter au complet.

Je terminerai ces réflexions sur les opérations militaires de 1809, en reprochant au maréchal Soult une faute énorme qui, si les alliés eussent su s'en prévaloir, leur aurait donné l'avantage bien décidé de la troisième campagne. Après que le duc Delparque eut forcé le corps de Ney, le 18 octobre, à se replier sur Toro et Valladolid, les Espagnols étaient maîtres de la province de Salamanque, et par conséquent en possession des débouchés de l'Estramadoure au nord de cette province. Le corps de Soult fort d'environ douze mille hommes, dont le général Laborde avait alors le commandement, était cantonné dans les environs de Coria et de Placentia. Le général Beresford commandant les Portugais, gardait les frontières depuis la rive droite du Tage jusque vers Alméida. Le duc d'Albuquerque, avec dix mille Espagnols, était posté sur la rive gauche du Tage. Mortier, Victor et Sébastiani manœuvraient vers la mi-novembre contre Arrizaga dans les environs de Tolède ; et les Français continuèrent d'occuper l'Estramadoure, quoique, pour ainsi dire, cernés par quatre vingt mille hommes. Lord Wellington pouvait assembler son armée à Merida, passer le Tage à Almaraz, et prendre poste à Naval-Moral, pour couper aux Français toute communication avec leur grande armée. C'en était fait de ces douze mille hommes, qui eussent certainement été obligés de mettre bas les armes, s'ils eussent été attaqués sur leur droite par Beresford, sur leurs derrières par le duc Delparque, et sur leur gauche par lord Wellington, tandis que le duc d'Albuquerque les aurait harcelés sur leur front.

Ce raisonnement n'est point fondé sur des hypothèses vagues, mais sur des calculs clairs et précis. L'armée anglaise n'était qu'à quatre journées de marche de Naval-Moral, et son mouvement eût été certainement ignoré des Français, les avant-postes sur le Tage étant occupés par le duc d'Albuquerque. Dans deux marches, le duc Delparque et le général Beresford pouvaient attaquer, chacun dans leur direction, et contribuer efficacement à la réussite de l'attaque principale de lord Wellington qui, par cette habile manœuvre, aurait entièrement détruit ce même corps de Soult, qui lui avait échappé six mois auparavant dans le nord du Portugal. Ce n'est donc qu'au défaut d'union entre les généraux alliés et au manque d'un chef entreprenant, et en état de combiner une grande opération, que les Français ainsi avanturés à près de deux cents milles de Madrid, furent redevables de la tranquillité dont on les laissa jouir dans leurs cantonnemens. S'ils avaient eu à combattre un adversaire actif et audacieux, ils auraient été enveloppés si complètement, qu'il ne s'en serait pas sauvé un seul pour porter la nouvelle de ce désastre à *l'heureux* Soult. Peut-être quelques lecteurs me censureront de juger aussi favorablement le général qui laissa échapper l'armée anglaise, lorsqu'elle s'embarqua à la Corogne, et qui fut réduit à abandonner toute son artillerie dans sa retraite de Porto. Quel est l'homme dont l'étoile a toujours été sans nuages? Oui, il fut question dans l'état-major de l'armée anglaise, la veille de la bataille de la Corogne, d'envoyer un parlementaire pour conclure un arrangement, afin que l'embarquement des troupes ne fût point inquiété. Ce projet ne fut pas exécuté, parce qu'on aperçut de l'irrésolution dans les manœuvres des Français. L'armée anglaise aurait mis bas les armes, si Buonaparte avait eu la sage précaution d'arriver avec le maréchal Ney, pour soutenir les attaques du maréchal Soult. Quant aux pertes essuyées en Portugal, il faut consulter les généraux ennemis, qui s'extasiaient sur les manœuvres savantes et audacieuses par lesquelles le général français réussit à leur échapper. Je vais encore montrer le maréchal Soult couronné par la fortune, mais ne sachant pas mettre à profit ses nouvelles faveurs.

# LIVRE TROISIÈME.

On s'imagine aisément la joie qu'éprouva Buonaparte, quand il apprit la désunion qui régnait entre lord Wellington et les généraux espagnols. Il est même à présumer que cette circonstance si funeste à la cause de la péninsule fut influencée par les agens du cabinet des Tuileries auprès du gouvernement espagnol. Quoiqu'il en soit, dès que Napoléon fut instruit de la rentrée de Wellington en Portugal, il s'empressa de mettre à profit un mouvement qui lui livrait évidemment Grenade, Cordoue, Séville et même Cadix, s'il eût été présent à l'armée, ou si l'indolence de Joseph n'eût pas empêché le maréchal Soult de remplir ponctuellement les intentions de son maître. Au midi de la Guadiana sont les fameuses montagnes appelées *Sierra-Morena*, d'où on descend dans les belles plaines de l'Andalousie arrosées par le Guadalquivir. Buonaparte ordonna à Soult de faire ses dispositions pour franchir cette Sierra, à la tête de cinquante mille hommes. La force des Espagnols dans la Sierra n'excédait pas vingt mille hommes, encore consternés de leur déroute d'Ocana. Pour diminuer la résistance, en forçant l'ennemi à se disséminer, le général français fit exécuter plusieurs mouvemens vers le 25 janvier, dans la direction des principaux débouchés de la Sierra, sur-tout vers les deux extrémités, afin de l'engager à dégarnir son centre, où passe la grande route de Madrid à Cadix. Le 20 janvier, Soult fit une attaque générale. Sa droite était commandée par Victor, son centre par Mortier, et sa gauche par Sébastiani. Victor partit d'Almaden pour se rendre à Andujar, par Torre-Campo, Villanueva de la Jarra et Montoro. Mortier marcha par la grande route, à mesure que la division Gazan tournait et culbutait les Espagnols dans leurs retranchemens. Les mines qui avaient été construites pour rendre la route impraticable avaient été mal calculées. Leur effet fut presque nul. Mortier fit halte à la Caroline. Le 21, il se porta sur Andujar.

Sébastiani et Victor furent également vainqueurs dans leurs attaques, quoique la résistance fut plus grande. Le général espagnol avait détaché l'élite de ses troupes sur ses deux flancs pour éviter d'être tourné. Il était d'ailleurs persuadé que son centre était à l'abri de tout danger, étant fortifié et par la nature et par l'art. Trompé dans ses calculs, Arrizaga se retira sur Grenade, afin de faire une diversion en faveur de Séville et de Cadix, et donner à ces deux importantes places le temps de faire quelques dispositions pour éviter une surprise. En effet, Soult détacha le 4ᵉ corps à la poursuite des Espagnols du côté de Grenade. Sébastiani attaqua Arrizaga dans les environs d'Alcala-Lareal. Il était si supérieur en nombre aux Espagnols, que le succès ne fut pas long-temps douteux. Arrizaga prit la route de Murcie, et Sébastiani entra dans Grenade le 28. Joseph, au lieu de faire marcher ses troupes, perdit son temps à faire des proclamations. Dans celle datée de Cordoue du 27, il dit: «Que « l'issue de la guerre d'Espagne n'a jamais été « *incertaine;* que les habitans de Cordoue doi-« vent se servir de leur raison, qui leur mon-« trera dans les soldats français *des amis* prêts « à les défendre, etc.» Il faut convenir que, quoique Joseph soit un homme assez réfléchi, il a bien mal choisi son temps et le lieu pour faire adopter ses principes. Comment a-t-il pu tenir un pareil langage dans cette ville qui, en 1808, avait été saccagée par les Français, et où on avait vu passer un corps de quatorze mille prisonniers, en même temps qu'on apprenait que le même Joseph était obligé de fuir de sa capitale à toutes jambes pour ne pas tomber entre les mains de Castanos ! Le 28, Victor était à Carmona, et Mortier à Exija. Le 31, Joseph et Soult étaient à Carmona : ils avaient fait 30 lieues dans dix jours !

Le 29, Victor était arrivé devant Séville. Il avait fait sommer la place. On était décidé à se soumettre, mais on voulait des conditions favorables. Deux parlementaires se rendirent auprès de Victor le 31 janvier. Ils demandaient que les cortès fussent assemblés dans Séville pour établir les lois du royaume. Le général français leur promit, *par écrit*, protection, oubli du passé, et exemption de contributions *illégales*. Cette promesse fut suffisante pour décider les autorités à ouvrir leurs portes à l'armée française. Dès que Joseph fut instruit de cet heureux évènement, il accourut pour dater une proclamation de l'*Alcazar de Séville*, *le 1er février*. Il perdit encore son temps à remercier l'armée, et il dit aux soldats :
« Le roi d'Espagne veut qu'entre les colonnes
« d'Hercule s'élève une troisième colonne qui

« porte à la postérité la plus reculée, et aux
« navigateurs des deux mondes, la connais-
« sance des chefs et des corps français qui ont
« conquis les Espagnes. » Au lieu de s'amuser
à faire des phrases, le duc d'Albuquerque, qui
était accouru de l'Estramadoure, comprit qu'il
n'y avait pas un moment à perdre pour sauver
Cadix. Il se jeta dans cette place avec ce qu'il
avait de troupes, le 4 février, et les Français
arrivèrent à Chiclana le 5. Ils auraient pu entrer dans Cadix, sans obstacle, depuis le 29 janvier jusqu'au 3 février, quand bien même ils
n'auraient fait que 6 lieues par jour. Le corps
de Mortier était plus que suffisant pour en
imposer à Séville qui était sans troupes. Les
Français ont payé bien chèrement cette perte
de cinq jours, puisque ce retard leur fit manquer Cadix qui, étant devenu l'asile du gouvernement, devait être considéré comme le
foyer du patriotisme qui a encouragé la résistance des provinces contre leurs conquérans.

Soult arriva, quand il n'était plus temps. Le
10 février, il écrivit de Chiclana au duc d'Albuquerque, pour l'engager à recevoir les troupes
françaises dans l'île de Léon et dans Cadix. La
réponse de ce seigneur fut pleine de fermeté.
Comme elle jette du jour sur quelques évène-

mens antérieurs, j'en citerai quelques extraits :
« Monsieur le duc, l'unanimité du sentiment
« qui a porté simultanément tous les royaumes
« et provinces d'Espagne à se défendre contre
« une domination inique, et à venger l'usur-
« pation inouie de la couronne de son cher et
« légitime souverain, Ferdinand VII, démontre
« assez, sans qu'il soit nécessaire de vous le
« rappeler, la justice de la cause que je défends.
« Ainsi vous devez être persuadé que les Espa-
« gnols, fermes dans leur résolution, malgré les
« malheurs de la guerre provenant de causes
« qui n'existent plus, de leur peu d'expérience
« *et de ce qu'ils n'étaient pas si intimément*
« *liés qu'ils le sont aujourd'hui avec la nation*
« *anglaise,* ne poseront jamais les armes qu'a-
« près avoir accompli le juste recouvrement de
« leurs droits légitimes. . . . . . . . . . . .
« . . . . . La forteresse de Cadix n'a rien à
« craindre d'une armée de cent mille hommes.
« Il n'y a pas de comparaison entre son état
« actuel de défense *et la situation où elle*
« *était il y a peu de jours!!!.* . . . . . . . .
« . . . . . . En conséquence, en retour de
« l'intérêt que Votre Excellence prend au sort
« des habitans de cette île et de la forteresse
« de Cadix, je vous conseille de renoncer à sa-

« crifier inutilement vos troupes, connaissant
« les avantages que les miennes possèdent,
« non-seulement en raison du terrain et des
« positions qu'elles occupent, mais encore
« d'après l'accord fraternel avec lequel elles
« font toute espèce de service avec les Anglais,
« nos intimes alliés. Il est aussi de mon devoir
« de dire à Votre Excellence que l'illustre na-
« tion britannique, non moins généreuse que
« grande et brave, n'a pas, comme Votre
« Excellence l'insinue, le dessein de s'emparer
« de Cadix. Son unique objet est d'aider à le
« défendre par tous les moyens qu'elle possède
« abondamment, et que les Espagnols solli-
« citent et reçoivent avec reconnaissance....
« ..... Le traitement des prisonniers sera
« tel qu'il doit être entre des nations civilisées.
« Nous ne suivrons pas l'exemple que nous
« ont donné les troupes françaises, en immo-
« lant cruellement les Espagnols sous la déno-
« mination d'insurgens............
« ...., Finalement, je ne puis consentir
« à une conférence avec Votre Excellence dans
« les circonstances existantes, et jusqu'à ce
« que par la délivrance de l'Espagne de toutes
« troupes étrangères, et la restauration de
« notre cher Ferdinand VII, je sois en situa-

« tion d'accepter avec plaisir votre offre obli-
« geante, etc., etc. »

Ile de Léon, 10 février 1810.

*A son excellence le duc de Dalmatie.*

*Signé,* le duc d'Albuquerque.

Ce langage, bien différent de celui que tint Morla à Buonaparte, lors de la capitulation de Madrid, ne laissa à Soult d'autre espoir que de réduire Cadix par famine, ou par crainte d'un bombardement. Il fit occuper San-Lucar de Barrameda à l'embouchure du Guadalquivir, Rota, Puerto de Santa-Maria, Puerto-Real et Chiclana. Il plaça une forte garnison à Medina-Sidonia. Il avait envoyé le maréchal Mortier en Estramadoure pour soumettre cette province, s'emparer de Badajoz, et communiquer avec le 2$^e$ corps, dont Reynier avait pris le commandement. Le 9 février, les Français avaient occupé Zafra, et le 12, ils sommèrent Badajoz de se rendre. Le gouverneur refusa d'ouvrir les dépêches dont le parlementaire était porteur, et il le renvoya, en le prévenant qu'à l'avenir il ferait faire feu sur de semblables messagers. Mortier, qui n'était point en mesure pour faire le siège de cette place, cantonna ses troupes entre Lerena et Almendraleyo, et il plaça son quartier-général à Lossantos, le point le plus central de ses établissemens. La nouvelle que Badajoz avait aussi été manqué, causa du chagrin à Soult. Il comprit qu'il avait calculé trop légèrement, lorsqu'il avait écrit au prince de Neufchâtel en date de Séville du 3 février : « De la « manière dont les habitans se prononcent, on « pourrait considérer la guerre comme presque « finie. » L'idée première de la conclusion des hostilités, lui avait été suggérée par le général Sébastiani qui, dans sa dépêche en date de Grenade du 29 janvier, assurait « que l'armée « française se conduisait d'une manière admira-« ble, qu'aussi les habitans étaient dans l'*en-* « *chantement,* et que tout le monde à Grenade « regardait la guerre comme finie. » Sébastiani, dans cette même lettre, donnait avis à Soult qu'il avait trouvé à Grenade un bataillon de mille hommes presque tous Suisses de l'armée du général Dupont, qu'il leur avait promis leur pardon, s'ils voulaient servir fidèlement l'empereur, que les officiers l'avaient juré *par écrit,* sur leur parole d'honneur, et que les sous-officiers et les soldats avaient prêté leur serment avec le plus grand enthousiasme. Malgré que

Sébastiani eût publié que les Espagnols avaient prêté avec le plus grand plaisir leur serment de fidélité au roi Joseph, il jugea prudent, avant de marcher contre Malaga, de mettre en état de défense le château d'Alhambra, avec une garnison de douze cents hommes, pour maintenir la tranquillité parmi les habitans.

Le 4 février, le général Milhaud se porta à Antequera avec une forte avant-garde. Le 5, il se dirigea sur Malaga. Les postes espagnols furent attaqués, forcés dans leurs positions, et obligés de se replier. Ils se rallièrent près de Malaga, prirent l'offensive, et firent à leur tour reculer les Français. Sébastiani étant arrivé au secours de son avant-garde avec un renfort d'infanterie, fit sommer les Espagnols de mettre bas les armes. Pour toute réponse, ils se portèrent en avant, en poussant de grands cris, et firent contre les Français un feu très-vif d'artillerie et de mousqueterie. Le terrain était favorable pour les manœuvres de la cavalerie. Sébastiani en profita; il obligea les Espagnols à se réfugier dans Malaga, où il entra pêle-mêle avec les fuyards. Le feu continua quelque temps dans la ville par les croisées et par-dessus les toits. L'arrivée de l'infanterie française mit fin au combat; les habitans se soumirent. Ces détails prouvent qu'il ne manqua aux Espagnols qu'un chef qui fût en état de tirer parti de leur courage et de leur détermination de résister aux Français. Malaga était pourvu de cent quarante-huit pièces de canon de tout calibre, il y avait en outre, un équipage de vingt-trois pièces de campagne destiné pour l'armée de Catalogne. Les magasins étaient remplis de munitions de guerre. Comment le gouvernement espagnol n'avait-il pas pris des mesures pour la défense ou pour l'évacuation d'un point si important par ses approvisionnemens, que le voisinage de la mer permettait d'enlever? L'anarchie fut portée à une extrémité telle, que ce fut un capucin qu'on nomma lieutenant-général, à qui la populace, dans son délire, confia le commandement en chef. Qu'on en eût fait un capitaine de grenadiers, rien de mieux; mais le résultat des opérations militaires sous la direction d'un tel homme était facile à prévoir. Satisfait de ses succès en Andalousie, et se flattant de l'espoir que Cadix plus calme se rendrait à ses offres paternelles, Joseph partit pour Madrid, et laissa au maréchal Soult le commandement supérieur des autorités civiles et militaires en Andalousie.

Buonaparte eut soin de faire circuler les rapports les plus avantageux sur l'occupation des provinces du sud de l'Espagne, afin d'encourager les troupes à marcher avec moins de répugnance pour renforcer l'armée de la peninsule. Selon lui, cette partie de l'Espagne réunissait tous les avantages des colonies, sans en avoir les inconvéniens. Cette ruse lui réussit. Les régimens envoyés en Espagne éprouvèrent peu de désertion. Le 6ᵉ corps, dont le maréchal Ney avait repris le commandement, fit un mouvement vers Ciudad-Rodrigo. Le 11 février, il fut jeté quelques obus dans la place, et le gouverneur fut sommé de se rendre. André de Hérasti répondit en homme d'honneur : « Qu'il ne « se rendrait que quand il aurait été attaqué « régulièrement, et qu'il serait réduit à la der- « nière extrémité. » Trompé dans son attente, Ney se replia, et cantonna ses troupes entre Ciudad-Rodrigo et Salamanque, jusqu'à ce qu'il eût réuni les moyens d'agir plus efficacement. Le 8ᵉ corps, sous les ordres de Junot, se disposait à prendre l'offensive contre Astorga et les Asturies. Le 7ᵉ corps se reposait encore des fatigues du siége de Gérone, lorsque le général Odonel, qui avait remplacé Blake, l'attaqua presque subitement dans la plaine de

Vique, le 20 février. Les Espagnols furent vainqueurs. Ils ne surent pas se modérer : ils poursuivirent les Français avec trop d'ardeur. La cavalerie qui protegeait la retraite, trouvant un terrain propice et un moment favorable, les chargea avec vigueur, et leur fit perdre le fruit de cette glorieuse journée.

Le plan d'Odonel avait été judicieusement conçu pour débloquer Hostalrick, et détruire la division Souham, l'élite des troupes d'Augereau. Pendant que le général espagnol dirigeait l'attaque contre cette colonne, il faisait attaquer Besalu au nord de Gérone, pour obliger les Français à se disséminer, et un corps de six mille miquelets attaquait la division italienne qui bloquait Hostalrick. En même temps tous les principaux postes intermédiaires furent culbutés par une nuée de paysans accourus de tous côtés pour concourir à l'exécution des plans de leur brave général. La retraite du corps d'Odonel, occasionnée le soir de la bataille par la supériorité de la cavalerie française, rendit inutiles les succès qui avaient été obtenus sur toute la ligne. Augereau fut tellement effrayé du danger qu'il avait couru, qu'il écrivit à Buonaparte les lettres les plus alarmantes en demandant de prompts renforts, si on voulait éviter d'être forcé d'évacuer la Catalogne. Son maître découvrit la véritable cause de ses craintes. Il lui supposa une maladie physique, tandis qu'il n'était indisposé qu'au moral; il désigna le général Macdonald pour le remplacer. Augereau était encore à l'armée, lorsque la garnison d'Hostalrick, manquant absolument de vivres, évacua la place le 11 mai, et se fit jour l'épée à la main à travers les troupes du blocus. Vers la même époque, les petites îles de Las-Medas, situées sur la côte de Catalogne vis-à-vis de l'embouchure du Ter, furent enlevées par un coup de main. Cette prise était avantageuse aux Espagnols pour s'opposer au cabotage qui, jusqu'alors, avait été si utile aux Français pour approvisionner Barcelonne.

L'Arragon paraissait tranquille. Suchet crut que l'occasion était favorable pour s'emparer de Valence, et se joindre par sa droite avec la gauche du maréchal Soult, qui avait poussé des partis jusque dans le royaume de Murcie. Il arriva presque sans combattre dans les environs de Valence; mais il ne fut pas plus heureux que le maréchal Moncey. Ses promesses, ses menaces et ses attaques furent rendues inutiles par l'ardeur des Valenciens et l'intelligence du général Caro. Suchet comprit qu'il serait tenu long-temps loin de l'Arragon, s'il s'obstinait à prendre cette place, et il fut averti qu'il se formait des guerillas dans son commandement, qui pourraient faire beaucoup de mal, si on ne s'opposait à leur organisation. D'ailleurs, Odonel qui avait été prévenu de son entreprise contre Valence, s'était déjà mis en mouvement pour marcher au secours de cette place. Ces raisons décidèrent le général français à ajourner l'exécution de ses projets contre Valence, et à se rapprocher de l'Arragon. Pour ne pas laisser ses troupes dans l'inaction, il vint mettre le siége devant Lérida. Le général Odonel crut pouvoir le combattre avec succès. Le 23 avril, il attaqua les Français à la tête de quinze mille Espagnols. La garnison de Lérida, pour seconder l'attaque de l'armée de secours, fit une sortie qui fut repoussée. Les deux armées en étant venues aux mains, se battirent avec intrépidité. L'affaire fut encore décidée contre Odonel par la supériorité de la cavalerie de Suchet. La garnison de Lérida prolongea sa défense jusqu'au 14 mai, jour où elle fut obligée de capituler. On y trouva une grande quantité de munitions de guerre. Astorga s'était rendue au 8e corps quelques jours auparavant. Junot s'en était emparé le 12 avril, après une vive résistance. L'attaque de cette place fut mal dirigée, et les Français y perdirent inutilement une foule de braves gens qu'on aurait conservés, si on avait procédé d'après les règles de la fortification.

Ney et Reynier avaient leurs quartiers-généraux, le premier à Salamanque, et le second à Mérida. Soult se tenait à Séville. Il s'était opéré une espèce de révolution à Cadix. Le général Blake avait remplacé le duc d'Albuquerque. Les autorités civiles oublièrent le service signalé que ce seigneur leur avait rendu, puisque, malgré toute son activité, il n'arriva dans l'île de Léon que douze heures avant qu'on fut attaqué par Victor. On oublia que c'était aux dispositions habiles et aux mesures énergiques de ce général qu'on était redevable d'être restés fidèles à Ferdinand VII, et d'être exempts des contributions et des vexations de tout genres auxquelles on est exposé sous le joug d'un ennemi quelconque. Oh! que l'ingratitude est un vice abominable! Cet homme dont le zèle et les talens pouvaient être si utiles dans la guerre de la péninsule, fut sacrifié aux caprices de quelques commis de bureau. On l'exila honorablement, en lui confiant l'ambassade près la cour de Londres.

Une tempête affreuse fit périr dans la baie de Cadix quatre vaisseaux de ligne et une cinquantaine de vaisseaux marchands. Cet ouragan eut lieu du 7 au 10 mars. Depuis l'embouchure du Quadalquivir jusqu'au fond de la baie de Cadix, la côte présentait le triste spectacle de plusieurs milliers d'infortunés luttant contre les vagues avec les débris de leurs vaisseaux ; mais la mer était si houleuse, qu'il fut impossible d'en sauver plus de six cents. Les Anglais mirent le feu à deux vaisseaux. Les batteries des Français, voisines de la mer, furent aussi considérablement endommagées. En mars et avril, Soult adopta le système des colonnes mobiles pour pacifier les campagnes de l'Estramadoure et les montagnes de l'Andalousie. La Romana et Blake déployèrent beaucoup de talens et d'activité dans ce genre de guerre, si adapté à la constitution des troupes de nouvelle levée. Reynier, Mortier, Latour-Maubourg et Sébastiani furent plus souvent vaincus que vainqueurs dans les engagemens qui eurent lieu entre leurs détachemens et les Espagnols. Soult, dans sa lettre au prince de Neufchâtel, en date de Grenade du 17 mars 1810, oublie les égards que se doivent des ennemis généreux, et il fait, sans s'en douter, un bien grand éloge de Blake, quand il dit : « Le général Blake, qu'on « ne peut plus qualifier que de brigand, est « parvenu, par les menaces, les supplices et « les incendies à exciter le peuple de ces mon- « tagnes (les Alpujarras) à courir aux armes. » Comment un général qui a réellement un mérite supérieur peut-il être assez inconséquent pour publier de semblables invectives ? Monsieur le maréchal aurait dû dire que les habitans des Alpujarras irrités des mauvais traitemens qu'ils essuyèrent de la part de ses colonnes mobiles, s'empressèrent de se rallier sous les étendards de Blake, afin de pouvoir, sous sa direction, se délivrer et se venger de leurs oppresseurs.

A en croire les brillans rapports de Sébastiani et de Soult en janvier et février, on aurait dû considérer l'Andalousie comme étant aussi tranquille que la Champagne et la Picardie. Il a dû être très-pénible pour M. le duc de Dalmatie d'être obligé de revenir d'un si beau rêve, et de publier deux mois après les détails les plus inquiétans. Je me sers d'un extrait de sa lettre datée de Grenade, le 17 mars, au prince de Neufchâtel : « Il sera bien difficile de se pré- « server à l'avenir des intrigues des agens an- « glais, tant que le camp de Saint-Roch ne sera

« pas occupé et les lignes rétablies. Sa Majesté
« Catholique y aurait porté momentanément la
« division du général Dessoles, si cette division
« n'était employée et *nécessaire* pour garder la
« communication depuis la Sierra-Morena jus-
« qu'à Grenade et Séville, et pour y maintenir
« les nombreuses populations des royaumes de
« Jaen et de Cordoue, qui aujourd'hui sont
« tourmentés par des *milliers* de soldats dis-
« persés et de contre-bandiers qu'on n'a pu
« encore réunir, et qui se livrent au brigandage.
« *On élève à plus de trente mille le nombre*
« *de ces dispersés et contre-bandiers!* »
Après cet aveu qui parle clairement, Soult
rend compte que Blake, qui avait d'abord obtenu des succès sur les troupes françaises, a
été attaqué et battu par le général Sébastiani,
et que Mortier, en Estramadoure, a dissipé des
rassemblemens formés par le marquis de La
Romana à Xerès de los Cavalleros et à Lerena.
Tous ces détails prouvent évidemment que les
Français, obligés de garder une si grande
étendue de pays, auraient été facilement forcés
d'évacuer une seconde fois l'Andalousie, si
l'armée anglaise, au lieu d'aller s'ensevelir dans
les montagnes du Portugal, avait manœuvré
dans le nord de l'Andalousie sur la rive droite

du Guadalquivir, entre Cordoue et Belalcazar.

Le fort Matagorda fut attaqué le 11 avril, et les Anglais qui le défendaient furent obligés de l'évacuer le 23. La supériorité de l'artillerie française en avait fait une masse de décombres, lorsqu'on se résolut à l'abandonner. La possession de ce poste mit les Français à même de bombarder Cadix ; la distance du fort au centre de la ville étant à-peu-près égale à la portée des mortiers de douze pouces, et des pièces de 36, pointées sous l'angle de trente à quarante-trois degrés. La prise de ce fort occasionna la délivrance d'environ quinze cents prisonniers Français, dont six cents officiers. Dans la nuit du 15 au 16 mai, le ponton *la Castille* coupa ses cables, et se laissa échouer au nord-ouest de Matagorda. Les prisonniers s'étaient emparés de la garnison espagnole, et les marins qui s'y trouvaient détenus avaient dirigé la manœuvre du ponton. Malgré le feu très-vif des Espagnols, tant des batteries de terre que des canonnières, les Français réussirent presque tous à débarquer, par l'empressement de leurs compatriotes à les secourir. Lorsque le bâtiment fut brûlé, il n'y restait que quelques malades, dont la vie était désespérée. Cet évènement doit être considéré comme la conclusion de la quatrième campagne au sud de l'Espagne, ainsi qu'elle le fut au nord par la prise de Mequinenza.

Cette forteresse est située sur un rocher très-escarpé au confluent de l'Ebre et de la Sègre. Le général Suchet en commença l'investissement le 20 mai. La tranchée fut ouverte dans la nuit du 2 au 3 juin. La garnison se défendit d'abord avec courage ; mais écrasée par l'artillerie, et sans doute étonnée de la rapidité des progrès des assiégeans vers le corps de la place, elle capitula le 8. Sa force était de mille quatre cents hommes. La défense ne fut point proportionnée à la difficulté des lieux, et fut généralement jugée peu digne de la vigueur du caractère espagnol. Mequinenza est appelée, à juste titre, la clef de l'Ebre. Malgré que l'artillerie eût tiré dix mille coups de canon, on trouva dans la place beaucoup de munitions et des vivres pour deux mille hommes pendant trois mois. Aussi le général français, dans son rapport officiel, parle de la garnison avec le plus profond mépris, au point de dire « qu'il « ne lui accorda l'honneur de défiler devant les « troupes françaises que par égard pour la « bravoure de l'artillerie espagnole. »

Les Français ouvrirent la cinquième campagne par le siége de Ciudad-Rodrigo. Buonaparte réunit, pour conduire les aigles impériales à Lisbonne, une armée formidable sous les ordres du maréchal Masséna, connu sous le nom de prince d'*Essling*, titre peu flatteur, puisqu'il rappelle un désastre. Ce général avait sous ses ordres Ney, duc d'Elchingen, Junot, duc d'Abrantès, et le général Reynier. La force des Français était de soixante-dix mille combattans. Lord Wellington n'en avait que cinquante mille, dont la moitié Portugais. Le corps du général Hill qui observait les mouvémens du général Reynier, faisait partie de cette force. Si les troupes alliées avaient été aguerries comme les Français, la balance eût été à-peu-près égale par le concours des deux places fortes qui étaient en front de l'armée anglo-portugaise. Mais il en était tout autrement, parce que les Portugais étaient de nouvelle levée, et que la conquête de l'Andalousie et la grande réputation de Masséna avaient répandu dans les esprits ce genre de stupeur qui affaisse le courage et paralyse souvent les dispositions du chef le plus habile. Ces difficultés n'échappèrent point aux méditations de lord Wellington, et pour les surmonter, il résolut de se tenir sur la défensive, à moins que les localités et les fautes du général français ne lui fournissent quelqu'occasion d'attaquer avec succès.

Masséna, jusqu'alors si heureux, et fier d'un commandement bien supérieur à tous ceux dont il avait été chargé, se persuada qu'après avoir pris Ciudad-Rodrigo et Alméida, sa marche jusqu'à Lisbonne ne serait qu'une suite de victoires. Il se hâta de faire investir Ciudad-Rodrigo. La tranchée fut ouverte dans la nuit du 15 au 16 juin 1810. Ney, commandant le 6e corps, fut chargé de conduire les opérations du siége, et Junot, à la tête d'un corps d'observation fort de vingt mille hommes, prit poste sur la rive gauche de l'Agueda pour contenir lord Wellington, dont l'avant-garde était à Carpio, et le gros de l'armée dans les environs d'Alméida. Le 25 juin, les Français commencèrent à canonner la place. Les assiégés ripostèrent avec succès, et mirent hors de service plusieurs pièces des assaillans. Le 28, Masséna fit sommer le gouverneur de se rendre. Il refusa toute capitulation, la place étant encore susceptible de défense. Les travaux furent continués, sous le feu d'une artillerie supérieure. Le 9 au matin, les Français ouvrirent leurs batteries de brèche qui produisirent un grand effet. Le 10, la brèche fut reconnue praticable. Tout était prêt pour monter à l'assaut, lorsque le gouverneur, convaincu qu'une plus longue résistance était impossible, fit arborer le drapeau blanc. Cette belle défense de vingt-cinq jours de tranchée ouverte honore don André Hérasti, ainsi que les habitans de Ciudad-Rodrigo qui, quoique exposés à un bombardement très-meurtrier, encourageaient la garnison, et partageaient avec joie ses fatigues et ses dangers. On trouva dans la place une nombreuse artillerie, et beaucoup de munitions, avec de riches magasins. La garnison était forte de six mille hommes.

Quoique ayant des forces supérieures à celles de lord Wellington, Masséna, jaloux de ne pas compromettre son ancienne gloire, s'arrêta dans les environs de Ciudad-Rodrigo jusqu'à ce que Reynier, commandant le 2e corps, eût repassé le Tage pour se porter vers Castello-Branco, et menacer le flanc droit de l'armée alliée. Le général anglais avait prévu ce mouvement, et le général Hill avait ordre de couvrir ce point, dont la conservation était essentielle pour l'entière exécution du plan de lord Wellington. Le 24 juillet, Ney, soutenu par Junot, attaqua l'avant-garde anglaise, commandée par le général Crawfurd. La partie n'était pas égale. Les Français étaient quatre fois plus nombreux. Crawfurd fit sauter le fort de la Conception, et se retira en très-bon ordre jusque sur la Coa, par la route d'Alverca. Il défendit le pont jusqu'à la nuit. Les Français étonnés de tant de résistance cessèrent leurs tentatives. Ils avaient échoué dans leur projet d'enlever cette avant-garde. De son côté, le général Crawfurd ne voulant point s'exposer de nouveau à une attaque aussi disproportionnée, profita de la nuit pour se rapprocher de l'armée, et il prit poste à Carwalhal. Sa perte en tués, blessés et prisonniers ne fut que de quatre cents hommes, quoiqu'on eût combattu avec beaucoup d'acharnement. Après ce léger succès, Masséna fit investir Alméida.

La tranchée fut ouverte le 15 août. Deux mille travailleurs furent occupés à creuser la première parallèle : elle ne fut achevée que le 19, à cause des obstacles que présentait le terrain. On fut obligé de creuser les rochers par le secours de la mine. Le 25, les batteries furent terminées. Le 26, les assiégeans commencèrent le feu avec plus de soixante pièces de canon ou mortiers. Vers le soir, une bombe tomba dans le château sur un caisson qu'on chargeait devant le magasin principal. L'explosion du caisson communiqua le feu à plus de cent milliers de poudre, ce qui produisit une commotion semblable à l'éruption d'un volcan. Beaucoup de maisons avaient été renversées. La cathédrale était détruite. Le 27, Masséna fit cesser le feu de ses batteries, et il envoya un de ses aides-de-camp sommer le colonel Cox. Pour engager la garnison, entièrement composée de Portugais, à influencer ou à accélérer par leurs clameurs la décision du gouverneur qui croyait encore pouvoir se défendre, malgré le funeste évènement qui avait fait sauter le magasin, les Français firent approcher des remparts le marquis d'Alorna, ancien général portugais, qui se trouvait alors avec Masséna, pour capter la bienveillance des troupes et des habitans. Cette ruse de guerre ne produisit pas l'effet qu'on s'en promettait. Le gouverneur refusa d'accepter les conditions qui lui étaient proposées. Masséna fit jouer de nouveau toutes ses batteries. Alors le colonel Cox, jugeant que les circonstances ne permettaient pas à lord Wellington de le secourir, et se voyant si mal secondé par la garnison dont la fidélité avait été ébranlée par les promesses du marquis d'Alorna, consentit à rendre la place. La garnison, forte de cinq mille hommes, fut renvoyée dans ses foyers. Masséna en enrôla environ douze cents comme pioniers, dont il se servit pour combler les tranchées d'Alméida et pour la réparation des routes.

On a beaucoup critiqué lord Wellington d'avoir laissé prendre Ciudad-Rodrigo et Alméida, sans profiter de l'affaiblissement qu'occasionnait à l'armée francaise le corps de troupes chargé du siége. Masséna n'a point employé plus de dix mille hommes pour chacune de ces opérations. Il lui restait donc quarante mille hommes à présenter sur le champ de bataille, dont plus de six mille chevaux. Lord Wellington, n'ayant pas pu être rejoint par la division du général Hill, forte de quinze mille Anglais et Portugais chargés d'observer les vingt mille hommes du général Reynier, n'avait pas plus de trente-cinq mille combattans pour attaquer Masséna, qui, maître de chosir son champ de bataille, n'aurait pas manqué d'augmenter sa supériorité par des retranchemens. Si le général anglais avait livré bataille dans cette situation, c'en était fait de l'armée alliée, et le Portugal devenait une province française. On a aussi reproché à sa seigneurie de n'avoir pas prévenu la réunion de l'armée du Portugal, en marchant contre Ney, qui occupait Salamanque.

Ce raisonnement trouva plusieurs partisans, uniquement militaires dans leur cabinet. Le plan des Français avait été fort adroitement calculé pour attirer l'armée alliée sur la Tormes, et y compléter sa destruction, afin d'augmenter les scènes aussi honteuses que tragiques de Marengo, d'Iéna et de Friedland. Lord Wellington découvrit facilement le piége. Dès qu'il aurait eu quitté sa position pour attaquer Ney, celui-ci se serait replié vers Valladolid, tandis que Reynier, qui était à Alcantara, et Junot à Zamora, se seraient portés à marches forcées sur sa ligne d'opérations entre Ciudad-Rodrigo et Salamanque. Toute attaque de la part de lord Wellington aurait donc été funeste, soit avant la réunion de Ney et de Junot, soit pendant les siéges de Ciudad-Rodrigo et d'Alméida. L'armée alliée, par sa présence, occasionna un retard de quinze jours dans la reddition de la première forteresse, et le même avantage eût été obtenu pour Alméida, sans le fatal accident du magasin à poudre. Ce délai, dû aux combinaisons du général anglais, donna aux Portugais le temps de détruire ou d'enfouir ce qui pouvait être utile aux Français, et mit l'armée alliée à même de recevoir des renforts, avec lesquels lord Wellington se justifia de la manière la plus complète des accusations absurdes de ses envieux.

Après la reddition d'Alméida, l'armée alliée s'était placée dans la vallée du Mondego, sur la route de Lisbonne. Reynier et Hill s'étaient rapprochés de leurs armées respectives. Lord Wellington s'était, pour ainsi dire, mis à l'affût pour épier les mouvemens de son adversaire, et profiter des fautes que lui faisait espérer le caractère bouillant de Masséna. Ce général se mit en marche le 16 septembre, faisant mine de suivre l'armée alliée sur la gauche du Mondego. Arrivé à Fornos, il marcha par sa droite sur Vizeu. Le 21, son avant-garde poussa jusqu'à Saint-Cambadao. Le 25, Ney et Reynier passèrent la Criz, en suivant la route de Coïmbre qui passe par la Sierra de Buzaco, chaîne de montagnes perpendiculaires à la rive droite du Mondego. Lord Wellington, qui avait une grande connaissance du pays, résolut de profiter des avantages que lui présentait la forte position de Buzaco, où l'artillerie et la cavalerie des Français ne pouvaient leur être d'aucune utilité. En conséquence, il marcha rapidement par sa gauche avec toute l'armée, qu'il plaça sur les hauteurs, la droite appuyée au Mondego, et la gauche à l'extrémité nord de la Sierra, près de Mealhada. Ce mouvement fut aussi rapidement exécuté qu'il avait été habilement conçu. Il fut commencé le 26 à deux heures du matin, et à midi toute l'armée alliée était en ordre de bataille. Il n'était resté sur la rive gauche du Mondego qu'un corps de troupes portugaises pour garder la route de Lisbonne, et couvrir la droite de l'armée.

Lord Wellington avait à peine achevé de prendre sa position, que Masséna parut avec toute son armée. Une fusillade très-vive s'engagea sur toute la ligne entre les tirailleurs. Le général français employa le reste de la journée à reconnaître la position des alliés. Il présumait sans doute que l'aspect de ses trois corps intimiderait lord Wellington, et que Buzaco serait évacué sans en venir à une affaire générale : il fut trompé dans son attente. Le 27, il ordonna à Reynier d'attaquer la droite des alliés, et il fit marcher Ney contre leur gauche. Junot resta en réserve avec son corps, et toute la cavalerie que la nature du terrein, si habilement choisi par lord Wellington, rendait entièrement inutile. Les Français furent repoussés dans toutes leurs tentatives. Le général Picton fit charger à la baïonnette une colonne qui avait réussi à arriver sur le plateau, et il la força à battre en retraite dans le plus grand désordre. Pendant que l'armée alliée obtenait un succès complet à sa droite, la gauche, aux ordres du général Crawfurd, combattit avec les mêmes avantages contre le corps de Ney. C'est dans cette attaque que fut fait prisonnier le général Simon avec environ trois cents hommes de la colonne qu'il avait conduit avec la plus grande audace jusque sur la Sierra. La perte des Français en tués et blessés fut de quatre à cinq mille, et celle des alliés n'excéda pas mille hommes hors de combat.

Cette vigoureuse résistance dut étonner d'autant plus les Français, que la moitié de l'armée alliée était composée de nouvelles troupes portugaises peu habituées au feu. Mais, à l'exemple des Anglais, elles firent des prodiges contre les fameux vainqueurs d'Austerlitz et de Wagram. Masséna, désespérant, d'après ce qui venait de se passer, de pouvoir enlever de vive force la position des Anglais, résolut de les tourner par leur gauche. En conséquence, dans la nuit du 27 au 28, il se mit en marche pour gagner la route de Porto à Coimbre, par Sardao. Ce poste, dont le général anglais connaissait toute l'importance,

devait être occupé par le colonel Trant, et alors la position des Français aurait été très-critique. Le colonel ne put arriver que le 28 au soir, et il trouva les Français maîtres du défilé. Lord Wellington, instruit de toutes ces circonstances, ne jugea plus sa position tenable; il repassa le Mondego, afin d'être en mesure de combattre ou de se retirer, sans compromettre sa ligne d'opérations. Voici comment sa seigneurie rend compte à lord Liverpool des motifs de sa conduite : « Quoique en consé-
« quence de la malheureuse circonstance du
« délai de l'arrivée du colonel Trant à Sardao,
« je craigne de ne pas réussir à accomplir l'ob-
« jet que j'avais en vue en passant le Mondego,
« et en occupant la Sierra de Buzaco, je ne
« regrette pas de l'avoir fait. Ce mouvement
« m'a procuré une occasion favorable de mon-
« trer à l'ennemi l'espèce de troupes dont
« cette armée est composée. Il a mis les levées
« portugaises en contact avec l'ennemi, pour la
« première fois, dans une situation avantageuse,
« et elles ont prouvé que la peine prise avec
« elles n'était pas perdue, et qu'elles étaient
« dignes de combattre dans les mêmes rangs
« que les troupes anglaises, pour cette cause
« intéressante du salut de laquelle elles don-

« nent elles-mêmes le plus bel espoir. »

Masséna, maître de la grande route de Porto, brûlait du désir de prendre sa revanche de l'échec du 27. Il s'avançait dans cet espoir avec toute son armée, encore forte de soixante mille hommes, dont dix mille de bonne cavalerie. Les environs de Coimbre ne parurent point propres à lord Wellington pour arrêter Masséna et le battre. Il résolut de se rapprocher de ses renforts, et de ne livrer bataille qu'avec des avantages qu'un bon général ne doit jamais manquer de réunir dans un moment qui décide souvent du sort des empires. Par son mouvement sur Torres-Vedras, il se procurait une forte position, une augmentation de troupes, et la certitude d'une retraite honorable, si le sort des armes lui était contraire. Il est rare que la fortune se refuse à couronner tant de sagacité.

L'avant-garde de Masséna entra à Coimbre le 1er octobre. Il y eut une affaire d'arrière-garde sur les bords du Mondego. Les alliés disputèrent le terrein pied à pied, et à la nuit, ils rejoignirent l'armée sur la route de Pombal. Le 10, toutes les troupes furent placées dans les lignes de Torres-Vedras, la droite à Alhandra, près du Tage, et la gauche à la mer, près de l'embouchure de la Sizandra. Il n'y eut dans cette retraite aucun mouvement de la part des Français qui pût causer la moindre inquiétude. Le 5, leur cavalerie légère ayant voulu serrer de près l'arrière-garde des alliés, fut attaquée par sir Stapleton Cotton. Cette escarmouche, qui eut lieu près de Leyria, fut à l'avantage des Anglais. Les Français ne reparurent en forces que le 12, sur les hauteurs près d'Alenquer. Ils avaient beaucoup souffert par les pluies qui furent très-abondantes pendant plusieurs jours. Masséna fut étonné de trouver la position de Torres-Vedras encore plus forte que celle de Busaco, puisqu'elle était hérissée de redoutes construites avec soin, et situées avec beaucoup d'art pour battre de front et d'écharpe les colonnes qui tenteraient une attaque contre les lignes. Renonçant donc à tout projet d'attaque, il entreprit de bloquer les alliés, dans l'espoir que la faim les forcerait à sortir de leurs lignes pour livrer bataille. Il établit sa gauche à Villa-Franca, son centre à Alenquer, et sa droite vers Otta.

Le général français prouva bien évidemment qu'il devait sa gloire militaire à Buonaparte. En effet, depuis son départ d'Alméida, il ne montra ni audace, ni prévoyance. Sans parler des fautes qu'il commit dans l'attaque de Busaco, je le trouve très-blâmable d'avoir marché sur Lisbonne sans avoir réussi à obtenir un succès décisif contre les alliés, dans une position où il pût faire usage de sa belle cavalerie, et de l'habileté de ses troupes dans les manœuvres. Quand il vit que lord Wellington refusait de combattre à Pombal, il n'aurait dû pousser à Leyria que son avant-garde. Entre cette ville et le Mondego, il eût pu cantonner la moitié de son armée, et établir le reste des troupes entre Coimbre et Porto. Il eût été le maître de se choisir un champ de bataille où lord Wellington aurait été forcé de venir le combattre pour délivrer le Portugal des vexations de ses fourrageurs, qu'il aurait alors pu pousser à une très-grande distance dans toutes les directions. Il n'aurait pas eu à se reprocher d'avoir, par une négligence sans exemple, exposé à la vengeance des Portugais, environ trois mille blessés de la bataille de Busaco, qui avaient été laissés sans garde dans les hôpitaux de Coimbre, dont le colonel Trant s'empara le 7 octobre. Ce qui rend la marche sur Lisbonne d'autant plus blâmable, c'est qu'il y avait dans l'armée française une foule d'officiers instruits qui représentèrent que les hauteurs qui couvraient la capitale du Portugal étaient très-escarpées. Junot seul, plus brave grenadier que général habile, dit à Masséna qu'il lui répondait du succès; et pour le déterminer, il employa sans doute un argument péremptoire, *les délices et les richesses de Lisbonne.*

Je ne prétends pas dire que les lignes de Torres-Vedras fussent imprenables pour un bon officier; mais elles l'étaient réellement pour le général qui s'était laissé battre si complètement à Busaco. Ce ne sont point les titres de prince et de maréchal qui constituent un général du premier rang : on n'est propre à conduire une armée, que quand on a reçu de la nature, et perfectionné par l'expérience, un génie vaste et un sang-froid à toute épreuve. Sans ces deux grandes qualités, l'homme le plus audacieux devient tout d'un coup le plus faible de son armée, parce qu'il manque de ce courage d'esprit qui sait braver les dangers, quand le génie découvre les moyens de les surmonter. Soult, à la tête de l'armée de Masséna, aurait enlevé la position de Busaco et forcé les lignes de Torres-Vedras, parce qu'il était, sans contredit, le plus habile général de l'armée d'Espagne. D'ailleurs, les alliés n'étaient pas assez en forces pour résister aux Français, si ceux-ci avaient été commandés par un capitaine qui eût eu pour l'offensive autant de talens que lord Wellington en possède pour la défensive. Sa seigneurie doit donc être regardée comme le vainqueur de Masséna par lui, et non par son armée qui était alors inférieure à l'armée française, et par le nombre, et par l'habitude de la guerre. Tout ce qui pouvait nuire à l'armée française avait été prévu, si les ordres du général anglais, pour détruire les moyens de subsistance ou pour les soustraire à la finesse des maraudeurs français, en les enfouissant ou en les portant dans les montagnes, avaient été ponctuellement exécutés; Masséna aurait été obligé de quitter le Portugal huit jours après être arrivé à Alenquer. Ces dispositions, terribles en apparence, mais nécessitées impérieusement pour l'exécution du plan général, furent négligées par les habitans des vallées du Tage et du Zézéré. Les Français, qui furent instruits qu'il existait des ressources vers Thomar, détachèrent un corps de six mille hommes dans cette direction pour approvisionner l'armée, qui avait en peu de jours épuisé le pays qu'elle occupait.

Chaque jour l'armée alliée prenait une attitude plus imposante par les renforts qu'elle recevait et par le perfectionnement des lignes. Leur gauche ayant paru faible, lord Wellington fit établir une seconde ligne, la droite au Tage, et la gauche à Erinira, passant par Bucellas et Mafra. Un camp retranché avait été préparé pour servir de point de retraite à l'armée alliée, et protéger son embarquement, si elle avait été forcée de quitter ses lignes : il avait été choisi vis-à-vis du fort Saint-Julien, près de l'embouchure du Tage, à deux lieues de Lisbonne. Ces précautions se trouvèrent inutiles. Le 14 novembre, Masséna quitta sa position pendant la nuit, et prit la route de Santarem pour se rapprocher du pays d'où il tirait ses provisions. Il pouvait alors être attaqué avec avantage par l'armée alliée, qui, en outre des troupes venues d'Angleterre, avait été renforcée, le 19 octobre, par le corps de La Romana, fort d'environ dix mille hommes, tandis que l'armée française avait été affaiblie par les détachemens chargés de la faire vivre, et par les maladies qu'occasionnaient la mauvaise nourriture et la saison pluvieuse. Lord Wellington se mit sur-le-champ à la poursuite de Masséna. Le 18, il arriva à Cartaxo. Le 19, il fit ses dispositions pour attaquer Santarem, où, d'après les rapports, il ne se trouvait qu'une arrière-garde. Après avoir bien reconnu cette position, sa seigneurie la jugea à l'abri d'un coup de main. D'ailleurs, le même motif qui avait forcé les Français à quitter Alenquer, devait bientôt les obliger à continuer leur retraite pour se rapprocher de leurs magasins. Masséna était resté de sa personne à Santarem, avec l'élite de son infanterie; ce même homme, qui pendant un mois avait paru défier les alliés, se hâta de se fortifier par des abatis et des retranchemens. N'était-il donc plus ce même Masséna, qui quinze jours auparavant voulait planter les aigles de Buonaparte sur les remparts de Lisbonne? Le temps nous fera connaître la cause de cette singulière métamorphose; car, à Santarem, il lui était facile de réunir toute son armée, afin d'écraser une bonne fois ces mêmes Anglais, qui, selon lui, « ne voulaient pas combattre, excepté quand ils « étaient établis sur des rochers inaccessibles, « ou cachés derrière des retranchemens couverts « d'artillerie et inexpugnables. » Le 9e corps partait en même temps de Sabugal, dans la direction de Castello-Branco et Punhete. Son avant-garde, commandée par le général Gardanne, arriva jusqu'à Mogon, près d'Abrantès, presque sans combattre. La garnison de cette place suffisait pour détruire cette colonne forte de quatre mille hommes, puisque le général Drouet ne la fit pas soutenir à propos, et que le prince Masséna, qui devait être instruit de son approche, négligea d'envoyer un fort parti à sa rencontre. La prudence du général Gardanne répara en partie ces erreurs ; il se replia en assez bon ordre sur Penamacor, où il arriva le 29 novembre, après avoir culbuté tout ce qui s'opposait à son passage. C'est alors que Drouet se décida à joindre l'armée de Portugal, par Celorico et Ponte di Murcella. Gardanne commanda encore son avant-garde, qui fit sa jonction avec l'armée dans les environs de Leyria, le 26 décembre. Malgré l'arrivée de ce renfort, qui portait son armée à soixante-dix mille combattans, Masséna n'osa pas livrer bataille à lord Wellington, qui le bravait depuis plus d'un mois ; justes représailles de la morgue du prince en face des lignes de Torres-Vedras.

L'inconvénient de tenir son armée réunie dans une saison si rude, avait déterminé le général anglais à la mettre en cantonnement sur les deux rives du Tage. Les troupes, aux ordres des généraux Hill, Fane et Erskine, furent placées sur la rive gauche ; le reste de l'armée fut distribué sur la rive droite, ainsi qu'il suit : Les généraux sir Brent Spencer et Cameron à Cartaxo, où était le quartier-général de lord Wellington ; le général Crawfurd entre Cartaxo et Santarem, surveillant les avant-postes des Français ; le général Picton à Torres-Vedras ; le général Campbell à Alenquer ; le général Cole à Azambujo ; le général Leith à Alcoentre, et le surplus de l'armée dans les lignes. L'armée française occupait le riche pays entre Santarem et le Zézéré ; le 9e corps fut cantonné dans les environs de Leyria, où était le quartier-général du général Drouet ; les fortifications de Santarem furent considérablement augmentées ; un pont fut jeté sur le Zézéré avec des retranchemens sur les deux rives, sans doute pour s'ouvrir une communication avec l'Espagne par Castello-Branco. Telle était la position des deux principales armées vers la fin de 1810. Quoique les alliés eussent perdu deux places et évacué une étendue immense de pays, on ne peut leur refuser le gain complet de cette campagne. Deux fois ils forcèrent les Français à rétrograder, d'abord à Busaco, et ensuite à Torres-Vedras. Enfin, ils ne purent point être forcés « à aller chercher un refuge sur l'Océan, » ainsi que Buonaparte l'avait solennellement promis au peuple français. Cette circonstance est sans contredit une preuve non équivoque de la supériorité du général anglais sur le général français, si connu jusqu'alors par le titre brillant « d'enfant chéri de la victoire. » Le maréchal Soult, quoique réputé son élève, continuait à se montrer plus habile que son ancien maître.

Ce général fut instruit qu'il se préparait une expédition pour inquiéter la côte vers Malaga. Il en prévint le général Sébastiani, avec ordre de se tenir en mesure pour repousser l'attaque projetée par les alliés. Le 14 octobre, un corps de troupes fort de trois mille hommes, aux ordres du général Blaney, fut débarqué près de Fuengirola, à quatre lieues de Malaga. Le but de cette expédition était de s'emparer du fort qui n'était défendu que par cent soixante hommes. Dès qu'on aurait été maître de ce poste, on y aurait placé une garnison pour engager les Français à l'attaquer, en dégarnissant Malaga. L'expédition se serait rembarquée sous la protection du fort, et de concert avec d'autres troupes parties de Gibraltar, aurait enlevé Malaga d'un coup de main, détruit les fortifications, et pris les corsaires et bâtimens richement chargés qui se trouvaient dans ce port. Ce plan avait été mal combiné : il échoua complètement. La distance de Malaga à Fuengirola n'était pas assez grande pour remplir le but principal, quand bien même on aurait réussi à s'emparer du fort. Le gouverneur, qui s'aperçut que les assaillans n'avaient pas les moyens de l'enlever d'assaut, refusa de recevoir le parlementaire qui lui fut envoyé par lord Blaney. On établit pendant la nuit quelques pièces qui furent envoyées des vaisseaux. Le feu de cette batterie, et celui de l'escadre, n'intimidèrent point le gouverneur, qui s'attendait à être promptement secouru. Le 15, le général Sébastiani parut à la tête d'un corps supérieur aux alliés, qui furent obligés de se rembarquer avec beaucoup de perte. Lord Blaney fut du nombre des prisonniers. Il est bien étonnant que sa seigneurie n'eût pas profité de la nuit qui suivit son débarquement, pour renoncer à la prise du fort, se rembarquer, et éviter ainsi un combat qui devait lui être livré par un ennemi plus nombreux.

Le général Godinot eut plusieurs rencontres avec les détachemens de l'armée de Murcie, aux ordres du général Blake; les succès furent variés tant que les Espagnols s'en tinrent à la guerre de partisans; mais ils furent battus quand ils voulurent s'établir à poste fixe : en sorte que les Français restèrent les maîtres des frontières de l'Andalousie. Au siége de Cadix, plusieurs sorties furent faites avec beaucoup de courage : elles furent repoussées par le nombre et à la faveur des redoutes. Déjà, au mois d'octobre, plus de trois cents pièces de gros calibre étaient en batterie. Le Trocadero, Puertoréal et Chiclana étaient fortifiés avec soin. Soult présidait à tous ces travaux ; il voulait réparer par beaucoup de zèle la faute de n'avoir pas marché avec assez de vitesse contre Cadix. Il croyait en imposer à la garnison par les bombes que les mortiers sur semelle, de nouvelle invention, lancent jusqu'à dix-neuf cents toises. Il avait manqué l'occasion favorable de s'emparer sans coup-férir de la ville la plus riche et la plus forte de l'Espagne, après Gibraltar. Le patriotisme des Espagnols, et l'habileté des Anglais, devaient paralyser tous les efforts de M. le maréchal. Cadix ne devait point cesser d'appartenir à Ferdinand VII. Quoique très-occupé devant cette place, Soult travaillait à la soumission des insurgés dans le comté de Niébla et dans la Sierra-Moréna. Il réglait l'administration de l'Andalousie pour assurer la solde et les subsistances des cinquante mille hommes qui composaient son armée, y compris le corps de Mortier, détaché dans l'Estramadoure.

La prise de Tortose mit fin à cette campagne. Avant d'en faire le siége, le général Suchet fut obligé de livrer plusieurs combats au général Villacampa ; il dut en outre vaincre les difficultés du terrein pour pouvoir faire arriver son artillerie. Après des succès remportés les 12 et 31 novembre par Suchet contre Villacampa, le 26 par Musnier contre les Valenciens, auxquels il fit deux mille cinq cents prisonniers, et le 29 du même mois par Habert contre Odonnell, l'armée destinée à faire le siége de Tortose partit de Xerta le 15 décembre. Le soir même, la place fut investie complètement. Dans la nuit du 20 au 21, la tranchée fut ouverte sans beaucoup de perte. Les travailleurs furent favorisés par un ouragan qui empêcha les assiégés de découvrir le point d'attaque. Ce qu'on n'a jamais vu dans aucun siége, c'est que le chemin couvert fut couronné avant l'établissement des batteries destinées à éteindre le feu de la place. Ce qui ne laisse aucun doute sur la faiblesse de la défense de la part de la garnison. Le 29, à la pointe du jour, les Français firent jouer leurs batteries. Le 30, ils s'emparèrent de la tête de pont sur la rive droite de l'Ebre. Le 31, ils cessèrent leur feu, la place ne tirant plus. Le 1er janvier 1811, le gouverneur arbora le drapeau blanc. Il envoya un plan de capitulation qui ne fut point accepté, et il refusa celui qui lui fut proposé par le général Suchet. Alors, les assiégeans recommencèrent leur feu. Deux brèches furent jugées praticables. Les troupes demandaient à être conduites à l'assaut, et le général allait y consentir, lorsque le gouverneur envoya de nouveau des parlementaires qui se soumirent aux conditions proposées. La garnison, prisonnière de guerre, fut dirigée sur Sarragosse. Elle était forte de sept à huit mille hommes. On trouva dans la place cent soixante-dix-sept bouches à feu, et des approvisionnemens de tout genre.

C'est en vain que le général français, pour donner plus d'importance à sa conquête, fait le plus grand éloge de la défense de Tortose. Il n'aurait pas dû publier son journal du siége, et alors on aurait pu s'en rapporter à son opinion. Une garnison de huit mille hommes, qui laisse couronner le chemin couvert, sans avoir reçu un coup de canon de la part des assiégeans, est par ce seul fait déshonorée à jamais. Le gouverneur, qui doit être considéré comme le principal auteur d'une conduite si pusillanime, mérite d'être noté d'infamie comme un lâche, un ignorant et un traître à son roi et à sa patrie. J'attribue encore la chute de cette place à la négligence du gouvernement espagnol. On aurait dû y placer un officier d'un mérite distingué. Suchet dit dans son rapport « que ce gouverneur était un homme faible, « entouré de deux ou trois chefs qui se parta- « geaient l'autorité. » L'expédition destinée contre Malaga aurait été bien plus utile, si elle avait été envoyée en Catalogne renforcer Odonnell. Puisque lord Wellington put prendre l'offensive dès le 15 novembre, et que Masséna refusa la bataille, il eût été facile à sa seigneurie d'envoyer un corps d'élite renforcer l'armée de Valence, et faire lever le siége de Tortose. Il y avait dans le Tage de nombreux transports qui eussent facilité les mouvemens des troupes qui n'étaient pas nécessaires pour la défense des lignes de Torres-Vedras. La position de Cartaxo, où lord Wellington séjourna près de quatre mois, pouvait être abandonnée sans inconvénient, puisque les Français avaient tout détruit, jusqu'à la paille qui couvrait les maisons des paysans. Si sa seigneurie avait été à cette époque le généralissime des armées espagnoles, il est probable que, par des manœuvres hardies et savantes, Tortose aurait été conservé, le blocus de Cadix levé, et Masséna également obligé d'évacuer le Portugal. C'est sur-tout la campagne de 1811, que je vais décrire, qui est une preuve convaincante que la péninsule aurait été évacuée à cette époque par les Français, si les forces des alliés avaient été subordonnées à un seul chef. Avant de terminer l'an 1810, je parlerai de deux officiers qui ont péri, au grand regret des généraux des deux armées. Le général Sainte-Croix, ancien aide-de-camp de Masséna, fut coupé en deux, le 12 octobre, près de Villa-Franca, par un boulet d'une chaloupe canonnière stationnée dans le Tage pour couvrir la droite de l'armée alliée. Cet officier commandait l'avant-garde de Masséna, au passage du Danube, le 5 juillet 1809; et c'est lui qui, le 28 septembre, après la bataille de Busaco, fut chargé de s'emparer de Sardao, et de marcher sur Coimbre avec l'avant-garde de l'armée. Le capitaine Fenwick, commandant d'Obidos, fut blessé à mort le 8 décembre, dans un combat avec des grenadiers français. Lord Wellington, dans sa lettre du 15 décembre, à lord Liverpool, dit en parlant de cet officier : « Nous avons essuyé en

« lui une grande perte, et il est regretté de
« tous ceux qui ont connu sa bravoure et son
« activité. » La campagne de 1811 commença
par une bien plus grande perte pour la cause
des vaillans Espagnols, la mort du célèbre
marquis de La Romana; et ce malheur fut bientôt suivi de la destruction de son corps d'armée
et de la reddition de Badajoz. Tous ces désastres ne découragèrent point les alliés. Ils résolurent d'adopter les manœuvres françaises pour
les mouvemens en masse et les charges à la
baïonnette. Le seul moyen de vaincre était de
combattre l'ennemi avec ses propres armes,
et sur-tout ce fameux système concentrique,
la base de tous leurs triomphes; et dès-lors le
succès devenait certain pour les alliés, puisqu'on avait la supériorité du nombre. L'évacuation du Portugal ne tarda pas à démontrer
tout l'avantage d'une si sage détermination; et
la victoire de Barrosa, remportée par Graham
contre Victor, fit concevoir les espérances les
mieux fondées pour la prompte délivrance de
la péninsule. Nous allons examiner, plus en
détail, ces grands évènemens.

# LIVRE QUATRIÈME.

Le 23 janvier 1811, le marquis de La Romana mourut presque subitement. Au moment où il sortait de sa maison pour aller présenter ses respects à lord Wellington, il fut saisi d'un étourdissement, comme une espèce d'attaque d'apoplexie, qui termina ses jours en moins d'une demie-heure. Le marquis avait été élevé en France, et il en parlait la langue avec beaucoup d'élégance. Quoiqu'il eût dans ce pays beaucoup d'amis, il ne sacrifia jamais la cause générale à quelques attachemens particuliers. Il fut toujours un loyal Espagnol. Tant qu'il eut accès à la cour de Madrid, il ne négligea rien pour déjouer les intrigues du cabinet des Tuileries. Comme il n'était point de la trempe de ces hommes qui se laissent corrompre par la flatterie où par l'argent, Buonaparte employa l'amour de la gloire. Le marquis fut pris à ce piége, et envoyé dans le nord de l'Europe, avec une division de troupes espagnoles. Dès qu'il apprit que son pays réclamait ses servi-

ces, il prit la noble résolution de voler à la défense de sa chère patrie. Secouru par le gouvernement anglais, il réussit à quitter le Danemark avec ses troupes et à débarquer à Santander, en 1808. Il avait servi avec la plus grande distinction, lorsqu'il fut enlevé au moment où lord Wellington se félicitait de l'avoir pour collaborateur, et d'être éclairé de ses sages avis. Voici comment sa seigneurie s'exprime sur le marquis, en rendant compte de sa mort dans sa lettre au comte de Liverpool, en date du 26 janvier : « Je suis bien affligé d'avoir à in-
« former votre seigneurie que le marquis de
« La Romana est mort dans cette ville, le 23
« de ce mois, après une courte maladie. Ses
« vertus, ses talens et son patriotisme sont
« bien connus au gouvernement de Sa Majesté.
« Enfin, l'armée espagnole a perdu son plus
« bel ornement, son pays le patriote le plus
« pur, et le monde, le plus brave et le plus
« zélé défenseur de la cause pour laquelle
« nous combattons; et je reconnaîtrai toujours
« avec gratitude l'assistance que j'en ai reçue,
« tant par ses opérations que par ses conseils,
« depuis qu'il a joint cette armée. »

Cet éloge est complet; il honore son auteur autant que le héros qui en est l'objet.

Quelques jours avant sa mort, le marquis ayant appris que les Français, sous les ordres du maréchal Mortier, étaient en forces sur la Guadiana, s'était décidé à envoyer le général Mendizabal pour arrêter les progrès de l'ennemi. Avant de pénétrer jusqu'au Tage, Soult sentit la nécessité d'avoir en son pouvoir quelques places fortes pour assurer ses communications avec les troupes de l'Estramadoure et de l'Andalousie. Il donna l'ordre à Mortier de s'emparer d'Olivenza qui, quoique renfermant une garnison de trois mille hommes, ne fit qu'une faible résistance. Mendizabal ne put pas arriver assez à temps pour la secourir. Il avait sous ses ordres environ douze mille hommes. Il établit son camp sur la rive droite de la Guadiana, près de Badajoz. Le maréchal Soult avait quitté Séville pour diriger lui-même les opérations dans l'Estramadoure; dès son arrivée, il avait attaqué Badajoz. Pour l'investir complètement, il fallait chasser les Espagnols de leur position actuelle, qui communiquait librement avec le fort San-Cristoval. Le 19 février, la cavalerie de Soult passa la Guadiana pour se joindre à l'infanterie qui avait passé la veille avec l'artillerie, sans que Mendizabal opposât la moindre résistance. Ce général comptait sur quelques redoutes dont il avait environné son camp.

Dès que le jour parut, la cavalerie française se précipita contre la gauche des Espagnols et la culbuta. Le général Girard attaqua la droite avec des forces si supérieures, qu'il eut bientôt enlevé la position, malgré la vive résistance que fit sur ce point l'élite de l'armée espagnole. Pendant ces deux attaques principales, un corps de tirailleurs avait empêché le centre des Espagnols de porter du secours à ses aîles, en faisant craindre à chaque instant une véritable attaque. Quand Soult eut appris les succès obtenus sur sa droite et sur sa gauche, il réunit toutes ses troupes contre le centre de Mendizabal; et par l'habileté de cette manœuvre, il força un corps entier de six mille hommes à mettre bas les armes. Le reste de cette armée fut tué ou dispersé. A dix heures du matin, le combat était terminé ; les fuyards se réfugièrent partie à Badajoz, partie à Elvas. Le général Mendizabal, avec la cavalerie, fit sa retraite sous le canon de cette forteresse. Cette victoire, qui fut complète, ne coûta pas aux Français plus de quatre cents hommes hors de combat. Elle leur ouvrit, pour ainsi dire, les portes de Badajoz, par la facilité qu'ils eurent alors de cerner complètement la place sur la droite de la Guadiana, et par le découragement que dut inspirer aux assiégés la destruction des seules troupes chargées de les protéger. L'envoi de Mendizabal sur la Guadiana, était une grande faute. Ce général, comme tous les Espagnols, possédait une grande bravoure; mais où avait-il fait preuve de ses talens militaires pour qu'on pût espérer qu'il se mesurerait avec succès contre le maréchal Soult? D'ailleurs, ses troupes n'étaient point assez aguerries pour battre les Français en râse campagne. Lord Wellington aurait dû détacher le général Béresford avec ces mêmes Espagnols et une réserve de dix mille Anglais: cette disposition aurait empêché Badajoz de se rendre.

Le 11 février, Soult avait fait attaquer le fort Pardalleyras, qui avait été enlevé à la baïonnette. Les assiégés se défendirent avec autant de courage que d'intelligence : ils effectuèrent plusieurs sorties qui retardèrent les progrès des assiégeans, et qui leur tuèrent beaucoup de monde. Le gouverneur Menacho fut tué dans la dernière sortie de la garnison, qu'il voulut commander en personne à cause de l'importance de son objet. Il voulait empêcher les Français de couronner le chemin couvert. Le général Imas, qui lui succéda, montra la même valeur et le même dévouement. Le 10 mars, la brèche étant praticable, Soult fit toutes les dispositions pour donner l'assaut. Néanmoins, avant d'en venir à cette extrémité, toujours funeste aux deux partis, il fit sommer le gouverneur qui, vu l'impossibilité d'une plus longue résistance, rendit la place le 11. La garnison, forte de neuf mille hommes, fut prisonnière de guerre. Un des articles de la capitulation portait : « Que la garnison sortirait « par la brèche. » Ce qui répond de la manière la plus péremptoire aux imputations dirigées très-mal à propos contre les défenseurs de Badajoz. On trouva en batterie, ou dans l'arsenal, cent soixante-dix pièces de canon, mortiers ou obusiers, quatre-vingt mille livres de poudre, beaucoup de cartouches d'infanterie, et, ce qui était encore plus précieux pour les Français, deux équipages de pont en très-bon état.

La satisfaction que ces succès durent causer au maréchal Soult, fut troublée par un revers que ses troupes éprouvèrent devant Cadix, presqu'à la même époque. Le plan pour chasser les Français de leurs lignes avait été très bien combiné, et la réussite eût été complète si, comme on le pouvait, ont eût réuni des moyens suffisans pour son entière exécution. Le 20 février, une expédition fut embarquée dans la rade de Cadix; elle était forte de quatre mille Anglais aux ordres du général Graham, et de huit mille Espagnols. Le général Lapena avait le commandement en chef de l'armée alliée. Partis de Cadix le 21, les Anglais débarquèrent à Algésiras, et se réunirent à Tariffa avec les Espagnols, qui n'y arrivèrent que le 27, à cause de la contrariété des vents. L'armée se mit en marche le 28, dans la direction de Chiclana, par Barbate et Veyer de la Frontera. Le délabrement des routes retarda ce mouvement, et ce ne fut que le 4 mars qu'on eut connaissance des postes français près de Chiclana. Le général Graham formait l'avant-garde avec sa colonne, augmentée de deux mille Espagnols. Il avait pris position à Barrosa, en attendant l'arrivée du reste de l'armée. Le général en chef lui ordonna de se porter sur Bermesa, pour être à même de s'opposer aux efforts que pourrait faire le maréchal Victor contre le général Lardizabal qui, par une attaque bien dirigée en arrière des lignes près de Santipetri, avait réussi à ouvrir la communication du continent avec l'île de Léon. Ce succès avait été préparé par le général Zayas qui, dès le 1ᵉʳ mars, avait fait passer un corps de troupes dans cette direction. Le 3 et le 4, il y eut sur ce point des combats sanglans ; et c'est au courage héroïque qu'y déployèrent les Espagnols, qu'on doit attribuer la facilité avec laquelle les Français cédèrent ce poste important au général Lardizabal. L'amiral Keath avait aussi dirigé des armemens pour menacer plusieurs points de la côte, afin d'y retenir les troupes françaises, et diminuer les forces disponibles contre l'armée expéditionnaire.

Tout, jusqu'alors, avait réussi au gré des alliés. Le général Graham était en marche pour se rendre à Bermesa, lorsqu'il apprit par les rapports de ses flanqueurs, que les Français paraissaient en force dans la plaine, et qu'ils s'avançaient en grande hâte vers les hauteurs de Barrosa. Le général anglais, persuadé que cette position fournirait à Victor les moyens de harceler, peut-être même de cerner l'arrière-garde des alliés, fit sur le champ une contre-marche, afin de soutenir les troupes qui gardaient Barrosa. Malgré toute la célérité qu'il mit à exécuter son mouvement, le général Ruffin avait culbuté les Espagnols, et s'était établi sur la hauteur. Quoique inférieur en nombre, Graham ordonna l'attaque. L'infanterie anglaise fit des prodiges. Après un feu terrible d'artillerie et de mousqueterie, qui tuait beaucoup de monde, sans décider de la journée, les Anglais se précipitèrent sur les Français à coup de baïonnettes, et ils restèrent les maîtres du champ de bataille. Victor avait en ligne les trois divisions de son corps d'armée. Vilate était opposé aux Espagnols, et Graham eut à combattre Leval et Ruffin. Tant d'habileté de la part du général anglais, et tant d'audace de la part de ses troupes, méritaient les faveurs de la fortune; mais le général Lapena ne seconda pas les Anglais. Il resta pour ainsi dire spectateur tranquille de cette lutte aussi terrible que sanglante; tandis que s'il s'était porté dès le commencement de l'action entre le centre et l'aile droite des Français, le champ de bataille n'aurait presque point été disputé. Vilate, qui formait la droite de Victor, se trouvant séparé des deux autres divisions, aurait évacué les lignes dont la garde lui était confiée, et se serait replié avec précipitation pour éviter d'être cerné. Alors Lapena dirigeant sa colonne par la droite, se serait trouvé menacer le centre des Français qui, étonnés de la hardiesse de cette manœuvre et de l'intrépidité des Anglais, se seraient retirés sur le champ pour éviter une destruction qui certainement aurait été le résultat d'une plus longue défense dans cette position. « Le grand « art de la guerre est de conquérir en manœu- « vrant beaucoup et en versant peu de sang. »

Cette bataille fut très-meurtrière, quoiqu'elle ne durât que deux heures, Victor ayant pris le sage parti d'aller se couvrir de ses retranchemens à Chiclana. La perte des Français fut très-considérable ; on l'évalua à trois mille hommes hors de combat, parmi lesquels se trouvèrent plusieurs officiers de rang. Le général Rousseau et le colonel Autié, tous deux officiers fort estimés, furent du nombre des morts. Le général Ruffin fut fait prisonnier : il avait été dangereusement blessé. Conduit en Angleterre, il mourut à la vue des côtes, par suite de sa blessure, qui avait peut-être été négligée, car, la veille de sa mort, il mangea comme s'il eût joui d'une santé parfaite. Cet officier était un très-bel homme, un fort brave soldat, mais un médiocre général. Il ne devait son rang qu'à son courage et à sa jolie tournure. Il était le fils d'un aubergiste de Bolbec, petite ville près du Hâvre-de-Grâce en Normandie. Il est mort à l'âge de quarante ans ; une perte plus sensible aux Français, fut l'aigle du 8e régiment d'infanterie, l'un des plus distingués de l'armée. Ce trophée fut dû à la valeur de trois compagnies des gardes et du 87e régiment, commandés par le major-général Gough. On prit aussi aux Français six pièces de canon. Ce succès coûta fort cher aux alliés. Les Anglais eurent douze cents quarante deux hommes hors de combat, et les Espagnols environ quinze cents ; mais on n'eut à regretter aucun officier marquant. Un trait qui caractérise spécialement la victoire de Barrosa, c'est qu'elle est la première bataille offensive livré avec succès par les alliés.

Le général Graham, qui avait eu la douleur de ne pas pouvoir recueillir le fruit de ses travaux, puisqu'il avait été laissé seul avec sa colonne aux prises avec les Français, jugea qu'il était inutile d'occuper plus long-temps Barrosa, et dès le lendemain il rentra dans l'île de Léon. Le peuple de Cadix manifesta son indignation contre la conduite de Lapena. On lui retira son commandement, qu'on n'aurait jamais dû lui donner. La seule faute qu'on puisse imputer à ce général, c'est d'avoir entrepris une tâche qui était au-delà de ses moyens. Il est ridicule au dernier point de contester la bravoure, le dévouement et le patriotisme de Lapena. Il n'en est pas de même de ses talens :

« Tel brille au second rang qui s'éclipse au premier. »

Le siége de Cadix aurait été levé, et le corps de Victor, à moitié détruit, aurait été obligé de fuir vers Séville, si Graham, au lieu d'être commandé par Lapena, avait eu ce général sous ses ordres. En effet, quel est le titre des généraux espagnols, pour prétendre commander les généraux anglais ? On répondra : la supériorité du rang. Cette prétention ne peut avoir lieu sans danger que dans le tableau de l'armée espagnole. Pour combattre avec avantage un adversaire aguerri, il faut lui opposer des officiers instruits et expérimentés. J'ai le plus profond respect pour les vertus et les qualités brillantes de l'état-major général de l'armée d'Espagne, mais je leur dirai avec franchise que leurs efforts, *bien dirigés,* auraient suffi depuis long-temps pour délivrer l'Espagne, s'ils avaient imité les Portugais, qui ne doivent leur indépendance qu'à cet esprit conciliatoire qui leur a fait adopter avec empressement les mesures qui leur ont été prescrites par les Anglais, tant pour l'organisation de l'armée que pour l'administration générale du royaume.

Le même jour de la défaite de Victor, Masséna quittait Santarem à la faveur de la nuit, pour rentrer en Espagne. Depuis le 1ᵉʳ janvier, il ne s'était passé rien d'important entre les deux armées, qui étaient restées tranquillement dans leurs cantonnemens, excepté une reconnaissance qui eut lieu le 19 janvier. Les postes anglais furent obligés de quitter Rio-Major. Le général Junot attaqua ce village avec un gros corps de cavalerie et d'infanterie, mais il se retira presqu'aussitôt avec une blessure au visage faite par la balle d'un tirailleur. Les communications avec l'Espagne étaient très-difficiles à cause de l'armement des milices portugaises qui, sous les ordres de plusieurs officiers anglais, ne craignaient pas de disputer le passage aux escortes des courriers, quoique composées de deux à trois mille hommes. On distingua sur-tout le colonel Grant qui, dans plusieurs affaires avec le général Claparède, près de Guarda et de Cavilhao, montra beaucoup de sang-froid et d'intelligence. Le général Silveira et le colonel Trant, du côté de Coimbre, méritèrent les éloges de lord Wellington. Ainsi cerné, Masséna fit distribuer à ses troupes ce qui lui restait de vivres, et bien convaincu qu'il perdrait son armée, s'il marchait contre les alliés, il commença son mouvement rétrograde dans la nuit du 5 au 6 mars.

Depuis plusieurs jours il avait fait partir ses gros bagages et ses ambulances sous la protection d'une nombreuse escorte, dans la direction du Mondego. Il suivit la même route avec le gros de son armée. Lord Wellington se mit sur le champ à sa poursuite. Son avant-garde atteignit l'arrière-garde française le 9, près de Pombal. La cavalerie anglaise exécuta plusieurs belles charges. L'infanterie ne put pas arriver assez à temps pour attaquer avant la nuit, et les Français en profitèrent pour continuer leur marche. Le 11, Masséna prit possession sur les hauteurs de Redinha. Le 12, il y fut attaqué par l'armée anglaise. Vivement pressé sur son front, et tourné par sa droite, le général français fit replier son avant-garde, qui souffrit beaucoup dans le passage de la Redinha, et dès qu'il fut nuit, il marcha par Condexa sur Ponte-de-Murcella. Voulant donner le temps nécessaire à ses équipages de désobstruer la route, Masséna prit une forte position sur la droite de la Ceira, ne laissant qu'une avant-garde sur la rive gauche près de Foz d'Aronce.

Ce village, que les Français occupaient, fut attaqué par les Anglais, pris et repris plusieurs fois. Dans la nuit, Masséna continua sa retraite, après avoir fait détruire le pont sur la Ceira. Ce combat, qui eut lieu le 15, fut très-vif; et il est même probable que lord Wellington aurait réussi à forcer l'ennemi à en venir à une affaire générale, si sa marche n'eût été retardée par un brouillard très-épais, qui dura presque toute la matinée. La perte des Anglais dans cette affaire fut d'environ quatre cents hommes tués ou blessés. Les Français n'avouent que deux cents hommes hors de combat, tandis que les morts restés sur le champ de bataille excédaient ce nombre. Leur perte dut être d'environ huit cents hommes.

Depuis le 15 mars jusqu'au 2 avril, il n'y eut que des affaires de poste de peu d'importance. La nature du terrain était en faveur des Français. Rarement on put envoyer sur leurs flancs des colonnes assez fortes pour les attaquer avec avantage; et quand les localités permirent au général anglais d'exécuter cette manœuvre, Masséna se hâta de se retirer pour se placer à son tour sur des rochers presque inexpugnables, où une attaque générale de vive force aurait causé à l'armée alliée une grande perte, sans pouvoir

atteindre plutôt le but proposé, l'évacuation du Portugal, que le besoin de subsister devait occasionner quelques jours plus tard. Je conviens qu'une armée en retraite, et sur-tout une armée française, est bien près de sa ruine, quand elle a à ses trousses un bon général avec une armée nombreuse, lorsqu'elle est harcelée sur ses flancs et sur sa ligne d'opérations par une population valeureuse qui désire se venger et se délivrer de ses oppresseurs ; mais il est des circonstances qui ne permettent pas de profiter de la confusion qui règne presque toujours dans les rangs d'une armée en retraite ; et le même terrain qui avait procuré la victoire de Busaco à lord Wellington contre l'impétueux Masséna, donnait à celui-ci les mêmes avantages dans son évacuation du Portugal. Je sais fort bien que le maréchal de Saxe dit dans ses Mémoires sur la guerre, chapitre XII : « L'on suit religieusement les pa-
« roles d'un proverbe qui dit : *Qu'il faut faire*
« *un pont d'or à un ennemi qui se retire :*
« cela est faux. Il faut le pousser, le presser
« et le poursuivre à outrance. Sa retraite, qui
« paraît si belle, se convertira bientôt en dé-
« route..... Mais bien des généraux ne se sou-
« cient pas de finir la guerre sitôt. » Encore

une fois, malgré l'autorité respectable que je viens de citer, les fortes positions que le pays montagneux de Santarem à Alméida présente à de très-petites distances les unes des autres, ne permettait pas aux alliés de faire au-delà de ce qu'ils ont fait. La dernière affaire entre les deux armées eut lieu le 3 avril, près de Sabugal. Le colonel Beckwith engagea le combat. Les postes français s'étant repliés, les Anglais, qui les poursuivaient, se trouvèrent attaqués par des forces si supérieures, qu'ils furent obligés de battre en retraite sur l'armée, dont la marche était retardée par la difficulté des chemins, et sur-tout par un orage accompagné d'une pluie considérable, qui empêchait de voir ce qui se passait. Lord Wellington se mit à la tête de ses colonnes, fit attaquer l'ennemi par ses flancs et sur son front, et le chassa de ses positions. Deux cents Français restèrent morts sur le champ de bataille. Masséna fit repasser l'Agueda à toute son armée, ne laissant dans Alméida qu'une garnison de trois mille hommes sous les ordres du général Brennier.

Les alliés ne purent faire le siége de cette forteresse, parce qu'ils n'avaient point les approvisionnemens, et sur-tout la grosse artillerie indispensables pour une semblable opération. Lord Wellington se détermina à en faire le blocus; ses espions lui avaient rapporté que Masséna n'avait pas eu le temps de faire entrer des vivres dans la place pour plus d'un mois. Dès que sa seigneurie eut pris les dispositions telles que toute communication était interrompue entre la garnison et l'ennemi, et persuadée que sa présence serait utile sur la Guadiana, elle partit le 13 avril de devant Alméida, après avoir désigné le général sir Brent Spencer pour le remplacer pendant son absence dans le commandement de l'armée. Le général Beresford, qui avait été détaché de la grande armée après l'affaire de Pombal pour se rendre dans l'Alenteyo, était arrivé le 20 mars à Portalègre. Le 24, il se porta sur Campomayor. Les Français avaient évacué cette place, et ils s'étaient postés sur les hauteurs en arrière, avec quelqu'infanterie soutenue par quatre régimens de cavalerie. Les Anglais marchèrent contre eux avec audace. Les dragons légers du 15e régiment ne consultant que leur courage, poursuivirent les fuyards jusque sous le canon de Badajoz. Ils furent à leur tour poursuivis par des troupes fraîches, qui vinrent au secours de l'infanterie que le général Beresford attaquait avec avantage par la supériorité de ses forces. Ce secours, arrivé très-à-propos, facilita la retraite des Français. Leur perte fut évaluée à six cents hommes, et celle des Anglais à environ trois cents. Les alliés prirent des cantonnemens dans les environs d'Elvas, pour donner aux renforts le temps d'arriver, afin de pouvoir prendre l'offensive sur la rive gauche de la Guadiana.

Le 4 avril, le général Beresford effectua le passage de ce fleuve presque sans résistance. Soult, après avoir approvisionné Badajoz, avait fait replier la majeure partie de ses troupes vers l'Andalousie. Il commit la faute de ne laisser dans Olivenza que cinq cents hommes, tandis que le développement de la place en exigeait au moins trois mille. S'il n'avait pas intention de garder ce poste, il aurait dû en faire sauter les fortifications, et envoyer à Badajoz le matériel et le personnel. Les Anglais se hâtèrent de profiter de cette fausse disposition. Le général Cole investit cette place le 12 avril. Le 15, il ouvrit le feu de ses batteries, et le gouverneur se rendit le même jour. Pour faciliter cette opération, le général Beresford s'était porté vers Llerena. Le 16, à Los-Santos, la cavalerie alliée battit un parti français, et lui fit bon nombre de prisonniers. La retraite de l'ennemi jusqu'à Guadalcanal, et l'arrivée de lord Wellington à Elvas, décidèrent le général Beresford à rétrograder pour se concerter avec sa seigneurie sur les mesures à prendre relativement au siége de Badajoz. Leur première conférence eut lieu à Elvas, le 21. Le 22, les deux généraux firent une reconnaissance exacte de Badajoz. Les troupes chargées de les protéger furent attaquées par une forte sortie de la garnison, qui fut repoussée. Le siége fut résolu. Mais le débordement de la Guadiana ayant empêché l'établissement des ponts, on se borna à bloquer étroitement la place sur les deux rives. Le 3 mai, le temps étant très-beau, et les eaux de la Guadiana considérablement baissées, les communications furent assurées et la tranchée ouverte. Le gouverneur de Badajoz, le général Philippon, défendit les approches de la place par des sorties faites à propos, et par des retranchemens ou contre-approches qui retardèrent les progrès des assiégeans. Le 10, il fit une sortie avec douze cents hommes, s'empara de la tranchée, l'endommagea, et ne se retira que devant des forces majeures.

Le 12, Beresford apprit que Soult avait

quitté Séville le 10, pour ravitailler Badajoz. Il se décida à lever le siége, et à concentrer toutes ses forces pour livrer bataille aux Français. Il fit évacuer sur Elvas tous les approvisionnemens du siége, et il prit position près d'Albuera. Le général Blake vint renforcer l'armée alliée dans la nuit du 15 au 16. A huit heures du matin, le maréchal Soult manœuvra sur la droite des alliés pour franchir le ruisseau d'Albuera; et par un changement de direction à droite, il fit marcher deux colonnes d'infanterie et une de cavalerie, comme s'il eût voulu s'emparer du village d'Albuera. Ces mouvemens avaient pour but de masquer la marche de son principal corps d'infanterie, qui voulait couper aux alliés leurs communications avec Olivenza par Valverde. Beresford devina les intentions de Soult. Il chargea Blake de la défense de cette aile, et il la fit soutenir par le général Cole. L'attaque étant devenue générale, les Espagnols furent chassés de leurs positions. La défense des Anglais fut opiniâtre. Le désordre que causa momentanément une charge faite avec succès par un corps de lanciers polonais fut promptement réparé par l'intrépidité des soldats qui, dans les régimens ébranlés, se battirent corps à corps avec ces cavaliers, dont le principal mérite était la nouveauté de leur armure. Les généraux qui commandaient les divisions anglaises n'attendirent point des ordres pour agir avec leurs colonnes. Dès qu'ils virent le point où le danger était le plus grand, ils s'y portèrent rapidement; et ils manœuvrèrent avec tant d'habileté et d'audace, qu'ils arrachèrent la victoire aux Français, et les forcèrent à rétrograder dans les positions où ils étaient avant le commencement de la bataille. Les généraux Cole, Stewart, Hamilton, Alten et Hoghton se couvrirent de gloire. Ce dernier tomba mort criblé par la mitraille au moment où, à la tête de ses troupes, il chargeait les Français et les forçait à battre en retraite. L'action cessa vers le trois heures de l'après-midi. Les combattans furent effrayés du mal horrible qu'ils s'étaient fait réciproquement. On évalua la perte des deux armées à près de vingt mille hommes hors de combat, tandis que leur force totale n'excédait pas de beaucoup le double de ce nombre.

Le maréchal Soult avait rempli son but. Il avait forcé les Anglais à lever le siége de Badajoz. Il jugea inutile, peut-être même dangereux pour sa sûreté, de recommencer la partie. Le 17, il manœuvra par sa droite sous la protection de sa nombreuse cavalerie, et, après avoir sauvé les apparences, en demeurant près de deux jours dans le voisinage des alliés comme s'il eût voulu paraître encore les défier, il se replia vers l'Andalousie. Ce massacre d'Albuera mérite aux deux généraux qui en furent gratuitement les auteurs, la censure la plus sévère. Si Beresford avait bien connu les avantages que lui procurait l'arrivée de Blake, il n'aurait point levé le siége de Badajoz. Secondé par le dévouement des habitans de l'Estramadoure, en deux jours il pouvait faire construire des lignes de contrevallation et de circonvallation. Ces dispositions auraient paralysé la cavalerie française qui, seule, obtint un instant quelques succès par la stupeur qu'occasionna subitement la longueur des lances, et sur-tout la flottaison du petit drapeau rouge qui effraye, tandis qu'il n'est qu'un simple ornement plus digne du théâtre que d'un uniforme de régiment. Soult aurait été battu, puisque sa cavalerie ne lui aurait point servi; et qu'en outre, il aurait été obligé d'attaquer dans des retranchemens ces mêmes alliés qui, dans les vastes plaines d'Albuera, l'obligèrent à rétrograder. Soult apprit dans la nuit du 15 au 16, que les alliés avaient levé le siége, et que Philippon détruisait leurs ouvrages. Que prétendait-il donc en livrant bataille? Je connais assez bien ses principes d'humanité pour garantir qu'il n'éprouvait pas l'horrible besoin de verser du sang. Il pouvait manœuvrer le 16, comme il le fit le 17; et par cette conduite aussi habile que paternelle, il se fût montré, non-seulement le digne rival pour les talens, mais bien supérieur à son maître par la sagesse et par la profondeur de ses combinaisons. Si Soult, en attaquant l'armée alliée n'obéit qu'à cet amour-propre ridicule qui fait oublier l'intérêt général pour gratifier notre orgueil, il avait bien mérité d'en être châtié de la manière la plus terrible, et par la perte d'une foule de braves soldats qui lui avaient coûté tant de fatigues pour les exercer, et par la mort de son intime ami, le général Verlé qui, depuis vingt ans était à Soult, ce que Berthier était à Buonaparte, son fidèle compagnon de guerre, son confident de cœur. Verlé périt, comme le général Hoghton, en chargeant à la tête de ses troupes. C'était un honnête homme, un brave soldat et un habile administrateur. Il n'avait ni les qualités morales ni les moyens physiques indispensables à un général.

Soult dut se féliciter de n'avoir pas eu à combattre lord Wellington dans la journée du 16. Il est probable qu'il aurait payé encore plus cher son audace. Mais sa seigneurie avait été rappelée dans le nord, par l'avis qu'elle reçut que Masséna réunissait son armée pour secourir Alméida. Ce général passa l'Agueda à Ciudad-Rodrigo le 2 mai. Le même jour, il fit porter son armée sur l'Azava, près de Carpio et de Galegos. Le 3, il se dirigea vers Alameda. L'armée alliée se réunit près de Fuentes-de-Onora, excepté la colonne du général Pack, qui fut chargée de maintenir le blocus d'Alméida. Lord Wellington appuya sa gauche aux ruines du fort de la Conception, et sa droite à Nava-de-Avel. Cette position était très-forte, excepté l'extrême droite entre Nava-de-Avel et Posobello, où il était facile aux Français de déployer leur cavalerie. Masséna, qui n'avait pas encore reconnu le terrain, ordonna au 6ᵉ corps d'attaquer l'avant-garde des alliés, et de s'emparer de Fuentes-de-Onora, occupé par le centre de lord Wellington. Le village fut pris et repris plusieurs fois. Rien ne peut être comparé à l'opiniâtreté des combattans, que leur bravoure. Cette lutte sanglante se termina par un accord tacite de se partager la possession de ce poste. Masséna dit dans son rapport : « Que lord Wellington remplit de troupes

« les avenues de ce village, les murs et les ro-
« chers qui le flanquaient, et qu'il lui rendit par
« toutes sortes de moyens l'occupation entière
« de la partie supérieure du village *très-dif-
« ficle.* » Il ajoute : « Que dès qu'il vit que
« cette possession coûterait trop cher à l'ar-
« mée, il s'occupa des dispositions nécessaires
« pour une nouvelle attaque; qu'il reconnut
« avec soin les flancs de l'ennemi ; qu'il trouva
« un terrain accessible près Nava-de-Avel, et
« qu'il résolut d'y porter l'armée. »

Masséna, d'après son propre aveu, fut donc battu le 3, et obligé d'adopter un nouveau plan. Le 5, à la pointe du jour, il attaqua la droite des alliés avec l'élite de ses troupes. Posobello fut enlevé à la baïonnette après une vigoureuse résistance : la cavalerie française, qui avait favorisé cette attaque en manœuvrant sur les derrières de la position, fut contenue par le feu de la colonne du général Houston; néanmoins lord Wellington jugea que sa ligne était trop étendue : en la concentrant, il perdait, il est vrai, sa communication avec Sabugal; mais il mettait les Français hors d'état de pénétrer jusqu'à Alméida, le grand objet des attaques de Masséna. L'armée alliée fit un changement de front sur son centre, l'aile droite en arrière. Les généraux Houston, Crawfurd et Stapleton Cotton, exécutèrent ce mouvement avec la plus grande précision, quoique harcelés par des forces très-supérieures. Le général Montbrun obtint quelques succès sur des corps détachés qui mirent de la lenteur à joindre leurs divisions. Les prompts secours qui furent dirigés par-tout où paraissait le danger, rendirent presque sans fruit cette attaque, sur laquelle Masséna avait fondé l'espoir d'une victoire complète. Il ne fut pas plus heureux dans ses tentatives contre Fuentes-de-Onora, quoiqu'il y fît périr l'élite du 9$^e$ corps, qui formait son centre. Quand les Français se présentaient, les Anglais se retiraient en très-bon ordre, et en continuant leur feu jusque vers le haut du village où des batteries habillement placées détruisaient les rangs entiers des colonnes françaises, et les obligeaient à prendre la fuite. Des dispositions si bien combinées de la part des alliés convainquirent le général français qu'il ne lui restait d'autre parti à prendre que de battre en retraite : il était honteux d'être forcé à abandonner Alméida à son sort; et pour réparer autant que possible l'échec qu'il venait d'éprouver, il eut recours à la ruse. Le 6, il conserva sa position; le 7, il envoya au général Brennier l'ordre de faire sauter les fortifications d'Alméida, et de se retirer avec la garnison sur Barba-del-Puerco, d'où il se dirigerait sur Sanfelices, passant l'Agueda près de ce village.

Conformément à cet ordre, Brennier fit charger les fourneaux qui avaient été préparés pour détruire les ouvrages les plus importans. Il mit hors de service toute l'artillerie, ainsi que les munitions et approvisionnemens de toute espèce. Le 10, il communiqua ses ordres aux principaux officiers de la garnison : il ne leur déguisa point le danger qu'ils allaient courir; il leur fit part de ses dispositions, et il les conduisit sur un point de la place d'où il leur fit voir la direction qu'il se proposait de suivre. Au moment du départ, il donna pour mot d'ordre : « *Buonaparte et Bayard.* » Il sortit de la place vers les onze heures du soir : son avant-garde arriva sur les postes anglais au moment où commençait l'explosion des mines qui firent sauter les remparts. La vivacité de l'attaque et la supériorité du nombre ouvrirent facilement un passage à la tête de la colonne; mais elle fut vivement harcelée sur ses flancs, et l'arrière-garde taillée en pièces. Tel eût été le sort de toute la garnison, si lord Wellington avait eu la sage précaution de faire construire des lignes de contrevallation : le temps qu'aurait exigé leur attaque aurait donné celui de réunir les troupes du blocus, et Brennier aurait reçu le châtiment que méritait son innovation. Il n'y avait point de déshonneur à se rendre à une armée de quarante mille hommes, qui venait de remporter une victoire signalée sur l'armée destinée à secourir Alméida. On a beaucoup vanté Brennier, parce qu'il réussit à gagner le pont de Sanfelices dans la matinée du 11 ; mais s'il avait péri avec toute sa colonne, comme cela aurait infailliblement eu lieu, si les Anglais avaient fait leur service avec plus de vigilance, on aurait eu raison de ne voir en lui qu'un téméraire, ne consultant que sa gloire, et se jouant de la vie des hommes sous son commandement. D'ailleurs, en détruisant les forts et les munitions d'Alméida, il s'était mis hors des lois ordinaires de la guerre, et l'armée alliée n'aurait fait qu'un acte de justice en faisant main-basse sur les fugitifs, ou tout au moins en punissant très-sévèrement l'officier assez imprudent pour oser violer les usages consacrés par des siècles entre les peuples civilisés. Je n'aurais point censuré Brennier avec tant de rigueur, s'il avait laissé intacts la place et les magasins : son mouvement m'aurait paru une sortie vigoureuse, dont le succès inespéré lui aurait donné l'idée d'en profiter pour se soustraire à la captivité ; mais il mérite bien les reproches de lord Wellington, en privant l'armée alliée des ressources dont elle avait fait la légitime conquête par le sang précieux versé dans la bataille de Fuentes-de-Onora.

La perte des alliés depuis le 3 mai jusqu'au 10, fut de près de trois mille hommes hors de combat, et celle des Français d'environ quatre mille. Leur principale perte fut occasionnée par l'obstination ridicule avec laquelle ils persistèrent à vouloir chasser les Anglais de Fuentes-de-Onora : sans cette faute, ils n'auraient point eu à regretter plus de leur monde que les alliés. Comme à Busaco, lord Wellington tira un grand parti de son terrain, conformément au caractère ardent de Masséna. Ce second échec piqua au vif l'amour-propre de ce général ; il se décida à quitter la partie. Après avoir fait repasser l'Agueda à son armée, il partit d'Espagne sous prétexte de maladie : il fut remplacé dans son commandement par le général Marmont. Lord Wellington, quoique mortifié au dernier point de l'évasion de la garnison française d'Alméida, ne pouvait point déverser sur sa brave armée l'odieux d'un évènement si peu vraisemblable dans ses causes et sur-tout dans son exécution. Sa seigneurie lui prodigua avec justice les plus grands éloges, et les deux chambres du parlement s'empressèrent de voter des remercîmens aux vainqueurs de Busaco et de Fuentes-de-Onora. Le Portugal, au lieu d'être la proie tant préconisée de Masséna, si célèbre par la vivacité de ses attaques d'avant-garde en Italie; le Portugal, dis-je, était entièrement délivré de la présence des armées françaises, et leur expulsion étant le résultat de la victoire, tout présageait que cette frontière du royaume serait pour long-temps à l'abri d'une nouvelle invasion. Malgré cette perspective, lord Wellington fit travailler avec la plus grande activité à la réparation des ouvrages d'Alméida, afin de mettre cette place à l'abri d'un coup de main. Il ne lui était pas possible de choisir un point plus avantageux pour en faire le dépôt général de l'armée, soit qu'il voulût rester sur la défensive, soit lorsque les circonstances lui permettraient de pénétrer en Espagne. Sa seigneurie surveillait elle-même l'exécution de ses dispositions, lorsque le général Beresford lui rendit compte de la marche de Soult pour secourir Badajoz, et lui témoigna combien lui et l'armée seraient satisfaits de combattre sous ses auspices, si sa présence n'était pas indispensable pour observer Masséna.

En conséquence, lord Wellington partit d'Alméida le 16 mai, et arriva le 19 à Elvas, où il reçut le rapport de la bataille d'Albuera : il apprit avec satisfaction que le même jour Badajoz avait été investi de nouveau; que Soult était en pleine retraite vers Séville, et que le général Beresford faisait harceler vivement son arrière-garde par l'élite de l'armée alliée. Dès-lors sa seigneurie prit la direction des opérations sur la Guadiana : la tranchée fut ouverte devant Badajoz dans la nuit du 29 au 30 mai. Le 6 juin, la brèche faite au fort Sanchristoval fut jugée praticable : l'assaut fut donné le même jour vers les dix heures du soir; malgré la valeur des assaillans, ils furent repoussés, parce qu'on n'avait pas pris les mesures prescrites par les règles de l'art pour être maître du fossé et empêcher les assiégés d'y paraître : cette faute de la part des ingénieurs n'avait pas échappé au gouverneur Philippon.

Dès qu'il fut nuit, il fit entrer des sapeurs dans le fossé pour nettoyer le pied de la brèche et la rendre impraticable. Lorsque les Anglais se présentèrent, non-seulement il ne leur fut pas possible de pénétrer en gravissant à pied l'escarpement de la brèche, mais encore leurs échelles se trouvèrent trop courtes par l'exhaussement que les travailleurs avaient donné au nouveau parapet. Après trois tentatives très-meurtrières, ils furent obligés de se retirer : le feu contre Sancristoval fut continué les jours suivans. Le 9, la brèche fut encore jugée praticable : lord Wellington ordonna pour le soir une nouvelle tentative afin d'enlever cet ouvrage d'assaut; on éprouva les mêmes obstacles que dans la soirée du 6, parce qu'on avait commis les mêmes fautes. Les troupes déployèrent une ardeur bien digne d'un résultat plus satisfaisant : la perte fut augmentée par l'opiniâtreté de ces braves soldats à rester au pied de la brèche, tantôt sur la défensive, tantôt réitérant l'escalade, espérant toujours que la fortune couronnerait leur intrépidité : il fallut un ordre formel de lord Wellington pour les arracher de ce poste si périlleux et les faire rentrer au camp, tant ils étaient étonnés de ne pouvoir pas exécuter les ordres de chefs qui avaient entièrement et leur confiance et leur attachement.

Le triste résultat de ces deux assauts et les nouvelles des préparatifs des Français pour secourir Badajoz, déterminèrent sa seigneurie à remettre la prise de cette place à une époque plus favorable. Le 10, l'ordre fut donné pour lever le siége : la résistance inattendue que Soult avait éprouvé à Albuera, lui avait fait sentir la nécessité de ne revenir à la charge qu'avec des forces supérieures à celles des alliés. Quelques jours après cette sanglante journée, il avait eu une nouvelle preuve que la cavalerie anglaise, quoiqu'en nombre inférieur, ne craignait point d'en venir aux mains avec celle des Français. Le 25 mai, le général Montbrun attaqua le général Lumley près d'Usagre : il croyait que la seule vue de ses nombreuses colonnes déciderait les alliés à se retirer avec précipitation ; il dut être bien étonné quand il vit son avant-garde, composée de trois régimens, chargée avec audace et complètement culbutée par le 3$^e$ régiment des dragons de la garde, soutenu par le 4$^e$ de dragons. Je ne mentionne cette forte escarmouche que par l'influence qu'elle exerça sur les résolutions de Soult : il ne se crut pas assez fort pour combattre lord Wellington, et il donna à Marmont l'ordre de venir le joindre sur la Guadiana avec l'élite de l'armée de Portugal. Ce général ne put quitter les environs de Ciudad-Rodrigo que le 5 juin : le 13, il était à Almaraz, sur le Tage, et le 18, il fit sa jonction avec Soult dans les environs de Mérida. La veille, lord Wellington avait quitté les environs de Badajoz, qui depuis le jour de la levée du siége avait été étroitement bloqué : sa seigneurie ne jugea pas à propos d'aller au-devant des Français, ni de les attendre; l'armée alliée passa toute entière sur la rive droite de la Guadiana, et prit position sur la Caya, dans les environs d'Arronches. Soult et Marmont arrivèrent à Badajoz le 20 ; le 22, ils portèrent vers Elvas et Campomayor un gros corps de troupes pour protéger une reconnaissance qu'ils firent des environs de ces deux places, afin d'avoir des notions précises sur l'armée alliée. Le même jour ils rentrèrent à Badajoz, satisfaits d'avoir secouru cette place, et sans doute persuadés que lord Wellington était dans une situation à rendre nuls tous leurs efforts ultérieurs.

On évalua l'armée combinée de France à soixante-dix mille combattans, dont dix mille de cavalerie, et celle des alliés à soixante mille, dont six mille chevaux. Malgré cette infériorité, le général anglais avait très-bien fait ses dispositions pour empêcher la jonction des deux armées françaises. Il réunit l'élite de son infanterie et de sa cavalerie à Albuera, pour combattre Soult séparément, s'il marchait directement sur Badajoz. Après avoir forcé à la retraite l'armée du sud, les alliés se seraient portés rapidement sur Mérida, pour arrêter la marche de l'armée du Portugal, qui, en apprenant la fuite de Soult, se serait repliée sur Almaraz sans combattre. Cette importante opération devait être exécutée par cinquante mille alliés, attaquant successivement deux armées françaises, fortes chacune de trente-cinq mille hommes, tandis qu'il serait resté un corps de dix mille hommes pour continuer le blocus de Badajoz. Tel était le plan du général anglais, qui aurait complètement réussi, s'il avait eu en tête un général moins expérimenté que Soult, devenu très-prudent depuis la bataille d'Albuera. Le digne rival de lord Wellington sentit combien sa position serait critique, s'il ne prenait pas les plus grandes précautions pour éviter de combattre avec sa seule armée. Il ne partit de Lerena que le 12 : il était encore le 16 en position à Fuente-del-Maestro, à l'embranchement des routes de Badajoz et de Mérida. Le 17, quoiqu'il eût appris que lord Wellington repassait la Guadiana, et qu'il lui eût été facile de harceler son arrière-garde en marchant sur Badajoz par Albuera, il craignit que cette retraite ne fût une feinte du général anglais, qui désirait à tout prix le combattre séparément, et il se porta à Almendraleyo, sur la route de Mérida. Tant de réserve est sans contredit l'éloge le plus complet des sages dispositions de lord Wellington; et je ne crois pas trop hasarder, en garantissant que si les ingénieurs avaient mis à exécution les règles de la fortification avec la même habileté que sa seigneurie déploya dans l'application des principes de la grande tactique, Badajoz se serait rendu du 14 au 15 juin.

Quand une place est bien attaquée, elle ne résiste jamais plus de deux ou trois jours après que la brèche du corps de la place a été rendue praticable, et encore faut-il, pour admettre cette prolongation dans la défense, qu'il y ait dans la construction des bastions, des ouvrages additionnels qui n'existaient pas à Badajoz. On croirait difficilement, si les rapports officiels ne le mentionnaient pas expressément, qu'au commencement du dix-neuvième siècle, on aie envoyé des troupes donner l'assaut avec des échelles, la brèche ayant été jugée praticable! Si on voulait prendre la ville par escalade, il ne fallait faire qu'une fausse attaque vers la brèche où l'ennemi était en forces, et franchir les remparts sur différens autres points où le succès était d'autant plus assuré, que les assiégés, ne s'y attendant point, auraient été pris au dépourvu, et n'auraient opposé que peu ou point de résistance. Malgré des erreurs si grossières, la perte des alliés, tant dans le siége que dans les deux assauts, s'il faut en croire lord Wellington, n'excéda pas douze cents hommes hors de combat. La garnison perdit à-peu-près le même nombre dans les sorties qu'elle exécuta contre les ouvrages des assiégeans.

Les règles de la fortification étaient mieux suivies par les Français devant Tarragone, dont Suchet faisait le siége depuis le 4 mai. Il était arrivé dans les environs de la place le 26 avril, après avoir livré plusieurs combats à la garnison, qui fit avec succès plusieurs excursions contre les colonnes mobiles françaises qui voulaient s'opposer à l'approvisionnement de cette forteresse. Le 5, la garnison du fort Oliva fit quatre sorties, d'abord heureuses, et ensuite repoussées par des forces supérieures. Le 8, les Français établirent une grande redoute sur le bord de la mer. L'escadre anglaise qui était dans la rade s'opposa par un feu très-vif à la construction de cet ouvrage, dont le but était d'intercepter, ou au moins de rendre très-difficile la communication de la place avec la flotte. L'obscurité de la nuit et le grand nombre de travailleurs rendirent inutiles les tentatives des Anglais.

Le 10, Campoverde entra dans Tarragone avec des troupes de Catalogne. Le 14, une sortie forte de six mille hommes attaqua les troupes qui investissaient la place, culbuta tout ce qui s'opposa à sa marche, détruisit plusieurs ouvrages, et ne rentra que quand les Français eurent réuni sur ce point la majeure partie de leurs troupes. Cette attaque eut lieu du côté du Francoli, rivière qui coule au sud de Tarragone. Le 21, le général Sarsfield, à la tête de plusieurs milliers de miquelets, chassa les Français d'Alcover sur la grande route de Lérida. Suchet le fit attaquer par un corps d'élite qui dispersa facilement ces troupes irrégulières bien moins propres à combattre dans les plaines, qu'à tirailler dans les montagnes et les rochers des Pyrénées. Le 27, quatre batteries de brèche contre le fort Oliva furent complètement armées. La garnison fit une sortie pour s'opposer à cette opération. Elle avait culbuté les premiers postes, et elle allait détruire les épaulemens, lorsque le général Salm arriva à la tête de trois bataillons pour protéger les travailleurs. La garnison fut obligée de rentrer dans le fort. Le général Salm fut tué roide par une balle. C'était un officier très-actif, mais peu intelligent. Il avait plus de bravoure que de prudence. Il n'était pas aimé des troupes, à cause de sa sévérité souvent sans motifs, et toujours sans bornes. Le 28, les batteries furent démasquées; et, malgré le feu très-vif des Espagnols, la supériorité de celui des Français fut très-marquée dès le soir du même jour, le fort ne ripostant que faiblement. Le 29, à la nuit tombante, Suchet ordonna l'assaut. La garnison défendit la brèche avec la plus grande intrépidité. Les assaillans furent repoussés, et l'attaque aurait complètement échoué, sans l'obscurité de la nuit qui favorisa la marche d'une colonne qui tourna le fort, et s'empara de la porte qu'on enfonça à coups de hâches. Les Espagnols qui n'étaient point assez en forces pour défendre ce point, se replièrent en désordre, et furent bientôt suivis par le reste de la garnison dans un réduit protégé par un fossé. Des deux mille cinq cents hommes qui défendaient ce fort, près des deux tiers furent passés au fil de l'épée. Le reste d'environ neuf cents hommes se rendit à discrétion, et eut la vie sauve.

Le 30, à neuf heures du matin, trois mille hommes sortirent de Tarragone pour reprendre le fort Oliva. Ils furent repoussés, ainsi qu'il était facile de le prévoir. Le gouverneur avait commis la faute de ne pas envoyer ce renfort la veille pour repousser l'assaut. Il aurait fait éprouver aux Français une grande perte. Au lieu de réparer sa première erreur, il en commit une seconde, en diminuant la force de la place de tous les braves qui périrent dans l'attaque du 30. Le militaire le moins clairvoyant devait être persuadé que l'ennemi, assez audacieux et assez nombreux pour enlever un ouvrage de vive force, aurait pris les mesures nécessaires pour empêcher sa reprise, ayant sur-tout une armée de vingt-cinq mille hommes à sa disposition. Un jugement sain et un sang-froid imperturbable sont deux qualités essentielles, sans lesquelles un gouverneur s'expose non-seulement à se déshonorer, mais même à compromettre le salut de l'Etat, en sacrifiant sa garnison par des attaques plus propres à faire parade d'un courage infructueux, qu'à prolonger la défense du poste important qu'il a reçu de la confiance de son souverain.

La prise du fort Oliva laissa Tarragone à ses propres forces. Dans la nuit du 1er au 2 juin, les assiégeans ouvrirent la tranchée. La première parallèle fut tracée à cent toises du corps de la place. Il était essentiel de s'emparer de la basse ville, qui comprend le port et le mole, pour empêcher l'entrée des secours qui arrivaient par mer. La marche des ouvrages fut lente, et très-meurtrière. Une demi-lune qui protégeait la courtine entre les bastions des Chanoines et Saint-Charles, ne fut enlevée qu'au troisième assaut. On établit dans cet ouvrage une batterie dont l'épaulement exigea dix mille sacs à terre. Son feu commença le 21, avec celui de deux autres batteries. Trois brèches furent praticables vers midi. La descente du fossé avait été exécutée à l'angle saillant du bastion des Chanoines : c'était une erreur. Cette opération s'exécute vis-à-vis les faces des bastions du front d'attaque. Il est probable que le seul coupable est l'aide-de-camp de Suchet, qui se sera trompé dans la rédaction de son rapport, étant probablement plus brave grenadier qu'habile ingénieur. A sept heures du soir, cinq colonnes se dirigèrent sur les points d'attaque indiqués ;

savoir : une à chacune des trois brèches; et les deux autres, munies d'échelles, durent escalader les remparts, tant pour faire une diversion avantageuse aux assaillans des brèches, que pour réaliser l'attaque, et si cela était possible, pénétrer dans la ville pour forcer les assiégés à se retirer dans la ville haute. Suchet réussit au-delà de ses espérances. Quatre colonnes pénétrèrent dans la ville, malgré le feu terrible des assiégés. La cinquième, qui s'avançait le long de la mer, fut culbutée par le général Sarsfield. Ce succès fut bientôt rendu inutile par l'arrivée des autres colonnes françaises qui, oubliant tout sentiment d'humanité, firent une boucherie horrible des habitans et des soldats qui leur tombèrent sous la main. La garnison eut deux mille hommes tués. On ne fit point de prisonniers. Le surplus, fort de trois mille hommes, se refugia dans la haute ville. Quand le soldat crut avoir assez pillé, il mit le feu à la plupart des maisons. Des magasins considérables de coton et de sucre furent la proie des flammes. Le commandant de l'escadre anglaise ne put pas rester tranquille spectateur de l'affreuse situation des Tarragonais; il s'approcha de la ville basse, et ouvrit le feu de tous ses vaisseaux sur les postes et les rassemblemens des Français. La garnison de la haute ville, encouragée par cette attaque de la marine anglaise, fit une sortie, mais sans succès. Elle rentra précipitamment dans ses remparts, dès qu'elle vit les Français prêts à l'attaquer.

Dans la nuit du 21 au 22, la tranchée fut ouverte devant la haute ville. Le 28, la brèche étant praticable, l'assaut fut donné avec fureur et soutenu avec molesse. Pour se faire une juste idée de ce désastre, je donnerai au lecteur les propres expressions de son auteur, qui, intéressé à en diminuer les horribles circonstances, en dit encore assez pour qu'on puisse rendre justice à qui elle est due. « La fureur du soldat, » dit Suchet dans son rapport au prince Berthier, en date de Tarragone, 29 juin 1811, « était exaltée par la résistance de la garni- « son qui attendait chaque jour sa délivrance, « et qui devait en assurer le succès par une « sortie générale. Le cinquième assaut, plus « vigoureux encore que les précédens, donné « hier en plein jour à la dernière enceinte, a « entraîné un épouvantable massacre et peu « de perte de notre côté. L'exemple terrible « que je prévoyais *à regret* dans mon dernier « rapport à Votre Altesse, a eu lieu, et reten- « tira long-temps en Epagne. Quatre mille

« hommes ont été tués dans la ville; dix à douze
« mille ont tenté de se sauver par-dessus les
« murs, dans la campagne; un millier a été sabré
« ou noyé; près de dix mille, dont cinq cents
« officiers, sont prisonniers, et partent pour
« la France. Près de quinze cents sont blessés
« dans les hôpitaux de la place, où leur vie a
« été respectée au milieu du carnage. Trois
« maréchaux-de-camp et le gouverneur sont
« au nombre des prisonniers. Plusieurs autres
« sont parmi les morts. Vingt drapeaux, trois
« cent quatre-vingt-quatre bouches à feu en
« batterie, quarante mille boulets ou bombes,
« et cinq cents milliers de poudre et de plomb
« sont en notre pouvoir, etc. » Il n'est point
question dans ce rapport des habitans qui périrent par la fureur du soldat qui, en entrant
dans la ville, fit indistinctement main-basse sur
tout ce qui se trouvait sur son passage. Un témoin oculaire m'a assuré que ce massacre avait
été épouvantable, comme le dit Suchet. La
prise de Tarragone est, sans contredit, un fait
d'armes très-brillant; mais il honorerait bien
davantage l'armée française, s'il lui avait été
possible de moins ensanglanter sa victoire.

Le général Suchet est, du reste, bien moins
blâmable que le gouverneur de Tarragone, dont

le courage ne peut faire excuser l'imprévoyance et l'entêtement : il avait été témoin de la conduite équivoque de ses troupes dans les assauts antérieurs. Il lui était facile de prévoir qu'il ne serait pas plus heureux dans une nouvelle attaque, où les Français, pour mettre la dernière main à leur ouvrage, redoubleraient d'ardeur contre des ennemis qu'ils étaient habitués à vaincre. Il aurait donc dû en venir à un arrangement honorable, avec d'autant plus de raison, que le marquis de Campoverde, qui avait quitté Tarragone pour aller réunir une armée de secours, ne paraissait point. Bien plus, les Valenciens et les Arragonais ne faisaient point la diversion qu'on en attendait. Ce qui aurait dû faire cesser toute hésitation dans l'esprit du gouverneur pour rendre la place, c'est le refus des Anglais de se joindre à la garnison de Tarragone. Voici comment s'explique le gouverneur dans son rapport au conseil de régence : « La garnison s'est conduite héroï-
« quement dans la défense jusqu'au moment
« de l'assaut : elle a montré alors de la fai-
« blesse. Le soldat a cédé, et s'est intimidé.
« Tout a conspiré contre cette pauvre garnison.
« Campoverde lui offrit en sortant de venir au
« plutôt la secourir et la délivrer, et il ne l'a

« pas fait, malgré qu'il ait journellement re-
« nouvelé sa promesse. Le général Miranda,
« envoyé par le royaume de Valence pour se-
« courir la place, débarqua à Tarragone le 12
« juin, et se rembarqua le jour suivant pour
« aller se joindre à l'armée de Campoverde.
« Une division anglaise se présenta le 26. Le
« colonel Skerret qui la commandait descendit
« à terre pour conférer avec moi. Le 27, les
« artilleurs et ingénieurs anglais vinrent recon-
« naître le front d'attaque, et convaincus que
« la place était incapable de résister, ils re-
« tournèrent à leurs vaisseaux; de sorte que
« tous s'éloignèrent de la place : et ils étaient
« venus pour la secourir! Cet abandon de la
« part de ceux qui venaient pour la sauver fut
« le pire de tout, etc. » Ce court extrait du
long rapport du général Contreras prouve évidemment que la tâche qu'on lui avait imposée
était bien au-dessus de ses forces. Quand il vit
les ingénieurs anglais convaincus de l'impossibilité de prolonger la défense de Tarragone,
et qu'ils retournaient à leurs vaisseaux pour
confirmer leur opinion de la manière la plus
authentique, il aurait dû envoyer un parlementaire au général français qui, étant lui-
même un homme d'honneur, n'aurait proposé

que des conditions honorables. C'est donc par un amour-propre très-déplacé et par une bravoure peu réfléchie, que le général Contreras, au lieu de capituler, commit la funeste inconséquence d'attendre l'assaut du 28. A Dieu ne plaise qu'on croie que je cherche à justifier la conduite arbitraire de Suchet, en faisant connaître les torts du gouverneur! je désire convaincre le lecteur de mon impartialité, et lui bien inculquer que la valeur, ainsi que la sévérité, ont des bornes invariablement tracées par la raison et par l'honneur. Tout homme qui les franchit, même par excès de zèle, doit être considéré comme dangereux pour l'Etat, et incapable d'occuper un commandement en chef.

Maître de Tarragone, Suchet fit réparer les fortifications. Il y laissa une forte garnison, et marcha sur le Mont-Serrat, où le marquis d'Ayroles avait établi son dépôt général. Le 24 juillet, il fit sa jonction avec un détachement de la garnison de Barcelonne, commandé par le général Maurice Mathieu. Le Mont-Serrat, entièrement différent des autres montagnes, est un assemblage de pyramides immenses placées sur une assise de rochers isolés dans la campagne. C'est ce qui l'a fait appeler *Mont-Serrat* ou *Mont-Scié*. Ce poste était si fort par la nature, que les Espagnols présumaient que les Français se borneraient à en faire le blocus. Ils avaient augmenté les difficultés d'une attaque de vive force, par des coupures de la route qui conduit au couvent, et ils avaient construit des redoutes sur des rochers très-escarpés, où ils avaient réussi à transporter de l'artillerie. Suchet avait été averti que le marquis d'Ayroles avait trop peu de monde pour se défendre contre plusieurs attaques, dont une seule réussissant, le mettait en possession de ce qu'il appelait « le repaire « de l'insurrection de Catalogne. » Il fit enlever trois redoutes qui étaient au pied de la montagne, pendant que plusieurs colonnes de voltigeurs gravissaient les rochers par-tout où ils étaient accessibles. Les paysans postés sur les sommets de la montagne faisaient un feu très-vif, tandis que d'autres placés sur les bords des plateaux intermédiaires, faisaient rouler des pierres et des quartiers de roche sur les assaillans. Tout fut enlevé à la baïonnette, et le marquis d'Ayroles ne dut son salut qu'à l'obscurité de la nuit et à la parfaite connaissance qu'il avait des débouchés du Mont-Serrat. Ce succès fut très-avantageux à Barcelonne, qui par-là se trouva délivrée d'un voisinage très-nuisible à son approvisionnement. Le général Maurice Mathieu rentra dans cette place, et Suchet revint en Arragon pour faire les préparatifs de son expédition contre le royaume de Valence.

On est sans doute surpris de ce que l'armée française, dite d'Arragon, manœuvre depuis près d'un an dans la Catalogne. Cette disposition était le résultat de l'énergie des Catalans, qui avaient obtenu des succès marquans contre l'armée de Macdonald, tant qu'elle avait été disséminée pour le maintien des communications. Dans la nuit du 19 au 20 mars, le marquis de Campoverde, à la tête de huit mille hommes, tenta de s'emparer du fort de Montjoui, qui est la clef de Barcelonne : il avait des intelligences dans le fort. Les Français en furent instruits assez à temps pour faire échouer le plan convenu. Les Espagnols attaquèrent avec impétuosité : mais ils furent repoussés, et ne se voyant point secondés, ainsi qu'ils s'y attendaient, par les partisans qu'ils avaient dans la place, ils se replièrent en très-bon ordre. Les précautions furent mieux prises pour surprendre Figuières. Une porte secrète donnait sur les fossés de la place. Deux Catalans, qui étaient employés des vivres dans la garnison, ouvrirent cette porte, et introduisirent, dans la nuit du 9 au 10 avril, cinq cents miquelets. La garnison, forte de quatre cents hommes, ne put point tirer un seul coup de fusil, tant le service était mal fait. Officiers et soldats furent faits prisonniers, encore tranquillement couchés dans leurs lits. Aussitôt que le général Barraguay-d'Hilliers, commandant de la haute Catalogne, eut connaissance de cet évènement, il réunit toutes ses troupes disponibles pour investir Figuières; mais les Espagnols profitèrent du temps que les Français employèrent à se rassembler. Ils jetèrent dans la place environ quatre mille hommes, sous les ordres du général Martinez, avec les vivres nécessaires pour plusieurs mois. Le 3 mai, le marquis de Campoverde voulut ravitailler Figuières. Il avait fait préparer un convoi très-considérable. Il trouva les Français trop supérieurs en forces pour pouvoir accomplir son dessein. Il fut obligé d'y renoncer, après avoir livré un combat sanglant presque sous les remparts du fort qu'il voulait secourir. Pour seconder les Catalans, l'escadre anglaise qui croisait près de Roses, débarqua une colonne qui devait s'avancer vers Figuières. Le désastre de Campoverde l'obligea à se rembarquer, et les débris de l'armée espagnole se dirigèrent vers Tarragone.

Le général Martinez, encouragé par le succès de la garnison d'Alméida dans l'évacuation de cette place, voulut se faire jour l'épée à la main à travers les troupes françaises du blocus. Sa troupe n'avait plus que pour trois jours de vivres, et il ne lui restait presque plus de munitions. Macdonald était instruit de la situation critique des Espagnols. Persuadé qu'ils tenteraient un coup de désespoir pour recouvrer leur liberté, il avait fait construire avec le plus grand soin des lignes de contrevallation qu'il avait fait couvrir par un double rang d'abatis. Depuis plusieurs jours les postes français étaient doublés pendant le jour, et la nuit toutes les troupes bivouaquaient dans la direction par où il était probable que la garnison tâcherait de s'évader. Dans la nuit du 16 au 17 août, le général Martinez, à la tête de trois mille braves, attaqua les lignes françaises. Il fut obligé de rentrer dans le fort avec perte de quatre cents hommes. Le 19, il capitula. Voici la lettre de cet officier à la junte de Catalogne : « Après « plus de quatre mois d'un blocus le plus « obstiné que j'aie souffert, sans aucun se- « cours de la part de l'armée, je me suis vu « dans l'obligation de rendre le fort de San- « Fernando de Figuières, par le manque total

« de subsistances. J'ai employé jusqu'aux der-
« nières ressources, ayant mangé depuis les
« chevaux jusqu'au dernier insecte. La nuit du
« 16, j'ai tenté une sortie à la baïonnette avec
« toute la garnison, et, malgré les obstacles
« que m'opposait la ligne de contrevallation,
« je suis arrivé moi-même jusqu'aux abattis
« ou arbres coupés qui empêchaient le pas-
« sage, qui ne put s'effectuer par la trop grande
« force de cette ligne impénétrable. Enfin,
« aujourd'hui je me suis rendu prisonnier de
« guerre avec la garnison, etc. » Si c'est Martinez qui fut l'auteur de la surprise de Figuières, il montra plus de zèle que de prévoyance, plus de bravoure que d'habileté. Ces infatigables miquelets, qui eussent fait tant de mal
aux Français dans leurs attaques presque con-
tinuelles sur la ligne de Perpignan à Barcelonne, se trouvèrent entièrement paralysés
par l'appât brillant, mais trompeur, d'enlever une place forte : cette conquête eût
certainement été très-avantageuse, si on avait
eu les moyens de la conserver. Avant d'entreprendre ce coup de main, il aurait fallu se
réunir pour sauver Tarragone, la place la plus
forte et la plus importante de toute la Catalogne, après Barcelonne.

Le maréchal Macdonald fit un rapport pompeux des opérations du blocus. Il vanta beaucoup la constance de son armée à supporter les peines, les fatigues, les intempéries du climat, et sur-tout le désagrément d'avoir passé vingt-cinq nuits au bivouac, *depuis le 24 juillet jusqu'au 19 août*. Qu'aurait-il donc dit si c'eût été dans le mois de janvier? Le climat de la Catalogne est, sans contredit, un des plus sains de l'Europe. Quant à ses observations sur les travaux des lignes, sur les soixante mille coups de canon tirés par la garnison, et sur les redoutes qui reçurent les noms des régimens chargés de leur construction et de leur défense, on est tenté de croire, ou qu'il a voulu se moquer de Buonaparte par des contes pour rire, ou, ce qui est plus vraisemblable, que le rapport fait par son chef d'état-major fut envoyé à Paris sans qu'il se fût donné la peine de le parcourir avec attention. Car, comme le général Moreau, Macdonald est plus actif sur le terrain que dans ses bureaux, et quoiqu'il soit très-apte au travail du cabinet, il s'en rapporte peut-être trop à ses alentours. Voici la fin de ce rapport, qui suffira pour donner une idée de la totalité. « Je viens de faire hisser le

« pavillon impérial sur les murs de Figuières.
« Il est salué de cent-un coups de canon. Cette
« salve sera entendue des vaisseaux anglais
« qui bordent la côte, et des rassemblemens
« d'insurgés à Olot. Elle les avertira de la
« reprise de Figuières et de la fin de la guerre
« dans cette partie de la Catalogne. » C'était
une manière fort singulière d'annoncer à Buonaparte la fin de la guerre, en faisant mention
que les Espagnols étaient rassemblés à Olot.
Macdonald n'a point le caractère d'un flagorneur. Il a cru que les circonstances l'autorisaient à encenser l'idole du jour. Sa maladresse n'échappa point à la finesse de Buonaparte, qui lui retira son commandement, et le
fit remplacer par le général Decaen, l'ancien
gouverneur de l'Ile-de-France.

Aux évènemens importans qui venaient de
se passer en Estramadoure et en Catalogne,
nous ajouterons la prise de Puycerda par les
miquelets, le 15 avril. Après avoir levé des
contributions sur la ville et les environs, ils
rentrèrent dans leurs montagnes. Cette incursion fit sentir au gouvernement français, que
son injuste agression contre les Espagnols,
provoquait des représailles qu'un revers de
fortune pouvait rendre très-funestes à la

France. Dans les autres provinces de l'Espagne, les guérillas continuaient à harceler les Français avec la plus grande activité. Le marquis de Porlier, si connu sous le nom du Marquesito, soutint et livra plusieurs combats sanglans dans les Asturies. La connaissance du pays et la confiance des habitans favorisèrent ses mouvemens, pour profiter de la victoire quand il avait battu les Français, et pour se soustraire à leur poursuite quand il était obligé de se replier devant des forces trop nombreuses. A côté de Porlier, mérite de figurer Esposymina, la terreur des Français en Navarre, en Biscaye et sur la route de Bayonne à Burgos. Il était d'une adresse étonnante pour choisir les lieux de ses embuscades, pour intercepter un convoi et surprendre les cantonnemens.

On peut encore citer une foule d'autres chefs aussi zélés, mais moins habiles et sur-tout moins heureux. Qu'il nous suffise de dire que ce service des guérillas fut si bien fait, qu'on enleva jusqu'aux portes de Madrid les approvisionnemens destinés pour cette capitale. Au milieu de cette foule de braves gens qui honorent à jamais la nation espagnole, on est étonné de voir les Galiciens ne jouer qu'un rôle très-secondaire. Le général Abadia fut attaqué devant

Astorga, le 25 août, par le général Dorsenne. Il n'opposa qu'une faible résistance, et son armée se retira presque en désordre. Ballasteros, tour-à-tour vainqueur et vaincu dans le comté de Niébla, se retira dans le sud de l'Andalousie; et malgré les attaques réitérées des Français, il réussit à se maintenir entre Gibraltar et Ronda. Il aurait peut-être enlevé Séville et détruit les magasins immenses renfermés dans cette place, si, à l'époque de la bataille d'Albuera, il eût agi avec vigueur et de bon accord avec la colonne qui parut sur la droite du Guadalquivir. Ce général, qui jouissait de la confiance entière de ses troupes, manqua d'activité et de sang-froid. Ses pointes très-audacieuses et presque toujours infortunées, auraient été très-utiles, si les dispositions eussent été combinées et les moyens préparés par un homme fait pour commander en chef, tel que lord Wellington. On finit par adopter ce parti, comme pouvant seul assurer les succès des alliés dans la péninsule; mais on avait perdu un temps bien précieux et presque toujours irréparable, quand il s'agit d'organisation, de discipline et de plan de campagne.

« Pour sauver un empire, il suffit d'un grand homme ! »

# LIVRE CINQUIÈME.

Quoique la nomination de S. A. R. le duc d'York, au commandement en chef des forces de terre de la Grande-Bretagne, puisse paraître à quelques lecteurs déplacée dans des notes sur la guerre d'Espagne, cet ouvrage étant spécialement destiné aux militaires, j'ai cru ne pas leur être désagréable en rappelant ici cet acte de justice envers Son Altesse Royale, dont les talens et les services ont contribué si efficacement à l'organisation de l'armée de terre. Depuis le général jusqu'au simple soldat, il n'y eut qu'un cri de reconnaissance envers le prince régent, de ce qu'il avait daigné, par son ordre du 25 mai 1810, rendre à l'armée son digne chef, l'auteur de sa discipline, en un mot, son véritable père. Les militaires de tout rang regardèrent aussi comme une grande faveur, la sanction presqu'unanime donnée par le parlement à la réintégration de Son Altesse Royale dans un poste où elle avait rendu des services de la plus haute importance. Il fut évidemment prouvé que l'affaire de M^me Clake en 1809 était une trame abominable, ourdie par la cupidité, la vengeance et la perfidie. Les débats qu'occasionna cette discussion, furent un véritable triomphe pour Son Altesse Royale, puisqu'il en résulta la conviction que les victoires obtenues par l'armée dans la péninsule, étaient dues à la bonne organisation que lui avait donné le duc d'York. Son auguste père, en apprenant la justice que le parlement venait de rendre à ce fils, pour lequel Sa Majesté a toujours eu une prédilection marquée, éprouva une bien grande consolation au milieu des calamités dont il est affligé, et des larmes de joie qui coulèrent en abondance, ne laissèrent aucun doute que la décision du parlement avait le triple avantage de venger l'honneur d'un prince chéri de la nation et de l'armée, de resserrer les liens si nécessaires entre le peuple et le trône, en donnant un assentiment solennel au choix de Son Altesse Royale par le prince régent, et de donner une marque éclatante de la reconnaissance nationale pour un souverain bien aimé qui, pendant plus de cinquante ans, s'occupa avec tant de succès de la gloire et du bonheur de son peuple. D'ailleurs, les princes seraient les plus malheureux des hommes, si leur vie privée devait être inspectée avec autant de sévérité que leur vie publique. Leurs fautes ne sont pas toujours libres, et souvent elles sont des suites nécessaires du haut rang où la providence les a fait naître. C'est à leur caractère public que le législateur doit appliquer ses observations, et non pas à l'attrait d'une frivole et maligne curiosité, en se persuadant bien que le lit d'un prince est hors de sa juridiction, et que la satire commence là où la raison a placé les bornes de la censure légitime. Je reviens aux belligérans sur la Guadiana.

Le 22 juin, le général Blake, avec environ six mille Espagnols, se sépara de l'armée alliée, traversa la Guadiana à Jerumenha, et se dirigea vers le comté de Niébla. Blake fit aussitôt ses dispositions pour enlever à l'escalade le château de Niébla, défendu par trois cents hommes. Le 30 juin, deux heures avant le jour, les troupes s'avancèrent avec des échelles sous un feu très-vif d'artillerie et de mousqueterie ; mais, comme à Badajoz, les échelles se trouvèrent trop courtes, et la place fut manquée. Blake s'embarqua avec ses troupes le 6 juillet à l'embouchure de la Guadiana, et arriva a Cadix le 12. Bientôt il en partit avec un corps d'élite, débarqua à Almeria, et fit sa jonction avec l'armée de Murcie près de Baza. Soult ne l'avait pas perdu de vue par le moyen de ses espions. Le général français n'avait laissé qu'un corps d'observation dans les environs de Badajoz, et était rentré en Andalousie avec la plus grande partie de son armée. Dès qu'il apprit l'arrivée de Blake à Almeria, il se porta contre l'armée de Murcie. Le général Godinot fut chargé de tourner la droite des Espagnols, pendant que le maréchal, refusant sa droite, attaquait avec vigueur par son centre. Le 9 août, les Espagnols furent chassés de toutes leurs positions. Vers la fin de la journée, leur retraite se convertit en déroute, et ils se sauvèrent dans les montagnes du côté de Caravaca. La cavalerie espagnole fit meilleure contenance que l'infanterie ; elle ne put point être entamée dans cette journée, et elle protégea les fuyards qui avaient pris la route de Murcie : mais le 10, cette brave cavalerie, comptant trop sur son courage, fut attaquée par toute la cavalerie de Soult, et environ cinq cents furent tués, blessés ou prisonniers ; le reste de cette colonne, montant encore à quinze cents hommes, se replia précipitamment sur Murcie. De vingt mille hommes dont était composée cette armée, six à sept mille tout au plus se rallièrent, et s'établirent à Lebrilla, couvrant Murcie et Carthagène.

La dispersion des Espagnols tranquillisait Soult pour le royaume de Grenade. Ce succès ne lui avait pas coûté plus de quatre cents hommes tués ou blessés. Il rentra à Séville, pour être à portée de secourir les troupes qu'il avait laissées en Estramadoure, dans le cas où elles seraient attaquées par des forces supérieures. Son anxiété fut de courte durée. Marmont, avec l'armée de Portugal, avait quitté Mérida le 17 juillet, avait passé le Tage à Almaraz, et avait pris des cantonnemens dans les environs de Placencia, où il était encore le 1$^{er}$ août. Lord Wellington suivit ce mouvement, manœuvra par sa gauche, et porta le gros de son armée sur la rive droite du Tage, près de Castello-Branco. Peu de jours après, il continua à marcher par sa gauche ; et il mit l'armée en position sur la Coa. L'armée de Portugal, malgré cette manœuvre des Anglais, conserva sa position ; et l'armée du nord, aux ordres de Dorsenne, était cantonnée sur les bords du Douro. Ciudad-Rodrigo étant abandonné à ses propres forces, lord Wellington fit ses dispositions pour s'en emparer. Le 5 septembre, il établit le blocus de cette place. Il s'occupait à réunir les moyens d'en faire le siége, lorsque les Français marchèrent à lui pour lui faire abandonner le blocus et le rejeter dans les montagnes de Guarda.

Dorsenne et Marmont firent leur jonction, le 22 septembre, à Tamames, à deux lieues de Ciudad-Rodrigo. L'armée combinée était de 60,000 hommes, dont 6,000 de cavalerie. Celle des alliés était tout au plus de 50,000, en y comprenant les troupes nécessaires pour contenir la garnison. Lord Wellington n'aurait pu livrer bataille qu'avec quarante mille fantassins et quatre mille chevaux, en admettant qu'il eût voulu maintenir le blocus. La lutte était trop à l'avantage des Français ; aussi sa seigneurie leva le blocus le 24, et plaça l'armée dans la position de Fonte-Guinaldo, qui avait été fortifiée par quelques ouvrages de campagne. Une forte avant-garde resta sur l'Azava, aux ordres du général Graham. Le 25, les Français, commandés par le général Montbrun, attaquèrent cette avant-garde près d'Elbodon. Les Anglais, à cause de la supériorité du nombre, furent obligés de se replier ; mais leur retraite s'effectua avec la même précision que sur un terrein d'exercice. Les carrés formés par l'infanterie, furent chargés plusieurs fois par la cavalerie française, qui fut reçue d'abord par un feu très-vif, et ensuite à coups de baïonnettes. Cette intrépidité des troupes dégoûta Montbrun de toute tentative ultérieure ; et il se contenta de les canonner, en continuant sa poursuite jusque près de Fonte-Guinaldo. Les généraux français employèrent le reste de la journée et le lendemain 26, à reconnaître la position de Fonte-Guinaldo, et à faire leurs dispositions pour l'attaquer. Lord Wellington conçut de l'inquiétude du mouvement d'un corps considérable qui semblait destiné à tourner sa gauche, et il se retira dans la nuit du 26, dans les environs d'Alfayates. Il plaça son arrière-garde à Aldea-de-Ponte. Le 27, ce village fut attaqué par l'avant-garde française ; le général Cole le défendit jusqu'à la nuit. Quoique les Français l'attaquassent avec l'élite de leurs troupes, les bonnes dispositions du général Cole, et la fermeté de sa division, rendirent leurs efforts inutiles pendant toute la journée.

Cette belle défense d'Aldea-de-Ponte, dut bien faire regretter à lord Wellington de n'être pas resté dans son camp retranché de Fonte-Guinaldo. Il aurait célébré l'anniversaire de la bataille de Busaco, par une victoire en-

core plus signalée que celle gagnée le même jour, l'année précédente. Il aurait appris à Buonaparte qu'il n'était pas prudent de confier le commandement d'une armée à de jeunes officiers sans expérience. Pour nous convaincre de cette vérité, il suffit d'examiner les rapports qu'ils firent au prince de Neufchâtel. Marmont dit, en parlant du combat d'Elbodon : « Le gé-
« néral Montbrun poursuivit les Anglais pen-
« dant deux heures. Son feu fut si vif qu'il épuisa
« toutes ses munitions. La perte de l'ennemi
« fut considérable. Il ne s'arrêta que lorsqu'il
« fut arrivé au camp de Fonte-Guinaldo. Mais
« il n'y avait là que notre avant-garde : notre
« infanterie était à une marche en arrière ; sans
« cela l'armée anglaise était perdue. Nous eû-
« mes la mortification de voir ses divisions se
« précipiter de toutes parts vers son camp re-
« tranché. *Si j'avais eu alors quinze mille*
« *hommes à ma disposition,* l'armée anglaise
« aurait été surprise en flagrant délit, et battue
« en détail sans pouvoir se réunir, etc. » Une avant-garde qui manque de munitions ; un général qui commande soixante mille hommes et qui n'en a pas *quinze mille seulement à sa disposition,* parlent bien mieux que la plus savante discussion, pour constater que Marmont

n'était pas encore fait pour commander en chef;
car, Dorsenne n'étant ni duc ni maréchal, était
sous ses ordres. Ce général, aussi peu expérimenté que son chef, dit dans son rapport :
« Nous arrivâmes bientôt à Fonte-Guinaldo,
« où nous apprîmes avec étonnement que l'ar-
« mée anglaise n'avait pas encore rassemblé
« ses corps. Si nous avions pu prévoir que le
« général anglais fût capable de commettre
« une semblable faute, nous aurions pu pren-
« dre une partie de l'armée anglaise dans des
« combats partiels; mais notre infanterie n'ar-
« riva que dans la nuit, etc. »

Si Dorsenne et Marmont s'étaient trouvés à
Barrosa et à Albuera, ils auraient tenu un
langage bien différent. Soult et Victor pouvaient leur attester que les Anglais n'étaient
pas aussi faciles à *prendre,* comme ces mes-
sieurs voulaient bien se l'imaginer. D'ailleurs,
la retraite d'Elbodon et le combat d'Aldea-de-
Ponte, où il leur était, selon eux, si facile de
*prendre* les Anglais, tournèrent bien évidemment à la gloire des alliés, puisqu'une simple
arrière-garde manœuvra le 25, et se battit le
27, malgré la réunion des talens et des forces
de deux grandes armées françaises. Ce qui est
d'une inconséquence sans excuse, c'est quand

les deux généraux terminent leurs rapports en disant: « Nous aurions suivi l'ennemi jusqu'aux « lignes de Lisbonne, où nous aurions pu for- « mer une jonction avec l'armée du midi qui, « entièrement réunie, n'a devant elle que la « division du général Hill, si le moment fixé « pour la catastrophe des Anglais, était arrivé. » Et Dorsenne ajoute : « Que lorsque l'empereur « jugera le moment arrivé pour commencer « les grandes opérations, afin de chasser dé- « finitivement les Anglais de la péninsule, Sa « Majesté ne trouvera dans aucune armée plus « de zèle et de dévouement. » Ils auraient bien rabattu de ce ton tranchant, s'ils avaient eu affaire à un adversaire moins circonspect que lord Wellington. Comme ils étaient arrivés récemment dans leurs commandemens, le général anglais n'avait pas encore pu recevoir des notions précises sur leur compte. Car si sa seigneurie les avait bien connus, sur-tout Marmont, il lui aurait donné à cette époque une leçon de tactique dont M. le duc de Raguse se serait souvenu long-temps. Le lecteur ne tardera pas à voir « que ce général ne per- « dit rien pour attendre. »

Quand les Français eurent ravitaillé Ciudad-Rodrigo, ils rétrogradèrent vers Salamanque, et rentrèrent dans leurs anciens cantonnemens. Au 1er octobre, lord Wellington avait repris son camp de Fonte-Guinaldo. Le général Hill était détaché sur la rive gauche du Tage, couvrant la province d'Alentejo contre les partis qui auraient pu sortir de Badajoz. Le 5e corps, aux ordres du général Girard, était stationné en Estramadoure. Le général Drouet, avec le 9e corps, protégeait les communications entre le 5e corps, Badajoz et Séville. Le 1er corps continuait le siége, ou plutôt le demi blocus de Cadix. Le 4e corps était réparti en Andalousie. Ballasteros se tenait sous le canon de Gibraltar. Suchet était entré dans le royaume de Valence le 16 septembre, avait mis le siége devant le château de Sagonte, et cantonné la plus grande partie de ses troupes en avant de Murviedro, pour protéger les travaux des assiégeans. Blake était dans les environs de Valence avec un corps de vingt-cinq mille hommes. La Catalogne et l'Arragon avaient cessé d'être le théâtre des grandes opérations ; mais la guerre des guérillas s'y faisait avec la plus grande activité contre les colonnes mobiles des Français, leurs cantonnemens et leur convois. Il en était de même dans les provinces Basques, les Asturies et le royaume de Léon.

Je ne citerai que la surprise de Santander, le 14 août. Les Espagnols pénétrèrent dans la ville sans éprouver le moindre obstacle. Le général Rouget, qui en était le commandant, se sauva par une prompte fuite. Mais ayant appris que les Espagnols n'étaient pas en forces, il rallia ses troupes et reprit la place. Même activité dans les deux Castilles. Joseph se tenait dans Madrid, n'osant pas aller passer l'automne dans l'un des châteaux royaux des environs de sa capitale. Il lui aurait fallu un corps de troupes considérable pour être à l'abri des attaques des partisans espagnols, et cette mesure, en affaiblissant la garnison de Madrid, aurait compromis la sûreté de la capitale. Le général Castanos était occupé à organiser un corps d'armée entre la Guadiana et le Tage, sous la protection du général Hill.

Soult, qui fut instruit que Castanos avait déjà réuni beaucoup de recrues, ordonna au général Girard de se porter sur Cacerès, et de battre les environs pour dissiper ces rassemblemens. En conséquence, Girard partit avec sa division de Merida, fouilla avec succès la partie de l'Estramadoure comprise entre la Guadiana et le Tage, et il força Castanos et ses troupes à se réfugier en Portugal. Le général

Hill était à Portalègre. Il fut instruit de la manière dont les Français faisaient leur battue. Il résolut de les faire repentir du peu de cas qu'ils paraissaient faire du voisinage des Anglais. Il se porta le 23 octobre à Albuquerque, où il apprit que Girard, après avoir paru à Aliseda, s'était dirigé sur Arroyo-del-Puerco. Le 25, les Espagnols s'emparèrent de ce village, et Girard se retira sur Cacerès. Après plusieurs mouvemens qui étaient bien observés par Hill, dont le général français était loin de soupçonner la marche si près de lui, il s'établit le 27 à Arroyo-del-Molinos, petite ville située au pied de la Sierra-de-Montanches. Les Français se donnèrent tous leurs aises, comme s'ils eussent été dans les casernes de Versailles. Ce même jour, vers le soir, les alliés arrivèrent à Alcuescar, avec l'espérance de prouver le lendemain à la colonne du général Girard, « que la mé-« fiance, en guerre comme en politique, est « mère de la sûreté. »

Le 28, à deux heures du matin, le général Hill commença sa marche, qui fut favorisée par un brouillard épais, accompagné de pluie. A sept heures du matin, les Français furent attaqués par les Anglais sur trois colonnes. Dès la pointe du jour, une brigade de la division Girard était partie pour se rendre à Medellin, et le reste était sur le point de se mettre en route pour Merida, lorsque la fusillade des tirailleurs anglais leur porta la première nouvelle de la visite que leur payait le général Hill. Girard voulut d'abord faire résistance ; mais l'audace, et sur-tout le nombre des alliés, lui firent aisément comprendre que la seule ressource qui lui restait pour éviter d'être pris ou tué, c'était de gagner les montagnes, parce que ce genre de terrain rendait inutile la supériorité de la cavalerie des alliés, en même temps qu'il mettait son infanterie à même de profiter de la supériorité de sa marche sur les Anglais, avantage que les Français possèdent incontestablement sur toutes les troupes de l'Europe ; spécialement quand ils battent en retraite, ou pour parler plus clairement, quand ils sont en déroute.

A peine les Anglais parurent-ils dans Arroyo, que les habitans se mirent de la partie, en accompagnant leurs coups de fusil des cris mille fois répétés de « Viva los Ingleses. » Ils servirent de guides pour la poursuite des fuyards. Sur trois mille hommes qu'avait Girard au commencement de l'attaque, il en perdit environ deux mille, dont mille quatre cents pri-

sonniers. De ce nombre étaient le général Bron, et le colonel duc d'Aremberg. On lui prit aussi une demi-batterie d'artillerie légère, composée d'un obusier, et de deux pièces de 8 avec huit caissons. La perte des alliés ne fut que de sept hommes tués et de soixante-cinq blessés. Pour bien apprécier l'importance de ce combat, il faut entendre parler le maréchal Soult qui, peu accoutumé aux revers, sur-tout aux surprises, fut extrêmement chagrin du désastre de Girard. Dans sa lettre en date de Séville du 2 novembre, adressée au prince de Neufchâtel, il lui dit : « Monseigneur, l'évènement dont me rend
« compte le général comte d'Erlon, comman-
« dant le 5ᵉ corps dans ses rapports des 28,
« 29 et 30 octobre est si honteux, que je ne
« sais comment le qualifier..... Le 28 octobre,
« la première brigade, commandée par le gé-
« néral Remond, était déjà en route, et à
« plus d'une lieue d'Arroyo-del-Molinos, lors-
« que le général Hill arriva avec ses troupes
« jusqu'au logement du général Girard, sans
« qu'aucun coup de fusil eût été tiré..... Le gé-
« néral Girard avait avec lui des troupes d'élite,
« il s'est honteusement laissé surprendre par
« excès de présomption et de confiance. Au
« moment où il était dans la ville, aucune garde

« n'était établie. Les officiers et les soldats « étaient dans les maisons, comme en pleine « paix. Je vais ordonner une enquête et un « exemple sévère etc. »

Depuis que Kléber parut à la tête des armées, il a sans cesse recommandé aux officiers d'être très-vigilans, en leur disant : « Qu'une surprise était bien plus déshonorante « qu'une défaite. » Plusieurs fois, il mit dans les ordres du jour de l'armée : « Le plus brave « homme peut être battu; mais quiconque se « laisse surprendre est indigne d'être officier. » Ce n'est donc point s'écarter des bornes de la vérité, que d'assurer que Napoléon fut très-affecté de la catastrophe de Girard, non à cause de la perte qu'il éprouva, mais à cause du relief que cette manœuvre aussi habile qu'audacieuse donnait à l'armée anglaise, et sur-tout au général qui l'avait exécutée si à propos. On peut en conclure que le général Hill rendra de grands services dans un commandement en chef. Je ne dois pas omettre une circonstance qui fait un bien grand éloge de la loyauté des Espagnols, et de la sincérité de leur dévouement à la cause qu'ils défendent. Pendant six jours que les alliés furent occupés à parcourir le pays en tout sens pour prendre, comme dit

Buonaparte, les Français en flagrant délit, il ne se trouva pas des habitans un peu marquans qui, soit par l'appât du gain, soit dans l'intention de plaire aux Français, se décidassent à aller donner avis à Girard du danger qui le menaçait. Est-il possible de trouver une preuve plus forte de leur haine pour Joseph, de leur fidélité envers leurs alliés, et de leur amour pour Ferdinand VII ? Les Espagnols de l'armée de Murcie ne furent pas aussi heureux que ceux de l'Estramadoure. Quelque temps après leur défaite de Baza, ils attaquèrent le poste d'Huescar, qui couvrait la gauche des cantonnemens de Soult. Les Français furent avertis à temps par leurs patrouilles, et ils forcèrent les Espagnols à se replier sur Lorca. Ceux-ci avaient atteint leur but, qui était de persuader aux Français que l'armée de Murcie était restée dans ce royaume, tandis que l'élite des troupes avait été envoyée sur le Guadalaviar, pour renforcer l'armée de Blake, chargée de la défense du royaume de Valence.

Le fort d'Oropesa, situé sur la route de Tortose à Valence, se rendit le 10 octobre. L'occupation de ce poste était essentielle à Suchet, pour recevoir librement les convois qui lui arrivaient de ses dépôts sur l'Ebre. Le château de Sagonte avait repoussé plusieurs assauts. La garnison se trouvait dans une situation critique. La brèche était praticable. Le général Blake, qui communiquait avec le gouverneur du château par des signaux convenus, voulut tenter le sort d'une bataille pour ravitailler la place. Son armée était forte de vingt-cinq mille hommes. Suchet ne pouvait point lui en opposer plus de vingt mille, à cause des troupes nécessaires pour faire face à la garnison. Le 24 octobre, Blake parut sur les hauteurs de Puche, la droite à la mer, protégée par le feu des vaisseaux anglais, et la gauche appuyée au village de Betera. Le 25, il attaqua les postes français, et les força à se replier. Le général Zayas, profitant de ce premier avantage, fit occuper le village de Puzol; et avec l'élite de sa division, par un changement de front sur l'extrémité de son aile gauche, porta sa droite en avant sur une hauteur qui dominait la position de l'aile gauche de Suchet. Cette manœuvre était brillante, mais téméraire contre des troupes aguerries. La droite de Suchet fut aussi tournée par la gauche de Blake. Ainsi, ce général qui avait une supériorité de cinq à six mille hommes, se trouva sur son centre plus faible que les Français, par les mouvemens trop étendus de ses deux ailes. Suchet se hâta de profiter de cette faute, en attaquant avec vigueur le centre des Espagnols. Il se fit sur ce point des prodiges de valeur. D'abord l'ennemi fut culbuté; ensuite les Français furent chassés à coups de baïonnettes des retranchemens dont ils s'étaient emparés. La cavalerie espagnole ne fut battue qu'après la plus vive résistance. L'expérience et le bonheur de Suchet triomphèrent. L'échec du centre rendit inutiles les succès obtenus à la droite par Zayas. Un fort détachement de gardes wallones fut fait prisonnier dans Puzol. La gauche de Blake ayant été repoussée, ce général battit en retraite avec beaucoup d'ordre, et il ne fut réellement maltraité, que parce qu'il voulut attendre un second choc de l'armée française derrière le ruisseau de Betera. Sa perte, qui fut d'environ six mille hommes hors de combat, n'aurait pas excédé la moitié de ce nombre, s'il eût continué son mouvement rétrograde vers Valence. Avec les meilleures intentions et la supériorité du nombre, Blake perdit la bataille par des dispositions aussi peu adaptées à la nature du terrain, que favorables au caractère d'audace du général qui lui était opposé. S'il eût refusé ses deux ailes, et qu'il eût mis au centre l'élite de ses troupes sur plusieurs lignes, avec ordre à celles qui auraient été culbutées, d'aller se reformer sur les derrières de l'armée, non - seulement Suchet aurait été battu, mais le château de Sagonte, qui était à la dernière extrémité, aurait été ravitaillé, et il est probable que cet échec aurait forcé l'armée française à rentrer en Arragon.

La garnison de Sagonte avait été témoin des efforts et des malheurs de l'armée qui devait la secourir. Une plus longue résistance compromettait la place, qui pouvait être attaquée et enlevée d'assaut. La brèche étant reconnue très-praticable, la capitulation fut signée le 26 octobre 1811. On a blâmé le gouverneur Andriani de s'être rendu, lorsqu'il pouvait encore tenir long-temps. La sortie des troupes par la brèche est la réfutation la plus complète qu'on puisse faire de cette calomnie. Combien on doit se méfier des sentences foudroyantes prononcées à tort et à travers par une foule d'écrivains, qui s'établissent juges suprêmes des généraux, parce que l'autorité, jalouse de diriger à son gré l'opinion publique, leur fournit les moyens de subsistance, avec la certitude de l'impunité de leurs impudentes diatribes! mais les guerriers sont devenus philosophes ; ils méprisent les observations de ces ignorans, et ils se corrigent des torts qui leur sont prouvés tels par l'homme vraiment éclairé.

Un bon général doit penser souvent à la belle réponse de Marlborough à un seigneur français qui le complimentait sur ses savantes manœuvres de la guerre de Flandres : « Nous « avons fait cent fautes, » lui dit modestement le général qui avait fait trembler Louis XIV sur son trône, « et vous en avez fait cent et une. » Le grand Condé voyant ses courtisans étonnés de ce qu'il lisait avec plaisir un livre où il était sévèrement critiqué, leur dit : « Cet ou- « vrage me plaît beaucoup, parce qu'il me fait « connaître mes fautes que personne n'ose me « dire. » Quiconque se pénétrera bien du sens profond des réponses de ces deux grands capitaines, pourra se faire une idée approximative des connaissances immenses que doit posséder un bon général ; et il cessera d'être surpris des réflexions que renferme cet analyse sur les opérations de la péninsule. « Un « mulet « disait le maréchal de Saxe » qui au- « rait fait vingt campagnes sous César, ne serait « qu'un mulet. » L'expérience ne suffit pas pour faire un général, s'il n'a pas reçu de la nature le génie de la guerre ; de même que cette qualité doit être perfectionnée par la pratique et par des études très-appliquées. Le grand Condé, me dira-t-on, naquit général. Je nie cette assertion. Ce prince, il est vrai, remporta à vingt-deux ans une victoire complète dans les plaines de Rocroy; mais il avait eu son père pour instituteur. Il avait servi sous le maréchal de Châtillon, le meilleur général de Louis XIII, et enfin il avait sous ses ordres à Rocroy, le maréchal de l'Hôpital, et Gassion, le digne élève du grand Gustave. L'homme, le plus heureusement né, ne peut devenir un bon général que par la pratique de son état, et par l'étude des ouvrages militaires. C'est à l'école de Turenne que Marlborough perfectionna rapidement ses rares talens pour la grande guerre. Il en est de cette science comme de toutes les autres, dans lesquelles un maître habile fait avancer à pas de géant. Je réclame l'indulgence du lecteur pour cette digression, dont le but est de lui faire connaître toute l'importance du rôle pénible que s'impose un historien assez courageux pour dire la vérité.

Je reviens encore aux guérillas, parce que les succès partiels qu'ils obtinrent dans le mois d'octobre peuvent être considérés, pour ainsi dire, comme une compensation des progrès des Français dans le royaume de Valence. Le 12 octobre, le baron d'Ayroles s'empara du château de Bellpuig, poste important pour le maintien des communications de la Catalogne avec l'Arragon. Le 26, il battit une colonne mobile française près de Puycerda, et la poursuivit jusques sur le territoire de France, où il leva de fortes contributions. Son expédition terminée, le baron rentra en Catalogne par le Val-de-Carol. Le 15 du même mois, don Julian Sanchès qui, la nuit précédente s'était embusqué près de Ciudad-Rodrigo, surprit le général Reynaud, gouverneur de cette place, au moment où il allait se promener, et il le fit prisonnier. Le 16, l'Empecinado, homme rusé, brave et entreprenant, attaqua la garnison de Calatayud, et fit quatre cents prisonniers. Le 17, Esposymina détruisit dans les environs d'Ayorbe un parti français fort de onze cents hommes. De leur côté, les Français s'emparèrent de Balaguer et de Mataro. Ils échouèrent complètement dans l'attaque des petites îles de Las-Medas, situées à l'embouchure du Ter. Leur possession par les alliés empêchait l'approvisionnement de Barcelonne par le cabotage, et facilitait la correspondance des guérillas de la Catalogne avec les vaisseaux anglais. Le général Dorsenne fit occuper les Asturies. Il n'éprouva que peu de résistance, quoiqu'il eût à combattre Marquesito et Mendizabal, et qu'il eût la précaution de n'avancer qu'avec le gros de son armée. Dans le sud, Soult fit marcher trois colonnes contre le général Ballasteros qui, obligé de céder le terrain à une réunion de forces triples des siennes, se retira encore une fois sous le canon de Gibraltar. Les Français occupèrent le camp retranché de Saint-Roch. C'est au retour de cette expédition que le général français Godinot se brûla la cervelle. C'était un officier plus actif qu'intelligent. On attribua son acte de désespoir aux reproches que dut lui faire le maréchal Soult d'avoir laissé échapper Ballasteros. Monsieur le maréchal est, sans contredit, un fort habile homme; mais il est peut-être trop sévère, sur-tout vis-à-vis les officiers qui ont humilié son amour-propre, en ne réussissant pas dans l'exécution de ses plans.

Telle fut la fin de cette campagne qui présenta tant de chances favorables aux alliés dont ils ne surent pas profiter! Badajoz aurait été conservé, s'il eût été secouru à propos; et le corps de La Romana avec une réserve anglaise y aurait réussi. Le siége de Cadix aurait été levé en conséquence de la victoire de Barrosa, si Graham avait eu le commandement en chef. Une attaque bien combinée pouvait détruire l'arrière-garde de Masséna, le 3 avril, près de Sabugal ; et, en adoptant les précautions d'usage, la garnison d'Alméida aurait été prise, et les approvisionnemens conservés. Badajoz aurait été repris au mois de mai, et Soult complètement battu, en plaçant l'armée dans des lignes de circonvallation et de contrevallation ; et cette place aurait certainement ouvert ses portes à lord Wellington au mois de juin, si les ingénieurs avaient exécuté les approches jusqu'au corps de la place, d'après les règles de la fortification. Un corps de troupes aurait pu être détaché de Cadix pour aller renforcer Campoverde, et le mettre à même de secourir d'abord Tarragone, et ensuite Figuières ; enfin lord Wellington moins circonspect, aurait attendu l'attaque des Français dans son camp retranché de Fonte-Guinaldo, et sa victoire qui aurait été complète, faisant oublier toutes les erreurs antérieures, établissait la campagne en faveur des alliés. Les Français s'emparèrent de Tortose, de Tarragone, de Badajoz et de Sagonte ; ils gagnèrent les batailles de la Gebora, de Baza et de Murviedro, et ils firent lever deux fois le siége de Badajoz, et le blocus de Ciudad - Rodrigo. Les alliés gagnèrent les batailles de Barrosa, d'Albuera et de Fuentes-de-Onora; mais les deux dernières ne furent que défensives. Ils ne prirent qu'une place, Olivenza, où les Français n'avaient laissé qu'une faible garnison. Je ne puis pas compter Alméida, puisque Brennier n'y laissa que des décombres. Le combat d'Arroyo-del-Molinos, quoique très-brillant, ne peut être mis dans la balance que comme secondaire, à cause du petit nombre des Français, dont mille, c'est-à-dire le tiers, réussirent à s'échapper avec leurs aigles. L'expulsion de Masséna du Portugal est, sans contredit, un très-grand avantage, quoiqu'on puisse objecter qu'il fut dû autant à la famine qu'aux attaques des alliés, puisque dans une retraite d'un mois, l'ennemi ne fut véritablement forcé de quitter sa position qu'au combat de Sabugal. Je pense que si lord Wellington, au lieu de marcher sur la Coa, avait manœuvré contre Marmont dans la direction de Coria et de Plasencia, il n'aurait pas tardé à trouver quelque occasion favorable de se prévaloir de l'inexpérience et de la présomption de Monsieur le maréchal. L'éloignement de l'armée du nord aurait empêché sa coopération avec celle du Portugal, au lieu que lord Wellington aurait pu réunir sur un point unique et central l'élite des alliés pour en finir avec Marmont. Cette armée de Portugal détruite, Soult ne pouvait plus paraître en Estramadoure, et Dorsenne n'aurait pas osé s'avancer plus loin que Salamanque, peut-être même Valladolid. En restant sur le Tage, lord Wellington se serait donc assuré « la grande « supériorité que donne une simple ligne d'o- « pérations contre un ennemi, dont les forces « étant éloignées de plusieurs jours de mar- « che, peuvent être battues successivement par « l'armée ainsi concentrée. »

Tout porte à croire qu'en manœuvrant d'après ce principe, Marmont aurait donné dans le piége, et aurait été par conséquent puni de sa témérité. Sa défaite aurait donné l'alarme au roi Joseph qui, au lieu d'envoyer Suchet dans le royaume de Valence, aurait disposé de l'élite de cette armée, et l'aurait postée dans les environs de Talavera pour couvrir Madrid, et recueillir les restes de l'armée de Portugal. Tout au contraire, la campagne d'hiver de 1811 à 1812, commença le 2 novembre par la prise du faubourg de Valence nommé *Serrano*. Suchet le fit enlever par une division. Ce général, aussi adroit courtisan que soldat intrépide, mit beaucoup de lenteur dans ses opérations pour soumettre Valence. Il voulait arracher un duché à Buonaparte pour couronner dignement le maréchalat que lui avait valu la conquête de Tarragone. Il employa plus de cinquante jours à faire ses préparatifs pour le passage du Guadalaviar. Blake s'était fortement retranché sur la droite du fleuve. Il avait placé toute son infanterie depuis la mer jusqu'à Manissès, et sa cavalerie était postée au-dessous de ce village dans la direction de Ribaroja : elle protégeait la gauche de toute la ligne. Dans la nuit du 25 au 26 décembre, trois divisions françaises passèrent le Guadalaviar en face de cette cavalerie, qui ne fit presque point de résistance. Elle se replia même en désordre sur Torrente. L'infanterie qui était à Manissès voyant les colonnes ennemies déboucher sur sa gauche craignit d'être enveloppée, et au lieu de se réunir au gros de l'armée, elle prit la route de Murcie par Cataroja. Le Guadalaviar avait été franchi sur deux points, le premier entre les villages de Quarte et Mislata, et l'autre à l'embouchure du fleuve. Les Français furent fort maltraités dans ces deux attaques. Le succès complet qu'avait obtenu leur droite décida la journée en leur faveur. L'armée espagnole s'enferma dans Valence. Cette ville est enveloppée d'un bon mur d'enceinte. On avait ajouté à sa défense quelques ouvrages de campagne qui exigeaient une attaque régulière. Il y avait en outre un camp retranché qui protégeait la ville, et les trois faubourgs placés sur la rive droite. Au lieu de l'enlever d'assaut, ce que rendait facile le développement immense de cet ouvrage qui était très-faible du côté de la mer, les ingénieurs eurent l'ordre d'ouvrir la tranchée sur ce point, et sur celui de San-Vincente près la route de Murcie. Le colonel Henry, ingénieur d'un vrai mérite, et le principal auteur des triomphes du maréchal Suchet, fut tué roide au moment où il commençait à tracer la première parallèle. La tranchée avait été ouverte dans la nuit du 1$^{er}$ au 2 janvier 1812, et le 8, les mineurs français préparaient des fourneaux pour faire sauter le mur d'enceinte de la ville. Blake, *voulant éviter à Valence les horreurs d'un assaut,* consentit à capituler. La perte des alliés fut d'environ dix-huit mille hommes de bonnes troupes, de trois cent soixante-quatorze bouches à feu, et des magasins de tout genre. La capitulation fut signée le 9, et la garnison déclarée prisonnière de guerre.

Le général espagnol commit trois fautes : la première, en ne plaçant pas un corps d'infanterie d'élite pour couvrir sa gauche, soutenir sa cavalerie entre Manissès et Ribaroja, et défendre le passage du Guadalaviar; la deuxième, en s'enfermant dans Valence, au lieu de s'ouvrir un passage l'épée à la main, par la route de Murcie; et la troisième, en ne se rendant pas avant le bombardement de la place. La population de Valence, considérablement augmentée par les réfugiés des campagnes, ne donnait pas la perspective de pouvoir en prolonger la défense. Cette ville pouvait fournir une garde nationale de vingt mille hommes. En leur adjoignant cinq mille soldats de ligne, leur défense eût égalé celle de Blake avec son armée. Il serait resté à ce général un corps de vingt-cinq mille hommes avec lequel il pouvait se placer sur les hauteurs près de Ribaroja. Par cette disposition, il avait le double avantage et de couvrir Valence en menaçant la droite de Suchet s'il marchait contre cette place, et d'avoir sa retraite assurée en cas d'échec. Le patriotisme de Blake, attesté par plus de cent combats honorables, quoique la plupart malheureux, ne me permet pas de croire qu'il ait voulu trahir son pays. Ses adversaires prétendent qu'il ne s'était ainsi privé de tout moyen de retraite, que pour obtenir des conditions que n'admet point le tumulte d'un champ de bataille, et que n'autorise point le résultat d'une déroute. Je ne partage pas cette opinion, et je ne balance pas à proclamer Blake un très-loyal Espagnol, quoique je le blâmerai toujours d'avoir, par un amour-propre qui ne devait plus exister, laissé exposée à un bombardement de quatre jours une population d'environ deux cent mille âmes, qu'il lui était impossible alors de garantir du joug des Français. Ce cruel subterfuge put en imposer à la multitude, toujours flattée de voir partager ses espérances ; mais l'historien impartial ne voit dans ce vain bruit, qu'une preuve de la faiblesse du général espagnol. Je ne crois pas, comme plusieurs journaux l'ont publié, qu'il se soit déshonoré au point de trahir la cause sacrée qu'il avait défendue avec tant de dévouement depuis le commencement de cette guerre. Sa conduite, depuis la reddition de Sagonte, paraît confirmer, je l'avoue à regret, le sévère jugement de ses adversaires. Combien il aurait illustré sa carrière, si, après avoir fait tous ses efforts pour secourir Valence, il s'était porté, à marches forcées, vers la Catalogne! Dans tous les cas, Blake est inexcusable de n'avoir pas fait des dispositions telles qu'il pût au besoin se diriger sur Alicante et Carthagène avec l'élite de ses troupes, pour rejoindre par mer la grande armée de lord Wellington.

Pendant que les évènemens de Valence couvraient de honte un général qui jusqu'alors avait mérité l'estime générale, la fortune, toujours volage, fournissait au colonel Skerrett une occasion favorable de réparer de la manière la plus brillante, la faute de n'avoir pas débarqué à Tarragone la veille de la prise d'assaut de cette ville, par Suchet. Vers le 15 décembre, Soult, pénétré des avantages que lui procurerait l'occupation de Tariffa pour ses communications avec l'Afrique, donna l'ordre au maréchal Victor de détacher un corps de dix mille hommes pour s'emparer de cette ville. Le 20, le général Leval, chargé de cette expédition, forma l'investissement de la place par terre, le côté de la mer étant du domaine exclusif des alliés. La force de la garnison était de mille Anglais et d'à-peu-près le même nombre d'Espagnols. Le 25, la tranchée fut ouverte à cent vingt toises de la place. Le 29, les assiégeans firent jouer leurs batteries. La brêche fut jugée praticable le 31. Vers les huit heures du matin, une forte colonne s'avança vers la brêche pour donner l'assaut. Elle était composée des grenadiers et voltigeurs, l'élite de l'armée de siége. Malgré la vivacité du feu des assiégés, les Français s'avancèrent fièrement jusqu'au pied de la brêche. La bonne contenance de la garnison, qui les fusillait presque à bout portant, et un fossé difficile à franchir qui protégeait la brêche, forcèrent cette colonne à rétrograder avec une perte considérable. Les alliés, satisfaits d'avoir vaincu, cessèrent leur feu. Le colonel Skerrett, à l'honneur d'une si glorieuse défense, joignit la générosité d'accorder une suspension d'armes pour que les Français pussent enlever les blessés restés sur le glacis de la place. Les assiégeans continuèrent à battre en brêche jusqu'au 4 janvier 1812; quoiqu'ils eussent réussi à agrandir considérablement la brêche du 31, ils ne furent point tentés de se mesurer de nouveau avec la garnison, qui les attendait de pied ferme. Dans la nuit du 4 au 5, ils se retirèrent sans bruit, abandonnant une partie de leur artillerie, avec tous les approvisionnemens de siége.

Ce succès dut bien faire regretter au colonel anglais de n'avoir pas débarqué à Tarragone pour donner au maréchal Suchet une leçon de modération, comme il venait de le faire au général Leval. Il faut convenir aussi que Soult choisit bien mal son temps, le milieu de l'hiver, pour entreprendre le siége de Tariffa. En outre, les ingénieurs voulurent mener leur besogne, comme à Saint-Jean-d'Acre, contre toutes les règles de l'art. Il paraît que l'on se contenta d'établir une parallèle pour favoriser la construction des batteries. La colonne destinée à donner l'assaut dut déboucher de cette parallèle, et marcher ainsi à découvert et en plein jour, sous un feu très-meurtrier, pour arriver jusqu'à la brêche, où en outre des baïonnettes des grenadiers anglais, un fossé qu'on avait négligé de reconnaître, ralentit la marche et rendit l'attaque très-sanglante. Comment Buonaparte put-il laisser impunies des fautes si capitales? Le général Leval peu versé dans la fortification, s'en rapporta à son ingénieur en chef qui, soit pour épargner à ses travailleurs les dangers des approches régulières, soit qu'il crût que la brêche serait mal défendue par la garnison, conseilla une manœuvre absurde, dont le résultat, la perte d'une foule de braves gens, aurait dû être sous sa responsabilité personnelle. Les soldats sont les enfans de la patrie. Tout chef qui les fait périr sans utilité, soit par ignorance, soit par négligence, doit subir la loi du talion. Ce grand principe est à-la-fois la seule garantie d'un sort honorable pour l'individu de tout rang, et la première sauve-garde de la gloire des empires.

Une autre cause de la levée du siége de Tariffa est le mouvement que fit le général Hill vers Séville. Le 27 décembre, il quitta les environs de Portalègre dans l'espoir de surprendre l'ennemi à Mérida. Le hasard fit tomber son avant-garde dans un parti de maraudeurs français. Cette troupe se réunit, se forma en quarré, et réussit à la faveur du terrein, et par la rapidité de sa marche, à rentrer à Mérida avant d'avoir pu être attaquée par l'infanterie anglaise. Le général français ne crut pas prudent d'attendre les Anglais dans sa position. Il se replia par Almendraleyo, sur Lerena où Drouet était posté avec la majeure partie du 5$^e$ corps. Le général Hill était à Almandraleyo le 2 janvier; il poussa une forte reconnaissance jusqu'à Los-Santos. Le lieutenant-colonel Abercromby qui la commandait, battit complètement un parti de cent chevaux. Ce léger avantage, qui eut lieu le 3, fit craindre une attaque sérieuse. Soult voulut concentrer ses troupes pour être en mesure de protéger ses positions principales, et il donna l'ordre à Victor de rappeler le général Leval. Le général Hill, satisfait d'avoir donné l'alarme aux cantonnemens français, rentra dans ses anciens quartiers, sur les frontières du Portugal.

Il est néanmoins à présumer qu'en faisant ainsi harceler les Français dans le sud de l'Estramadoure, lord Wellington n'avait d'autre but que de faire croire à Marmont qu'il avait beaucoup de troupes sur la rive gauche du Tage, afin d'engager ce général à ne concevoir aucune crainte relativement à Ciudad-Rodrigo, que convoitait le général anglais. Cette sécurité de Marmont était augmentée par la facilité avec laquelle le blocus de cette place avait été levé trois mois auparavant par la simple jonction de quatre de ses divisions avec l'armée de Dorsenne; manœuvre qu'il pouvait renouveler au premier instant, et selon toutes les probabilités, avec l'espoir d'un résultat aussi avantageux. Non-seulement, il plaça son armée dans des cantonnemens très-étendus, mais encore, il détacha le général Montbrun avec trois divisions pour seconder les opérations du maréchal Suchet dans le royaume de Valence. Exactement instruit de tous ces détails, lord

Wellington arriva le 8 janvier devant Ciudad-Rodrigo. L'investissement de la place se compléta le même jour. Le 9, le général Crawfurd enleva à la baïonnette la redoute de Saint-François. La possession de ce poste facilita le progrès des attaques. Quoiqu'on n'eût pas encore poussé les ouvrages jusqu'au pied de la brêche, le général anglais, vu la faiblesse de la garnison, se détermina à prendre la place en combinant l'attaque par assaut, avec celle par escalade. Le 19, six colonnes se dirigèrent contre Ciudad-Rodrigo, et réussirent à s'en emparer en moins de deux heures. Les différens mouvemens furent exécutés à la faveur de la nuit. Le général Makinnon, commandant la colonne destinée pour l'assaut, périt avec plusieurs de ses braves soldats par l'explosion d'une mine. Les attaques pour l'escalade furent moins meurtrières, parce que les Français qui ne s'y attendaient pas furent pris au dépourvu; presque tous les moyens de défense étaient employés pour la protection de la brêche. Il est étonnant que lord Wellington qui jusqu'alors avait si bien dirigé cette importante opération n'ait pas compris qu'il ne fallait faire qu'une fausse attaque sur le point le mieux défendu; les avantages qui devaient résulter de l'escalade lui promettant la possession de la place sans beaucoup de perte. Tout porte à croire que les habitans avaient donné aux Anglais des avis sur la facilité de se rendre maîtres de la ville; peut-être même ne restèrent-ils pas les bras croisés dans leurs maisons, lorsque les alliés attaquèrent les Français sur les remparts. Toutes les chances étaient donc en faveur du général anglais pour enlever la garnison par surprise, s'il eût fait ses dispositions en conséquence la nuit même qui suivit son arrivée devant Ciudad-Rodrigo.

La garnison, forte de mille sept cents hommes, se rendit à discrétion. Sa perte égala celle des alliés, évaluée à mille hommes tués ou blessés. Le gouverneur Barrié fit son devoir. Ciudad - Rodrigo exige une garnison de cinq mille hommes pour être à l'abri d'un coup de main; il n'y avait guères plus de la moitié de ce nombre, lorsque Wellington se présenta. A cette faute capitale, il faut ajouter celle de ne pas envoyer une division pour harceler les alliés, et les obliger de diviser leurs forces. Rien n'était plus facile que d'envoyer cette troupe du 10 au 15, prendre poste entre Marilla et Tamamès, avec ordre d'aller tous les jours échanger des coups de canon avec les assiégeans, jusqu'à la réunion de l'armée. Cette manœuvre, en diminuant les moyens d'attaque des alliés, aurait donné l'espoir aux assiégés d'être bientôt secourus; et il est à croire que l'escalade, contrariée par ces circonstances, aurait échoué comme celles tentées contre Badajoz en juin 1811. M. le maréchal duc de Raguse, est un fort bon officier d'artillerie, mais il n'est pas assez habile dans la grande guerre. Le 16 janvier, il écrivit à Berthier : « J'avais réuni quatre divisions pour « le ravitaillement de Ciudad-Rodrigo, mais « ces forces ne suffisent pas aujourd'hui. Je « suis donc forcé d'appeler deux divisions de « l'armée du nord. Cela me formera plus de « soixante mille hommes avec lesquels je mar- « cherai à l'ennemi. Vous pouvez vous attendre « à des évènemens heureux et glorieux pour « les armées françaises. » Malgré ces promesses si flatteuses, Monsieur le duc fut obligé d'écrire à Monsieur le prince, en date du 20 : « Dans la journée du 16, des batteries anglaises « commencèrent leur feu à une grande dis- « tance, et le 19 la place est prise d'assaut et « tombe au pouvoir de l'ennemi. Il y a dans « cet évènement quelque chose de si *incom-*

« *préhensible*, que je ne me permets aucune
« observation. *Je n'ai pas encore les rensei-*
« *gnemens nécessaires.* »

Une ville prise d'assaut est un argument très-facile à comprendre pour des hommes moins intelligens que Marmont. Mais il fallait employer le ton du mystère pour pallier des fautes graves, résultat de la plus fatale sécurité. En apprenant cette nouvelle, Buonaparte comprit parfaitement que son ancien aide-de-camp était incapable de remplir avec succès le commandement important qu'il lui avait confié.

Le général anglais, content d'avoir appris à Marmont qu'il était son supérieur en activité et en audace, reprit sa position de Fonte-Guinaldo. Il lui était facile d'enlever l'avant-garde qui se présenta le 22 près de Tamamès. L'occupation de Ciudad-Rodrigo favorisait cette entreprise, puisque l'expédition qui en aurait été chargée, avait sa retraite assurée sous le canon de la place. Il fallait embusquer quinze mille hommes d'élite sur la route de Salamanque. Un corps de quatre à cinq mille hommes de troupes légères aurait marché contre les Français, avec ordre de se retirer à leur approche. Arrivées à la hauteur de l'embuscade, les troupes légères se seraient repliées avec un désordre apparent qui aurait décidé les Français à presser la poursuite. Alors les troupes sortant de l'embuscade, seraient tombées sur les derrières de cette colonne, et l'auraient certainement détruite. La division Souham qui se présenta le 22 dans les environs de Tamamès, n'était que de dix mille hommes. C'est par de semblables manœuvres qu'on ruine les forces de son ennemi, sans éprouver les pertes énormes qu'occasionnent les siéges et les batailles.

Nous reprocherons encore à lord Wellington d'avoir permis aux généraux de se mettre à la tête des colonnes pour attaquer Ciudad-Rodrigo. Un officier général est très-précieux, sur-tout quand il connait bien son métier. Le général Crawfurd avait les qualités nécessaires pour commander en chef, tandis qu'à la tête d'une colonne, pour un assaut, son corps maigre et sa petite taille le rendaient inférieur à un grenadier. Les capitaines ou tout au plus les lieutenans-colonels doivent être chargés de conduire ces attaques, toujours meurtrières, quoique souvent infructueuses. Les généraux et les colonels doivent être réservés pour les opérations qui permettent de faire usage des talens que leur places requièrent ou supposent. J'avais connu le général Crawfurd en

Irlande en 1798, et je partage entièrement les sentimens de lord Wellington, si bien exprimés dans sa lettre à lord Liverpool, en date de Gallegos, du 29 janvier 1812, où il dit : « Le « major-général Crawfurd est mort le 24 de « ce mois, des blessures qu'il reçut le 19 en « conduisant la division légère de cette armée « à l'assaut de Ciudad-Rodrigo. Quoique la « conduite du général Crawfurd dans l'occa-« sion où il reçut ses blessures ait excité l'ad-« miration de toute l'armée, je ne puis faire « à votre seigneurie le rapport de la mort de « cet officier, sans exprimer le vif chagrin que « j'éprouve de voir que Sa Majesté soit privée « des services, et moi de l'aide d'un officier de « talens éprouvés, et d'une expérience con-« sommée, qui était l'ornement de sa profes-« sion, et était fait pour rendre les services « les plus importans à son pays. » Le devoir d'un chef est de conserver ses soldats. Son intérêt lui prescrit d'être avare du sang de ses généraux. J'ose assurer que lord Wellington attache le plus grand prix à Ciudad-Rodrigo, puisque cette conquête lui coûta la vie d'un de ses plus habiles collaborateurs.

Les Français avaient été obligés d'évacuer les Asturies et une partie du royaume de Léon, pour réunir assez de forces, afin de secourir Ciudad-Rodrigo. Cette retraite se fit avec précipitation, et cependant les Espagnols n'en profitèrent point. On remarque avec surprise que cette partie de l'Espagne si active et si acharnée à combattre les Français, n'a agi, depuis la mort de La Romana, qu'avec une mollesse qui n'est en rapport ni avec la population nombreuse et guerrière de ces provinces, ni avec la haine que les habitans ont toujours montrée pour les Français. On ne peut expliquer cette enigme, qu'en attribuant cette apathie aux intrigues des agens secrets de Buonaparte. Le Marquesito, Mendizabal et Abadia sont aussi méritans que le baron d'Eroles, Lascy et Rovira, chefs de l'insurrection en Catalogne. Pourquoi les Galiciens qui n'avaient pas un Français en armes dans leur province, n'avaient-ils pas sur leurs frontières une armée de cinquante mille hommes bien organisés et bien disciplinés, pour profiter des succès obtenus par la grande armée alliée? Quelle différence entre cette conduite insouciante des Galiciens et l'énergie des Catalans! Pendant le siége de Valence, le général Lascy et le baron d'Eroles marchèrent contre Tarragone, à la tête de dix mille hommes. Leur attaque fut favorisée par l'escadre anglaise qui croisait dans ces parages. Le 24 janvier, les Français au nombre de dix mille, attaquèrent les Espagnols qui, à leur approche, avaient levé le blocus de Tarragone pour leur livrer bataille. Le choc eut lieu sur les hauteurs d'Altafalla, au nord de Tarragone. Quoique les Français fussent aussi nombreux que les Espagnols, la victoire leur fut long-temps disputée, et ils ne la durent qu'à la supériorité de leur cavalerie. Forcés de battre en retraite, les Catalans l'effectuèrent sans beaucoup de perte à travers les montagnes, dans la direction de Cervera.

Depuis le 20 jusqu'au 30 du même mois, le général Decaen manœuvra contre les colonnes de Sarsfield et de Rovira dans les environs de Vique et de Manresa. Cette petite guerre se borna à quelques escarmouches, où les habitans eurent le dessus autant par leur agilité que par la connaissance du pays. Les chefs des Espagnols ne se crurent pas assez forts pour en venir à une affaire générale; ils conservèrent leurs colonnes intactes. D'après cette attitude des Catalans, on est forcé de convenir que l'arrivée de Blake dans cette province, ne pouvait avoir lieu dans un temps plus favorable. Ce général avait prouvé par le ravitaillement de Gérone, en août 1809, qu'il était très-expérimenté dans la guerre des montagnes. Il possédait la confiance des habitans. Avec tant d'avantages, il n'y a point de doute qu'il aurait forcé le général français à se retirer avec les débris de son armée sous les remparts de Perpignan, et les magistrats de Valence auraient conclu sans son influence une capitulation déjà très-humiliante, et dont le vainqueur avait, en la signant, l'intention de se moquer.

Comment Buonaparte pouvait-il espérer de voir l'Espagne soumise, puisqu'il souffrait que les mesures les plus arbitraires fussent adoptées par presque tous ses agens ? Par l'article 2 de la capitulation de Valence, le maréchal Suchet avait solemnellement promis *qu'il ne serait fait aucune recherche pour le passé contre ceux qui auraient pris une part active à la guerre ou à la révolution;* et cependant il est dit dans un rapport officiel du 24 janvier : « Mille cinq cents moines furibonds ont
« été arrêtés et conduits en France. Les chefs
« de l'insurrection, habitués de la maison du
« consul anglais, ainsi que les sicaires de ce
« misérable, ont été exécutés sur la place pu-
« blique au grand contentement des bons habi-

« tans qui n'avaient point participé à l'assas-
« sinat des Français. » Mais les délits dont parle
le maréchal Suchet avaient eu lieu pendant la
révolution, et les coupables avaient été absous
par la capitulation.

La loyauté si connue du caractère français,
ne permettait point de récriminer sur le passé :
osons le dire avec cette franchise si utile au
genre humain, lorsque les trônes sont occupés,
comme aujourd'hui, par de véritables grands
hommes, plus jaloux d'être considérés les pères
que les rois de leurs sujets! La tactique des
lieutenans de Buonaparte, formés à son école,
sur-tout de ceux qui ont fait avec lui ses premières campagnes d'Italie, était de se faire
précéder par des proclamations séduisantes,
d'après lesquelles on avait la garantie de la liberté, de la justice et du respect des propriétés. Etaient-ils bien reçus? sur-le-champ ils
jetaient le masque; tous les services que les
habitans s'étaient empressés de leur rendre
étaient oubliés, et ils pressuraient le pays avec
une adresse et une rigueur sans exemple, sous
le prétexte spécieux d'entretenir leur armée,
qui néanmoins manquait de tout. Je ne dis pas
que telle fut la conduite de Suchet, puisqu'il
est prouvé que son armée fut toujours très-

bien approvisionnée ; mais je dois le censurer de ne pas avoir observé scrupuleusement la capitulation de Valence. Pour récompense autant de ses succès contre Blake, que des mesures politiques prises envers les habitans, il fut nommé duc d'Albufera. Il avait sans doute peur qu'on ne le crût pas seul auteur de la conquête de Valence, quand il publia « que le gé-
« néral Montbrun, avec les divisions de l'armée
« de Portugal, avait mis beaucoup de retard
« dans sa marche, et que s'il était arrivé à
« l'époque désignée, tout ce qui s'était échappé
« de l'armée de Murcie aurait été pris. » Suchet n'avait pas besoin pour sa gloire d'attaquer la réputation d'un brave militaire.

Montbrun est un bon officier de cavalerie sur un champ de bataille. Il était incapable de tirer parti des trois divisions d'infanterie qui lui avaient été confiées pour les conduire à Valence. Il fut retardé dans sa marche par un contr'ordre. Il n'arriva que le 11 janvier à Almanza. Valence avait déjà capitulé. Il était jaloux de prouver son habileté comme général en chef. Il marcha contre Alicante. Il rencontra plusieurs rassemblemens de paysans espagnols, que ses troupes, qui étaient d'élite, dispersèrent facilement. Arrivé devant la ville, il y fit jeter quelques obus pour intimider la garnison et les habitans. Le gouverneur, sommé de se rendre, répondit de la manière la plus ferme, quoique Montbrun ne rougit pas de l'assurer formellement « que le maréchal Su-« chet le suivait avec toute son armée et sa « grosse artillerie. » Le général Antonio de la Cruz ne fut point la dupe d'une ruse si maladroite, puisque bien loin de provoquer sa reddition à un officier de cavalerie, cette assertion était plus propre à l'engager à ne se rendre qu'après que sa place aurait eu l'honneur d'être assiégée par un maréchal de France *avec sa grosse artillerie.* » Montbrun méritait d'autant plus cette mortification, qu'il avait été prévenu par le maréchal Suchet que le moment n'était pas favorable pour marcher contre Alicante, place bien fortifiée, et contre laquelle il fallait du canon de siége. Sentant les inconvéniens de son absence de l'armée de Portugal, il se remit en route pour le Tage, ce qu'il aurait dû faire quelques jours plutôt. Il rejoignit Marmont le 25 janvier, avec le triple regret de n'avoir pas contribué à la prise de Valence, d'avoir échoué devant Alicante, et de n'être pas arrivé assez à temps pour sauver Ciudad-Rodrigo.

Peu de temps après, Suchet détacha le général Harispe avec une division, pour empêcher la garnison d'Alicante de pousser des partis au loin dans la campagne. Il envoya aussi un parlementaire, sous prétexte de sommer la place, mais dans le fait, pour reconnaître les fortifications et les approches de la ville; car la plupart du temps les parlementaires ne sont que d'honnêtes espions qu'un général habile emploie souvent avec succès. Le gouverneur fit à Harispe la même réponse qu'à Montbrun. Le motif ostensible de cette ambassade concernait l'échange des prisonniers espagnols de Valence, avec environ deux mille Français qui se trouvaient à Alicante. Cet échange avait été convenu entre Blake et Suchet. Le gouverneur répondit « qu'il ne pouvait point faire honneur « aux ordres du général Blake, dans un temps « où il avait perdu toute son autorité. » Suchet fut plus heureux à Péniscola. Le gouverneur rendit cette forteresse le 4 février. Il chercha même à se faire un mérite de sa lâcheté, en disant « qu'il avait les moyens de résister pen- « dant deux mois, et qu'il avait refusé de « laisser occuper sa place par les Anglais. » Cette jactance avait pour but de plaire à Suchet, et elle était occasionnée par la reddition de Valence. Car s'il eût été vrai que ce commandant eût été si bien disposé pour les Français, pourquoi ne rendait-il pas sa place, quand les troupes chargées du blocus eurent pris position pour contenir la garnison en septembre 1812? C'est le comble du ridicule et de la mauvaise foi de se vanter d'être le chaud partisan d'une cause qu'on a combattue, lorsqu'on pouvait l'embrasser sans danger, et lui être de la plus grande utilité.

Si les Anglais s'étaient présentés pour occuper Peniscola avant la prise de Valence, ils y auraient été reçus à bras ouverts comme à Tariffa. Il est même à croire, d'après l'enthousiasme national, que le gouverneur aurait payé de sa tête le refus de recevoir les troupes alliées. La perte de cette place doit être uniquement attribuée à l'insouciance des autorités supérieures, qui ne soutinrent pas l'importance de ce poste pour correspondre avec les guérillas de la Castille et de l'Arragon. Cinq cents Anglais, et quelques chaloupes canonnières, auraient suffi pour la conservation de ce petit Gibraltar. Depuis l'invasion des Français en Espagne, la junte suprême aurait dû prier le gouvernement anglais de prendre sous sa protection immédiate avec ses forces de terre et de mer tous les points de la côte fortifiés, et communiquant assez librement avec les vaisseaux de guerre pour en être défendus efficacement. Je dis plus, le gouvernement anglais aurait dû exiger cette condition comme indispensable pour le succès du système général de défense et d'attaque à adopter pour la délivrance de la péninsule.

Les avantages obtenus par les alliés contre Soult leur firent oublier les revers éprouvés dans le royaume de Valence. Le 16 février, Ballasteros attaqua le général Maransin près de Cartama; le combat fut très-opiniâtre : il dura trois heures. Les forces étaient de trois mille hommes de chaque côté. Un accident du terrain ayant favorisé les mouvemens des Espagnols, ils portèrent l'élite de leur colonne contre la gauche des Français, qui plia, et entraîna dans sa fuite le reste de la ligne. L'ennemi fut poursuivi jusqu'auprès de Malaga. Cet avantage n'était que le prélude d'un des plus étonnans faits d'armes mentionnés dans l'histoire, la prise de Badajoz par assaut. L'armée alliée quitta sa position près d'Alméida dans les premiers jours de mars. Lord Wellington partit de Frenada le 6, et arriva le 11 à Elvas. Sa seigneurie fit investir Badajoz le 16.

La tranchée fut ouverte dans la nuit du 17 au 18. Le général Graham eut ordre de se porter sur Santa-Martha avec un corps d'observation pour couvrir les opérations du siége contre les troupes qui pouvaient venir du côté de l'Andalousie. Le général Hill fut détaché avec deux divisions vers Mérida pour observer les mouvemens des français dans cette direction. Le général Drouet était posté à Villa-Franca. Menacé sur son front par le général Graham, et sur sa droite par le général Hill, il aurait pu être facilement enlevé par des forces si supérieures. Il paraît que les alliés ne firent aucune disposition pour l'attaquer. Comme ce général désirait conserver ses communications avec le général Daricau qui était posté à la Serena, et ayant appris que Mérida avait été occupé par le général Hill, il jugea sa position dangereuse, et se replia sur Hornachos par Puebla-del-Prior.

Le 19, la garnison de Badajoz fit une sortie forte de deux mille hommes sur la droite des ouvrages. Les assiégeans étaient sur leurs gardes. Ils reçurent les Français à coups de baïonnettes, et ils les forcèrent à rentrer dans la place. Le 26, lord Wellington fit canonner vivement le fort la Picurina. L'occupation de ce poste était nécessaire pour faciliter le cheminement des attaques vers le corps de la place. En conséquence, dès que l'artillerie eût endommagé les palissades, cet ouvrage fut enlevé l'épée à la main par cinq cents hommes d'élite. Philippon, le gouverneur de Badajoz, alarmé de cet évènement, qui diminuait singulièrement ses moyens de résistance, fit sur-le-champ une forte sortie pour reprendre la Picurina. Ce mouvement avait été prévu. Les Français furent repoussés, et les Anglais se logèrent dans le fort. Cet avantage procura l'établissement de la seconde parallèle presque sans perte. L'attaque se bornait au front formé par les bastions de la Trinidad et de Santa-Maria.

Trois brèches parurent praticables dans la journée du 6 avril. Le général Picton fut chargé d'escalader le château situé à la droite de l'attaque, et près de la Guadiana. Deux divisions devaient donner l'assaut par les trois brèches. Plusieurs fausses attaques furent ordonnées contre le fort Pardallay, le fort San-Christoval, et autres points de la place sur les deux rives de la Guadiana. Toutes les colonnes se mirent en mouvement à dix heures du soir. Le succès le plus complet couronna tant d'audace, excepté sur les brèches. L'intrépidité la plus héroïque fut paralysée par les ressources de l'art. Le général anglais commit ici la même faute qu'à la prise de Ciudad-Rodrigo. Puisque l'approche de l'armée de secours, commandée par le maréchal Soult, ne lui laissait pas le temps de s'établir régulièrement au pied des brèches, il ne convenait d'y faire qu'une fausse attaque, afin de ne pas exposer à une mort certaine et sans fruit, l'élite de ses troupes. La réussite de l'attaque du général Picton suffisait pour prendre possession de Badajoz.

Dans mes réflexions sur le siége de cette place, en 1811, j'avais fait sentir l'inconvénient d'un assaut pendant la nuit. Voici l'opinion de Vauban à ce sujet. Lorsque ce célèbre ingénieur assiégeait Valenciennes, il proposa à Louis XIV de donner l'assaut *en plein jour.* Les maréchaux se réunirent, prétendant que la nuit était plus favorable. Vauban tint ferme. « Vous voulez, dit-il aux généraux, ménager « le sang du soldat; vous l'épargnerez bien da- « vantage quand il combattra de jour sans con- « fusion et sans tumulte. Il s'agit de surprendre « l'ennemi. Il s'attend toujours aux attaques « de nuit. Nous le surprendrons en effet, lors- « qu'il faudra qu'épuisé des fatigues d'une veille,

« il se batte avec nos troupes fraîches et fières
« de combattre sous les yeux de leur roi. La
« nuit favorise les lâches, et doit en outre nous
« faire craindre qu'une partie de nos gens tire
« sur l'autre ; ce qui n'arrive que trop souvent. »
Louis XIV adopta l'avis de Vauban, malgré
l'opposition des maréchaux de Schomberg, de
Luxembourg, de Lorge, d'Humières, de La
Feuillade et du ministre Louvois, présens au
conseil de guerre. Valenciennes fut enlevé le
17 mars, et sa garnison, forte de quatre mille
hommes, obligée de se rendre à discrétion.
Cette conquête, l'un des plus brillans exploits
de Louis XIV, ne lui coûta que quarante
hommes. La perte des alliés, dans la nuit du 6
avril, fut d'environ quatre mille tués ou blessés.
Elle doit être considérée comme légère en
raison de la nature et du nombre des attaques.
Elle eût peut-être même été plus considérable,
si les ouvrages du siége eussent été poussés
jusqu'au corps de la place. En 1695, le prince
d'Orange perdit vingt mille hommes au siége de
Namur, et le maréchal de Boufflers, qui défendait cette place, eut dix mille tués ou blessés.
Je suis loin de blâmer lord Wellington sur la
perte qu'il éprouva, je fais observer seulement
qu'en tirant tout le parti possible des circons-

tances à sa disposition, il eût obtenu le même résultat à bien meilleur compte : loin de moi toute idée de censure mal intentionnée; la juste sévérité de l'histoire ne partage point l'enthousiasme des feuilles périodiques; l'éclat d'un succès ne doit point en absorber les défauts. Malheur au peuple qui injuriera l'écrivain assez ami de la vérité pour dire aux ministres et aux guerriers ce qui peut tôt ou tard contribuer à leur gloire particulière et à la prospérité de l'Etat !

Soult n'avait point de craintes pour Badajoz. La belle défense de Philippon l'année précédente, une garnison de cinq mille hommes et la construction de plusieurs ouvrages extérieurs paraissaient justifier sa confiance. La place avait des vivres pour deux mois. Il dut savoir les intentions de lord Wellington contre Badajoz, du 17 au 18 mars. Il ne lui fallait pas plus de six jours pour faire arriver au rendez-vous les troupes qui devaient secourir Badajoz. Au lieu de partir de Séville le 1$^{er}$ avril, il aurait dû commencer son mouvement le 25 mars; il serait arrivé à Villa-Franca le 2 avril, tandis qu'il n'y parut que le 8, deux jours après que les Anglais avaient triomphé et des efforts prodigieux d'une garnison d'élite et de tous les savans calculs du plus habile lieutenant de Buonaparte. La mortification de Soult dut être à son comble, lorsqu'il apprit le sort de Philippon, dont la conduite est bien certainement à l'abri de tout reproche fondé. Cet officier peut au contraire se plaindre de ce que Soult ne lui avait pas donné une garnison de huit mille hommes, nécessaire pour une place d'un développement aussi considérable que Badajoz.

Le général Léry, ingénieur en chef de l'armée du Midi, écrivait au général Kellermann sur la prise de cette place : « Je perds huit
« ingénieurs par la prise de Badajoz, perte fa-
« tale, dont je ne connais pas encore les détails.
« Il n'y eut jamais de place en meilleur état,
« mieux approvisionnée et avec le nombre de
« troupes *qu'il fallait*...... Il y a dans cet
« évènement une fatalité marquée..... J'avoue
« que je ne puis pas me rendre compte de cette
« mauvaise défense..... On avait élevé des ou-
« vrages *fort étendus*. Tous nos calculs ont
« été déjoués : l'armée de Portugal s'est portée
« à une plus grande distance de nous, lors-
« qu'elle aurait dû s'en rapprocher; ainsi lord
« Wellington, avec ses Anglais et ses Portu-
« gais réunis, a pris la place, pour ainsi dire,
« en présence de deux armées, montant en-

« semble à près de quatre-vingt mille hommes.
« Voilà la conséquence de n'avoir pas un chef
« suprême sur les lieux pour diriger les mou-
« vemens..... Au total, la prise de Badajoz me
« paraît très-extraordinaire, et je serais très-
« embarrassé d'en rendre compte clairement
« et distinctement. »

Je donne l'extrait de cette lettre comme renfermant le plus bel éloge des opérations des alliés de la part d'un officier d'un vrai mérite. Il se trompe néanmoins au sujet de la garnison qui n'était pas *assez nombreuse*, sur-tout après avoir construit des ouvrages *fort étendus*; tandis qu'avant cette addition, lorsque Soult la prit aux Espagnols, la garnison était forte de plus de neuf mille hommes. Le général anglais avait fait replier ses deux corps d'observation, afin de concentrer ses troupes pour être maître de ses mouvemens, quelle que fût l'issue de l'assaut. La ville étant prise, il était fort inutile à lord Wellington d'aller livrer bataille à Soult pour courir le hasard de lui fournir l'occasion de pallier la faute de n'avoir pas secouru Badajoz, par le rapport brillant des manœuvres d'une bataille sanglante que la supériorité de sa cavalerie aurait rendue aussi meurtrière et aussi infructueuse que celle d'Albuera. Sir Rowland Hill fut laissé sur la rive gauche du Tage, et le gros de l'armée anglaise repassa ce fleuve pour forcer Marmont à rentrer en Espagne.

La conduite du duc de Raguse, depuis le départ de lord Wellington des environs d'Alméida jusqu'à son retour sur ce point, prouve clairement qu'il n'était point fâché que Soult reçût à son tour une leçon de vigilance. Le 10 mars, l'armée anglaise était en pleine marche vers le sud du Portugal. Marmont pouvait être le 15 sur l'Aguéda. Il n'y parut que vers la fin du mois. Le 3 avril, il fit reconnaître Alméida. Le 7, il marcha avec plusieurs divisions vers Sabugal. Son avant-garde entra le 12 à Castello-Branco; le 14 cette troupe rétrograda sur la nouvelle de l'approche de lord Wellington. Marmont repassa l'Aguéda le 23. Il avait obtenu quelques légers succès contre les milices, et il avait fait fourrager le pays qui avoisine les frontières orientales du Portugal. Cet officier laissa échapper une belle occasion de réparer la faute qu'il avait commise en ne secourant pas Ciudad-Rodrigo. S'il avait attaqué cette place vers le 15 mars, comme il en avait la facilité, il s'en serait rendu le maître du 10 au 12 avril; il aurait donné à Buonaparte un dédommagement pour la perte de Badajoz, qui certainement occasionna un grand mécontentement dans le cabinet des Tuileries. Un général habile, au lieu de porter la désolation dans les campagnes du Portugal, aurait détaché un corps de vingt-mille hommes sur l'Aguéda. La moitié de cette troupe aurait fait le siége de Ciudad-Rodrigo, et l'autre moitié aurait pris position pour couvrir les opérations. Avec le surplus de son armée, montant à environ quarante mille hommes, il se serait dirigé sur Mérida par Almaraz. Le 1$^{er}$ avril, il aurait effectué sa jonction avec Soult, qui arrivait de Séville avec environ quarante mille hommes; et comme, en 1811, leur marche sur Badajoz aurait suffi pour forcer les Anglais à abandonner leur dessein contre cette place. Il est vraiment aussi mortifiant pour les généraux français que glorieux pour le général anglais qu'une armée de cinquante mille hommes ait pu, par l'habileté et l'audace de ses manœuvres, s'emparer de deux places réputées les clefs de l'Espagne du côté du Portugal, malgré la protection de deux armées françaises, formant au moins un total de quatre-vingt mille combattans. La conduite de Marmont n'aura étonné personne, mais on aura bien eu de la peine à concevoir que Soult, si connu par vingt ans de services aussi utiles que brillans, se soit laissé enlever Badajoz sans combattre. Si la rivalité de Marmont, et l'insuffisance de ses propres troupes, lui faisaient craindre de ne pouvoir s'opposer à la chute de cette place, il devait l'évacuer, faire sauter les fortifications, et ne tenir dans l'Estramadoure qu'un camp volant.

Pendant l'absence de Soult, le comte de Penne-Villemur, détaché de la 5e armée espagnole, quitta le comté de Niébla, et le 5 avril il s'approcha de Séville. Pendant plusieurs jours il escarmoucha avec la garnison. Dans une lettre, en date de Nizza, du 18 avril, lord Wellington mande à lord Liverpool, « que le « général Penne-Villemur s'était avancé près de « cette ville par la droite du Guadalquivir; que « le 5 il avait eu des affaires avec les garnisons « de Séville et des couvents fortifiés sur le bord « de cette rivière, et qu'il les avait forcées de « se retirer dans leurs ouvrages. » Sa seigneurie continue en disant : « Le comte de Penne-« Villemur se retira le 10 sur l'avis que je lui « donnai, en conséquence de la prise de Bada-« joz et de la certitude que j'avais que le maré-« chal Soult retournerait sur le champ dans « l'Andalousie sans risquer une action où il

« n'était pas en mon pouvoir de l'engager.
« J'espère que le comte de Penne-Villemur
« aura fait passer au général Ballasteros cet avis
« dont je désirais qu'il eût connaissance. » Le
général français avait été obligé de ne laisser
que la force rigoureusement nécessaire pour
la défense des magasins immenses de Séville.
Comment Ballasteros qui, le 16 février, avait
complètement battu la garnison de Malaga, et
qui, dès le commencement du siége de Badajoz,
dut être prévenu de redoubler d'activité pour
diminuer autant que possible les forces destinées à secourir cette place; comment, dis-je,
laissa-t-il échapper une si belle occasion de détruire les établissemens de Séville? Sa réunion
avec Penne-Villemur aurait réveillé l'énergie
de la nombreuse population de cette place. Ne
l'eût-on occupée que vingt-quatre heures, ce
temps était suffisant pour priver les Français
de leurs plus grandes ressources. Soult, convaincu de la possibilité de cet évènement, revint dans Séville à marches forcées. Le 11
avril, la cavalerie de son arrière-garde fut attaquée à Villa-Garcia par sir Stapleton Cotton,
et poursuivie jusqu'auprès de Lerena. Sa perte
ne fut que d'environ deux cents hommes hors
de combat, parce qu'à son arrivée à Lerena,

elle se plaça sous la protection d'un corps de dix mille hommes d'infanterie. Le lendemain Soult continua son mouvement pour rentrer en Andalousie. Il laissa le général Drouet posté à Ovejuna, sa gauche à Guadalcanal gardant la route de Séville, et sa droite à Belalcazar pour couvrir Cordoue et les défilés de la Sierra-Moréna.

Malgré les nombreuses fautes commises par les deux partis, l'honneur de cette campagne d'hiver appartient aux alliés, quoique leurs erreurs aient surpassé celles des Français. Accoutumés à voir lord Wellington agir avec la plus grande circonspection à Busaco, à Torres-Vedras, à Santarem et à Fonte-Guinaldo, lors du blocus de Ciudad-Rodrigo en 1811, Soult et Marmont étaient loin de s'attendre à ce que ce général, changeant tout-à-coup de méthode, réussirait, que dis-je, penserait même à prendre deux places bien approvisionnées et bien défendues, et sous les yeux de ces légions si long-temps la terreur des puissances du nord. Avec les soldats qui, par la prise de Badajoz, méritent tous le nom de héros, on eût pu obtenir un résultat plus avantageux à l'indépendance de la péninsule. Ciudad-Rodrigo et Badajoz auraient été repris, si le maréchal Soult, rassemblant une armée assez forte pour résister à lord Wellington, avait cru utile à ses vues de faire rentrer ces deux places dans son système d'opérations. Une bataille contre Marmont présentait une perspective bien plus satisfaisante. Elle n'aurait pas plus coûté que les deux siéges. L'absence de la cavalerie et des trois divisions qui avaient marché sous les ordres de Montbrun contre Alicante, garantissait aux Anglais une victoire complète. Lord Wellington doit bien regretter de ne pas avoir été à même de faire quelques campagnes sous les ordres de Kleber ! Avec les rares talens dont la nature a doué sa seigneurie, s'il avait eu l'avantage de les perfectionner à l'école d'un général du premier rang, comme Marlborough sous Turenne, je ne crois pas outrer, en assurant qu'il aurait égalé son maître ! On dirait qu'il craint de livrer bataille. Quand on a des troupes en état d'escalader une forteresse, on peut tout oser, avec la certitude de la victoire. Toutes les batailles livrées par sa seigneurie sont défensives. Junot l'attaqua à Vimieira, Victor à Talavera, Masséna à Busaco et à Fuente-de-Onora. Ses combats de Porto contre Soult, de Foz d'Aronce contre Ney, et de Sabugal contre Reynier durent lui prouver le dévouement, la confiance et l'amour que lui portent les officiers et les soldats de son armée.

Il faudrait un volume entier pour rendre un compte détaillé de tous les combats partiels livrés sur les différens points de l'Espagne pendant les quatre premiers mois de 1812, et surtout pendant le mois d'avril. Le général Abadia fit entrer dans le royaume de Léon une division de l'armée de Galice; don Julian Sanchez pénétra dans la Castille, et prit plusieurs convois; Morillo poussa ses reconnaissances jusqu'aux portes d'Almagro dans la Manche; le baron d'Eroles se battit le 7 avril contre une division de l'armée de Catalogne, commandée par le général Severoli, dans les environs de Noguera; le 19, Espozymina s'empara d'un convoi considérable destiné pour le 60e régiment français; le 21, le général Lascy bloquait Tarragone avec six mille Catalans, et ne lâchait prise, que parce qu'il allait être attaqué par des forces supérieures commandées par le général en chef Decaen, et le 25, la garnison d'Alicante poursuivait le général Harispe, qui s'était avancé avec son avantgarde jusque sur les glacis de cette place. Je répète ici, et le lecteur partagera mon étonnement, que l'armée de Galice, qui s'était couverte de gloire dans plusieurs combats sanglans, et sur-tout à celui de Sanpayo, ne paraissait encore dans le royaume de Léon que pour parader et rétrograder sans combattre, lorsque les Empecinado, les Mina, les Sanchez faisaient des prodiges au centre des principaux établissemens des Français, avec seulement quelques centaines de paysans sans discipline.

Que faisait donc le général Abadia avec une armée que l'on assurait être forte de trente mille hommes, et qui pouvait l'être de soixante, si le plan d'organisation proposé avait été adopté? C'est en vain qu'on cherche à persuader que cette armée ne pouvait point tirer avantage des succès de lord Wellington, parce que, dit-on, ses ressources étaient très-bornées, et qu'on ne pouvait rien faire sans les secours pécuniaires du gouvernement anglais. Ce n'était pas là le langage des Catalans; et si les soldats de Castanos avaient raisonné ainsi, leurs fronts n'auraient point été couronnés des lauriers immortels d'Andujar et de Baylen. Qu'on ne croie pas que je pense que les habitans se soient opposés aux mesures de leurs chefs; mais j'ose assurer que les chefs ont souvent manqué aux habitans, en ne tirant point parti de leurs bonnes dispositions pour combattre les

Français. Le grand art d'un bon gouvernement, est de bien choisir les fonctionnaires chargés d'exécuter ses ordres. Les erreurs de la junte sur un point si important, ne tardèrent pas à être rectifiées par l'impartialité, le discernement et l'énergie des nouveaux régens. C'était le seul moyen de recueillir quelques fruits des torrens de sang déjà versés pour faire triompher la cause sacrée des Espagnols. Mais leur joie fut à son comble, quand on apprit la noble résolution de l'empereur Alexandre de forcer la France à rentrer dans ses limites naturelles. Puisque l'Espagne avait paralysé les efforts de Buonaparte depuis 1808, que ne devait-on pas espérer des intrépides vainqueurs de Darius et de Charles XII ? Aussi tous les observateurs judicieux prédirent la délivrance de l'Europe et le triomphe des souverains légitimes. Voyons comment lord Wellington justifia cette opinion par ses manœuvres sur le Tage et dans les environs de Salamanque.

# LIVRE SIXIÈME.

Les dispositions de lord Wellington tendaient à persuader à Marmont que l'armée anglaise, après quelques jours de repos dans les environs de Fonteguinaldo, passerait l'Aguéda pour lui livrer bataille. En conséquence, le général français tint la majeure partie de ses troupes cantonnées sur les deux rives de la Tormes, dans le voisinage de Salamanque. Il était loin de penser qu'on en voulait à son établissement d'Almaraz; aussi n'y laissa-t-il qu'une faible garnison. Le général Hill partit d'Almendralejo le 12 mai 1812 : le 19, il fit escalader les ouvrages qui protégeaient le pont d'Almaraz, établi pour la communication de Marmont avec Soult. L'attaque fut faite de jour sur trois colonnes. Les Français essayèrent de résister; mais la marche fière des Anglais, et la terreur qu'avait inspirée la nouvelle de l'assaut mémorable de Badajoz, leur firent chercher leur salut dans la fuite. Le château de Miravete, situé à une lieue du pont, commande le seul passage praticable pour l'artillerie. Ce poste, bien fortifié, était à l'abri d'un coup de main. Cette circonstance priva le général Hill de son canon, et de la coopération des troupes chargées de contenir la garnison du château. Malgré ces difficultés, il réussit complètement dans une entreprise que je ne balancerais pas de nommer téméraire, si lord Wellington n'avait pas eu à combattre un général trop confiant. Almaraz est à plus de cent milles de Badajoz ; il fallut sept jours d'une marche très-pénible pour parcourir cette distance. La force de Hill n'excédait pas dix mille hommes. Drouet, à la tête de vingt mille hommes, pouvait dans quatre jours de marche lui couper toute retraite, en prenant poste à Torremecha, sa droite à Arroyo-del-Molinos, et sa gauche à Caceres. Un corps de troupes légères aurait été détaché vers Truxillo, pour surveiller la marche de Hill. Pas un homme n'aurait échappé, si cette opération avait été suivie avec habileté. Le général Hill est, autant que qui que ce soit, à même d'apprécier les dangers de son expédition, dans l'hypothèse où les Français auraient su s'en prévaloir. Il comprit qu'il n'avait pas un moment à perdre. Il détruisit le pont d'Almaraz, fit endommager les ouvrages, et mettre l'artillerie hors de service, ainsi que les magasins et les munitions qu'il ne put pas emporter. Le 21 mai, il était à Truxillo, à quarante mille d'Almaraz. Il avait fait deux cent cinquante-neuf prisonniers : le reste de la garnison, qui avant l'action était d'environ cinq cents, avait ou péri, ou réussi à s'évader.

La prise d'Almaraz décida Marmont à manœuvrer par sa gauche. Il porta une forte division sur la rive gauche du Tage, sans doute pour protéger le rétablissement du pont. Soult fit aussi avancer Drouet dans la direction de Medelin, mais avec des forces trop faibles pour pouvoir faire repentir Hill de son audace. Dorsenne envoya une division pour marauder sur les frontières de la Galice. Après cette excursion, ces troupes rentrèrent dans les Asturies, et le 17 mai, elles occupèrent Oviedo et Gijon. Mendizabal s'empara de Burgos, et força la garnison française à se réfugier dans le château. Au siége de Cadix, Victor cherchait à intimider les habitans, en faisant bombarder cette place par les batteries de Matagorda. Le général Ballasteros, encore fier de son succès contre Maransin, se crut assez en forces pour s'emparer de la position près de Bornos, sur la rive droite du Guadalete. Cet établissement avait été choisi par Soult pour couvrir la grande route de Séville à Cadix. Il en avait donné le commandement au général Conroux, très-bon officier d'infanterie. Ballasteros l'attaqua le 1er juin. Conroux, qui s'y attendait, tint ses troupes réunies dans le camp qu'il avait mis à l'abri d'un coup de main par quelques redoutes. Cette manœuvre fut regardée par les Espagnols comme une preuve de la timidité que leur attaque inspirait aux Français ; ils se disséminèrent à l'entour de la position. Alors le général Conroux les chargea avec impétuosité, et les mit en déroute. La perte de Ballasteros fut de quinze cents tués ou blessés, dont quatre-vingts officiers. Le général espagnol prétend, dans sa dépêche au gouverneur de Gibraltar, « que ce combat a été l'un des plus « chauds qui aient eu lieu depuis le commen- « cement de cette guerre. » Cette assertion est loin d'être en sa faveur : elle tend à confirmer une vérité bien connue, « la bravoure des Es- « pagnols », mais elle prouve qu'ils furent mal commandés dans cette journée. Je me borne à répéter ce que j'ai déjà dit bien souvent, « qu'il n'est pas prudent de la part des Espa- « gnols d'attaquer les Français en rase cam-

« pagne, à moins qu'ils ne soient en ligne avec
« des troupes anglaises. » C'était au commencement d'avril, lorsque Soult avait dégarni l'Andalousie de la presque totalité de son armée pour marcher au secours de Badajoz, que Ballesteros aurait dû descendre dans les plaines de Séville. Il attend, pour quitter ses montagnes, que les Français soient de retour de l'Estramadoure, et bien plus, qu'ils soient retranchés. Sa défaite était facile à prévoir : sa retraite même aurait pu lui être coupée par la division française qui occupait Medina-Sidonia. Le commandant de ce poste aurait dû, dès qu'il entendit le canon de Bornos, se diriger par Alcala de los Gazules sur Ximena de la Frontera. Séparé, par cette manœuvre, de Gibraltar et d'Algésiras, Ballasteros aurait appris à ses dépends que le véritable genre de guerre à adopter pour vaincre les Français, *est de les harceler sans les accoster.* » Méthode si habilement mise en pratique par Ambiorix, lorsqu'il fit tailler en pièces les légions romaines commandées par Sabinus et Cotta, lieutenans de César, dans les environs de Liége.

La prise d'Almaraz, et le combat de Bornos, avaient commencé la campagne de 1812, qui, à proprement parler, n'était que la continuation des opérations des alliés, depuis le siége de Ciudad-Rodrigo. Lord Wellington avait donné du repos à son armée pendant les mois d'avril et de mai. Depuis le 1er janvier, il avait éprouvé une diminution de vingt mille hommes dans ceux présens sous les armes, savoir : dix mille tués, blessés et malades, et dix mille pour les deux garnisons de Ciudad-Rodrigo et Badajoz. Il est vrai que les derniers étaient Espagnols, en partie envoyés de Cadix ; mais les premiers étaient presque tous Anglais, et l'élite de l'armée. Les renforts envoyés d'Angleterre remplacèrent cette perte pour l'armée active pendant son séjour à Fonte-Guinaldo. Lord Wellington agit donc très-sagement en faisant occuper une position défensive à ses troupes fatiguées, et d'ailleurs trop faibles en cavalerie. Dès que sa seigneurie se crut à même d'attaquer les Français, avec la certitude de la victoire, elle ne perdit pas un instant pour commencer les opérations. Le 13 juin, l'armée passa l'Aguéda, et le 16, elle campa à six milles de Salamanque, sur le ruisseau le Valmuza. Il parut quelque cavalerie française, qui se retira à l'approche de celle des alliés. Salamanque fut évacué dans la nuit du 16 au 17 : il ne fut laissé qu'environ huit cents hommes dans trois couvens, dont on avait fait des forts pour servir de dépôts d'habillement et d'armement. Leur feu maîtrisait le pont sur la Tormès. Les alliés passèrent cette rivière à gué le 17, et prirent possession de Salamanque. La joie des habitans fut à son comble, en se voyant, après trois ans de souffrances, délivrés enfin du joug étranger, toujours odieux aux bons citoyens.

Les forts furent investis sur-le-champ par la division du général Clinton, et la tranchée fut ouverte la même nuit. Marmont, en se portant vers le Douro, était allé au-devant de ses renforts. Le 20, il retourna sur ses pas, se croyant en état de forcer les alliés à évacuer Salamanque. Il trouva lord Wellington près de Morisco, sur la route de Valladolid. La droite de l'armée était à Morisco, le centre et la gauche occupaient les hauteurs dans la direction de Vilarez. Toute la journée du 21 se passa en escarmouches de peu d'importance. Le 22, Marmont manœuvra pour tourner la droite de lord Wellington. Le général Graham, placé sur ce point, déjoua les projets de M. le duc par une attaque bien combinée, qui l'obligea à se replier sur l'armée. Le lendemain matin, les Français occupèrent Cabesavellosa par leur droite, Aldea-Rubbia par leur centre, et leur gauche fut appuyée à la Tormès, près d'Huerta. Comme cette rivière est guéable, Marmont pouvait la passer très-promptement avec l'élite de ses troupes, et dégager les garnisons des forts. Pour parer à cet inconvénient, le général des alliés exécuta un changement de front, l'aile gauche en avant, et une partie de l'aile droite fut postée sur la rive gauche de la Tormès. Ce mouvement fut fait très-à-propos, pour s'opposer à Marmont qui, le 24, à deux heures du matin, passa la Tormès, ainsi que lord Wellington l'avait prévu. Le général Graham fut encore chargé de contenir Marmont, qui, se voyant prévenu sur tous les points, désespéra de réussir à sauver les troupes imprudemment laissées dans les forts de Salamanque. Il repassa la Tormès, resta dans les environs de Huerta jusqu'au 27, et se retira vers le Douro.

Le siége des forts fut conduit avec lenteur, parce qu'on n'avait pas les approvisionnemens nécessaires. Le 23, le général Bowes eut ordre d'enlever l'épée à la main le fort Sancayetano; il fut blessé dès le commencement de l'action. Il se fit panser, et revint immédiatement à la tête de sa brigade pour diriger une nouvelle attaque, où il périt honorablement, il est vrai, mais très-inutilement. Je me dispense de répéter ici combien il est essentiel de ménager la vie des hommes, mais sur-tout celle des généraux. L'arrivée des munitions ayant mis les assiégeans à même de faire un feu très-nourri contre les forts, les brèches furent praticables le 27. La Merced et Sancayetano furent enlevés d'assaut, et Sanvincente capitula. Ces ouvrages avaient été construits avec le plus grand soin ; on y avait fait une grande dépense, afin de rendre Salamanque un poste militaire, tant contre les partis extérieurs, que pour contenir la population de cette ville, lorsque les opérations obligeraient d'en éloigner la majeure partie des troupes. L'armée alliée se mit en marche le 28, dans la direction de Valladolid. Le lecteur, qui observe, se demande avec raison où va lord Wellington ? Au lieu d'aller chercher Marmont dans des positions très-fortes, couvertes par le Douro, pourquoi ne l'a-t-il pas attaqué le 24 juin, lorsqu'il s'était avanturé si follement sur la rive gauche de la Tormès ? Vainement on dira qu'on assiégeait les forts de Salamanque. On répond à cette objection que huit cents hommes pouvaient être contenus par le même nombre et même par la population de Salamanque, et que toute l'armée alliée était disponible contre les Fran çais, qui commirent impunément la faute impardonnable de passer et de repasser la Tormès, pour ainsi dire, sous le canon des alliés.

Lord Wellington s'aperçut bientôt de son erreur. Aux difficultés que présente le passage d'une rivière comme le Douro, se réunissaient les travaux faits par les Français pour se retrancher dans de fortes positions sur la droite de ce fleuve. En outre, ils avaient reçu une augmentation de forces par l'arrivée des divisions de Navarre et des Asturies. Aussi sa seigneurie écrivait de Rueda, en date du 7 juillet:
« Qu'il avait avancé sa gauche jusqu'à Pollos
« près du gué du Douro vis-à-vis duquel
« l'ennemi occupait une forte position, sur les
« hauteurs qui dominent la plaine où il aurait
« déployé l'armée, après avoir passé le gué ;
« et que ne pouvant pas l'établir sur la droite
« du Douro, avant d'avoir les moyens suffi-
« sans de passer ce fleuve, il n'avait pas jugé
« convenable de porter ses troupes plus en
« avant. » Dans tous les temps, les plus grands généraux ont fait des fautes, et c'est leur habileté à les réparer qui les a fait passer à la postérité comme ayant étonné le monde par des talens supérieurs, base unique et immuable de la véritable gloire. Dès que

lord Wellington eut bien calculé les inconvéniens et les avantages que présentait le passage du Douro, il y renonça; il porta même ses cantonnemens de la réserve à quelque distance de sa première ligne, pour être plus libre des mouvemens qu'il se proposait d'effectuer, dès que Marmont passerait le Douro et viendrait lui livrer bataille. L'armée alliée n'était pas en mesure pour passer le Douro, et si les Français ne l'avaient pas passé, on n'aurait pas manqué de chansonner le général qui, s'étant avancé d'abord de Fonte-Guinaldo, et ensuite de Salamanque, serait resté sur le Douro ou se serait retiré sans motif apparent : on l'aurait comparé à Masséna, regardant et fuyant les lignes de Torres-Vedras. La vivacité de Marmont rendit un service essentiel à lord Wellington. Le 16 juillet, il concentra son armée près de St.-Roman, tandis que son avantgarde passait le Douro sur le pont de Toro. Le général des alliés ne fut pas la dupe de ce mouvement, tout en paraissant se porter dans cette direction avec le gros de son armée. Au lieu de marcher contre cette avant-garde, il prit une forte position sur la Guarena, rivière qui passe à Canizal, et se jette dans le Douro, près de Toro.

Les Français rétrogradèrent de Toro dans la la nuit du 16, et, le 17, ils passèrent le Douro sur le pont de Tordesillas. Ils prirent position à Nava-del-Rey, après une marche de plus de quarante milles dans le même jour! Le 18, Marmont attaqua sir Stapleton-Cotton à Castrejon. Les Anglais effectuèrent leur retraite en bon ordre sur la Guarena. Ce mouvement fut protégé pat une forte colonne de cavalerie que lord Wellington envoya à propos. Sans ce secours, l'infanterie, qui se trouvait sur ce point, aurait été compromise, ayant à lutter contre toute l'armée française. On peut reprocher à lord Wellington d'avoir tenu trop éloigné de lui le corps de sir Stapleton. Avec un général plus habile que Marmont, ce corps aurait beaucoup souffert, malgré la promptitude et la sagacité des mesures du général anglais pour réparer cet oubli. Encouragés par la retraite de cette avant-garde, les Français passèrent la Guarena à Carteilo pour attaquer la gauche des alliés. Le général Clausel qui commandait cette colonne fut reçu à coups de baïonnettes par la division du général Cole, et obligé de se replier avec perte de six cents hommes, dont deux cent quarante prisonniers. Les alliés perdirent à-peu-près le même nombre, dont cinquante-quatre prisonniers. Le 19, Marmont replia sa droite, et marcha par sa gauche, faisant des démonstrations contre la droite des alliés. Lord Wellington crut le moment favorable pour livrer bataille. Il porta l'armée sur la rive droite de la Guarena dans la matinée du 20, et il l'établit dans la plaine de Valesa. Marmont fut un peu décontenancé par l'attitude imposante des alliés. Il refusa d'en venir aux mains, et il manœuvra encore par sa gauche le long des hauteurs qui bordent la Guarena. Il traversa cette rivière près de Cantalapiedra, et alla se camper, la droite à Villameda et la gauche à Babila-Fuente. Les alliés suivirent ce mouvement; et pour pouvoir combattre dès qu'il se présenterait une occasion de le faire avec avantage, lord Wellington réunit toute l'armée près de Cabesa-Vellosa. Il plaça un corps d'observation à Aldea-Lingua sur la Tormès, pour protéger la droite de sa position. Le 21, Marmont passa la Tormès, et s'établit sur les hauteurs de Calbarasa-de-Ariba, occupant par sa gauche la route de Salamanque à Ciudad-Rodrigo. Cette disposition présomptueuse au dernier point, causa la perte de la bataille de Salamanque. Comment Marmont était-il assez inconséquent pour s'emparer de la ligne d'opérations d'une armée qui lui avait offert la bataille deux jours auparavant dans les plaines de Valesa ?

Lord Wellington n'avait pas perdu de vue un seul instant son adversaire, et il avait passé la Tormès presqu'en même temps que lui. Le 22, les avant-postes des deux armées commencèrent l'action par l'attaque de deux monticules appelées *Los-Arapiles*, qui étaient sur la droite de la position des alliés. Les Français restèrent maîtres de la monticule la plus éloignée, leur attaque ayant été favorisée par la nature du terrain, qui servit à cacher la marche des troupes. Leur grande supériorité de nombre rendit inutile la résistance des alliés. La situation de lord Wellington devenait critique par la perte de ce poste; car s'il avait perdu la bataille, il aurait été obligé de défiler sous le feu d'artillerie et de mousqueterie des troupes placées sur cette hauteur qui dominait entièrement la grande route de Ciudad-Rodrigo. Ne voulant laisser au hasard rien de ce qui pouvait être prévu, sa seigneurie manœuvra avec la plus grande réserve, comme s'il eût eu à combattre un Condé ou un Turenne. Il étendit la droite de l'armée en potence jusqu'aux hauteurs en arrière du village d'Arapiles.

Il y posta la division du général Cole, et il fit venir sur la gauche de la Tormès les troupes qui étaient restées sur la rive droite pour observer un corps français posté à Babila-Fuente. Il a été même assuré que sa seigneurie avait donné l'ordre de retraite sur Ciudad-Rodrigo, et que la bataille n'aurait point eu lieu, si Marmont n'avait pas pris possession de la grande route. Je ne partage pas cette opinion, en tout contredite par les manœuvres des jours précédens.

Vers les deux heures de l'après-midi, Marmont ouvrit contre les alliés un feu très-vif d'artillerie. Il étendit sa gauche, et fit avancer une forte colonne pour enlever celle des deux Arapiles occupés par les alliés. Le général Packenham eut ordre de tourner la gauche des Français, pendant qu'elle serait attaquée en front par les généraux Bradfort, Leith, Cole et sir Stapleton-Cotton, ayant en réserve les généraux Clinton, Hope et don Carlos d'Espana. Cette attaque avait été si bien combinée, et fut exécutée avec tant d'habileté de la part des chefs, et de bravoure de la part des troupes, que l'ennemi fut renversé sur tous les points. Le général Pack ne fut pas aussi heureux. Il ne put s'emparer de celle des Arapiles occupée par les Français; mais son attaque produisit le bon effet de les contenir sur ce point, tandis que sans cette diversion, ils auraient pris en flanc la division du général Cole, qui soutenait un combat terrible sur les hauteurs, dont elle avait réussi à s'emparer. C'est alors que sir Stapleton-Cotton fit une charge aussi heureuse que brillante contre un corps d'infanterie qui fut taillé en pièces. On y perdit le général Lemarchant, qui fut tué roide sur la place. Très-habile officier de cavalerie, il avait toujours servi avec la plus grande distinction. Il emporta les regrets de toute l'armée. Le général Cole fut grièvement blessé, et obligé de quitter le champ de bataille. Sa division, privée de son digne chef, fut un moment ébranlée. Les généraux Beresford et Leith chargés de la contenir, furent aussi blessés, et leurs troupes privées de leur présence. Les Français redoublaient leurs efforts pour regagner le terrain qu'ils avaient perdu, et ils y auraient peut-être réussi, lorsque le général Clinton arriva au secours de la 4$^e$ division, et bientôt la bataille reprit le même aspect en faveur des alliés. Mais la droite des Français ayant servi de point de ralliement aux fuyards de la gauche et du centre, continuait à faire résistance.

Le maréchal Marmont avait été blessé dès le commencement de la bataille. Un éclat d'obus lui cassa le bras, et lui fracassa une côte. Il fut obligé de quitter le commandement, qu'il remit au général Clausel, officier plus expérimenté que son chef. Ce changement fut très-heureux pour l'armée française; car si Marmont n'eût pas été blessé, il aurait persisté à conserver la position de sa gauche, et toute cette aile aurait été obligée de mettre bas les armes. Clausel ne put réparer que partiellement les erreurs de M. le duc de Raguse. Il réussit à rallier la gauche et le centre sur sa droite. Cette manœuvre, exécutée en présence d'une armée victorieuse, fait beaucoup d'honneur à Clausel qui, par son sang-froid et sa présence d'esprit, sauva les Français d'une entière destruction. Quoique attaqué sur sa droite par les 3$^e$ et 4$^e$ divisions des alliés, et sur son front par le général Clinton, il n'abandonna le champ de bataille que lorsqu'il put le faire à la faveur de la nuit. Cette circonstance rendit la poursuite difficile et dangereuse. Le général Stapleton-Cotton fut blessé par inadvertance par un de ses soldats. Le 23, l'avant-garde des alliés passa la Tormès, et atteignit l'arrière-garde de Clausel près de la Serna. La cavalerie française abandonna l'infanterie. Quoiqu'attaquée par des troupes victorieuses, elle fit une vive résistance; mais écrasée par le nombre, elle prit la fuite avec beaucoup de perte. Ce succès fut principalement dû à une charge de la légion germanique, dirigée par le général Bock contre le 69ᵉ régiment français, dont les carrés furent rompus, sabrés et dispersés. La perte des alliés dans les deux journées, fut de cinq mille deux cent vingt hommes hors de combat. Celle des Français fut au moins aussi considérable en tués et blessés. On leur fit en outre de six à sept mille prisonniers, dont un général, trois colonels, trois lieutenans-colonels et cent trente officiers. Les deux armées étaient presque égales en forces. On les porte à cinquante mille hommes chacune. Il restait donc encore à Clausel trente-six mille hommes, qu'il conduisit à marches forcées vers Valladolid, par Penaranda et Arevalo. Il fut joint dans sa retraite par quelques troupes de l'armée du nord. Les alliés arrivèrent à Olmedo le 28, et ils occupèrent Valladolid le 30, sans qu'il leur fut possible d'atteindre l'armée de Portugal, qui continua sa retraite sur Burgos.

Lord Wellington était le 4 août à Cuellar, coupant les communications de l'armée du

Portugal avec celle du centre aux ordres de Joseph. Quoique ce général couronné n'inspirât pas une grande épouvante ni par ses troupes, qui n'excédaient pas douze mille hommes, ni par ses talens jusqu'à présent très-cachés, sa seigneurie résolut de lui rendre une visite dans sa capitale, de rejeter cette nouvelle cour du côté de Valence, et de revenir, après cette expédition, contre l'armée de Portugal. Joseph avait quitté Madrid le 21 juillet. Il se dirigea par l'Escurial sur Alba-de-Tormès. Il était déjà arrivé à Blanco-Sancho près d'Arevalo, quand il apprit la défaite de Marmont. Le 26, il rebroussa chemin jusqu'à Espinar. Honteux de rentrer à Madrid sans avoir combattu, il marcha par sa droite sur Ségovie, où il arriva le 27. Il voulait faire une diversion en faveur de Clausel, en attirant sur lui l'attention de lord Wellington. En effet, sa seigneurie bien persuadée que le triste état de l'armée de Clausel ne lui permettrait pas, pendant quelque temps, de reprendre l'offensive, quitta Cuellar le 6 août, prit Ségovie le 7, et arriva le 8 à Saint-Ildefonse, où il réunit les troupes destinées à l'attaque de Madrid. Le passage du Guadarama, montagne très-escarpée et très-difficile à défendre, ne fut point disputé. On n'eut connaissance de l'armée de Joseph qu'à Majalahonda. Une fausse manœuvre de la cavalerie portugaise fit tomber trois pièces de canon au pouvoir de la cavalerie française, forte d'environ deux mille hommes. L'arrivée de la cavalerie anglaise changea la face des affaires. Majalahonda fut évacué par les Français. On y retrouva les trois canons. Le 12, les alliés entrèrent dans Madrid. Joseph en était parti la veille avec sa petite armée; il prit poste sur la rive gauche du Tage, la droite à Aranjuez, et la gauche dans la direction de Tolède. Il avait commis la faute de laisser au Retiro une garnison de deux mille hommes, qui capitula le 24. Quel avait pu être le but de l'abandon de cette troupe, dans un moment où les hommes lui étaient si précieux? Le Retiro était commandé par un colonel qui demanda à capituler, sans avoir fait la moindre résistance. On lui montra sans doute quelques échelles; et comme sa place n'était pas aussi respectable que Ciudad-Rodrigo et Badajoz, il jugea prudent de ne pas s'exposer à un semblable résultat. Lord Wellington lui accorda les honneurs de la guerre, quoiqu'il en fût certainement indigne: Qu'on profite d'une lâcheté, cela est dans l'ordre ; mais il est pénible de voir un brave homme honorer un poltron qu'il méprise.

Les alliés trouvèrent dans Madrid des magasins de toute espèce, près de deux cents bouches à feu, neuf cents barils de poudre et vingt mille fusils. Quant à la joie que causa l'occupation de Madrid, je dois laisser parler un témoin oculaire de ce qui se passa dans cette capitale. Il s'exprime ainsi dans une lettre du 14 août : « Nous sommes enfin parvenus au
« comble de nos espérances et de nos vœux.
« Lord Wellington entra dans cette ville le 12.
« Il m'est impossible de vous donner une juste
« idée de l'enthousiasme avec lequel nous avons
« été reçus.... La population toute entière est
« venue au-devant de nous en versant des lar-
« mes de joie. Chaque individu, depuis le pre-
« mier jusqu'au dernier, embrassait ou l'officier
« ou le soldat sur lequel il pouvait mettre la
« main, tandis que nous marchions......... Ils
« nous invitaient à venir chez eux, et insistaient
« à ce que nous buvions du vin avec eux,
« presque au détour de chaque rue. Dans la
« soirée, l'ancien gouvernement, les cortès et
« Ferdinand VII furent proclamés de nouveau,
« au milieu des acclamations de toute la ville...
« Les soldats de l'Empecinado et del Medico

« semblaient tout fiers de parader dans les rues
« de leur capitale. Les illuminations furent ma-
« gnifiques, et composées principalement d'im-
« menses flambeaux, posés sur les balcons.
« Tous les palais étaient ornés au-dehors de
« superbes tapisseries de soie. Je vous assure
« que ce n'était pas un petit plaisir pour un
« Anglais que de se promener dans les rues de
« Madrid, et d'être salué par les Espagnols
« comme le libérateur de leur pays, etc. »

La gazette de Madrid, du 14 août, contient
l'article suivant, relatif aux Anglais : « Braves
« et généreux alliés, vous n'avez pas trouvé à
« Madrid la pompe due à vos triomphes ; mais
« le peuple vous a découvert son cœur, ce cœur
« si constant dans l'adversité, aussi ferme dans
« ses résolutions que tendre et pénétré de re-
« connaissance. » Les évènemens politiques
sont pour la masse du peuple ce que les vents
sont aux vagues de la mer. Le contentement
des Espagnols, qui était sans bornes, disparut
dès que lord Wellington eut demandé un em-
prunt de deux millions de piastres. Cette mesure était en opposition avec la conduite généreuse de la Grande-Bretagne, qui a toujours
prêté à ses alliés et n'en a jamais exigé aucun
subside. Etait-il convenable au héros de Sa-

lamanque de venir mettre à contribution ces malheureux Castillans, qui, depuis près de quatre ans, étaient réduits à la dernière misère et au plus affreux désespoir? Je suis loin d'attribuer aux Anglais cette demande hors de saison, et j'aime à croire qu'en y prêtant son consentement, lord Wellington ne fit que céder aux instances des chefs espagnols, qui avaient besoin d'argent.

La position sur le Tage, que Joseph occupait avec son armée, allait être attaquée par les alliés, lorsque sa majesté, dont la prudence est la qualité dominante, fit évacuer Tolède le 16, et se retira sur la route de Valence pour se joindre aux renforts qu'il avait demandés aux maréchaux Suchet et Soult. Celui-ci, qui possédait la confiance entière de Buonaparte, refusa de morceler son armée. L'échec de Marmont et la prise de Madrid exigeaient une concentration des Français pour forcer les alliés à rentrer en Portugal. Il écrivit à Joseph, « qu'il « n'y avait qu'un moyen de conserver son « royaume, en abandonnant l'Andalousie pour « un temps; et qu'en conséquence il allait se « rendre à Madrid par Grenade, Murcie et « Sanclémenté. » Le 25 août, le siége de Cadix fut levé. L'artillerie avait été mise hors de service, et les munitions détruites. Soult se retira en bon ordre sous la protection de toute sa cavalerie. Les Espagnols occupèrent le même jour Porto-Réal et Chiclana. Ils montrèrent peu d'énergie dans la poursuite des Français. Ils étaient si contens d'en être délivrés, que leur joie absorba toutes leurs facultés, et paralysa même leur désir de se venger. L'arrière-garde de Soult ne fut donc troublée que par le colonel Skerret, qui avait si vaillamment défendu Tariffa. Il se concerta, ou pour mieux dire, il prescrivit au général Cruz de le seconder pour l'attaque de Séville. Le 26, les alliés arrivèrent de Castillejos par la route de San-Lucar-la-Mayor, près de Triana, faubourg de Séville. Les Espagnols perdirent beaucoup de monde dans l'attaque d'une redoute qui défendait les approches du faubourg. Le colonel Skerret la fit tourner par les gardes anglaises. Les Français l'évacuèrent, et se retirèrent dans la ville. Ils voulurent défendre le pont; mais ils furent encore culbutés par les grenadiers des gardes, et poursuivis de très-près à travers les rues de Séville; on leur fit deux cents prisonniers; ils firent leur retraite par la route de Cordoue. Cette expédition fut faite si à propos, que l'arrière-garde du corps qui était devant Cadix, fut obligée de se diriger sur Carmona par Utrera, pour rejoindre l'armée française.

Le général Ballasteros poursuivit la colonne qui se retirait sur Grenade par Antequera. Il réussit à s'emparer de cette ville. Il soutint encore un léger combat à Loya. Les délices de Grenade parurent lui ôter l'activité dont il avait donné tant de preuves. Il cessa de harceler l'armée française, lorsqu'il pouvait le faire avec le plus grand succès, en marchant sur son flanc gauche à l'est de la Sierra-Morena. Comme le mouvement de Soult sur Madrid était très-prononcé, Ballasteros, qui n'avait plus personne à combattre à Grenade, aurait dû s'élelever rapidement par sa gauche, pendant la marche des Français sur Murcie, et venir prendre poste sur la Sierra de Alcaraz. Les alliés, s'avançant de Madrid, mettaient entre deux feux l'armée de Joseph, qui était à la Roda. On l'aurait forcé à se jeter vers Cuença, et sa jonction tant désirée avec l'armée du midi devenait très-difficile; tandis qu'en continuant son mouvement sur le Tage, toujours en combattant contre Soult, Ballasteros aurait fait sa jonction avec le général Hill, et la situation des alliés aurait été très-brillante : Madrid aurait été conservé. La nomination de lord Wellington au commandement en chef des armées espagnoles, avait piqué l'amour-propre de Ballasteros; et l'orgueil de ce général, quoique puissent en dire ses partisans, fit échouer le plan de campagne de lord Wellington. Il fut assez peu circonspect envers son gouvernement, pour lui écrire « qu'il ne se croirait pas « natif du royaume d'Arragon, s'il n'infor- « mait le gouvernement qu'il ne peut pas se « soumettre à une détermination qui ternit « l'honneur des armées espagnoles, etc. » Il fut destitué de son commandement, et remplacé par le général Viruès. Mais le mal était fait, et Soult marchait sur Madrid, sans qu'il fût combattu ni par les troupes de ligne, ni par les guerillas. On eût dit que son nom semait au loin l'épouvante. Furieux d'avoir été dépouillé de son royaume d'Andalousie par l'habileté des manœuvres du général anglais, il soupirait après l'occasion favorable de se venger, et il prenait les plus grandes précautions pour arriver en bon ordre sur le terrain occupé par les alliés.

Aux évènemens que je viens de décrire, je dois ajouter l'attaque d'Alméria le 14 mai par le général Ross. Le fort qui battait la mer et protégeait les corsaires, fut détruit. Le 11 juin, il y avait eu en Estramadoure une forte escarmouche entre la cavalerie du général Slade et celle du général l'Allemand. Les Français, d'abord vainqueurs, furent obligés de se replier. Le 20 du même mois, sir Home Popham seconda les Espagnols dans l'attaque de Lequito près de Bilbao, et les jours suivans il fit plusieurs débarquemens pour détruire les batteries de la côte près de Berméo. Le 24, il débarqua à Argota avec un détachement de la marine royale. Le château de Galéa fut détruit. Il était armé de huit pièces de gros calibre. Les batteries d'Argota et de Begona furent aussi mises entièrement hors de service. Lorsque les Français arrivèrent, sir Home Popham avait rempli son but, et s'était rembarqué. Le 22 juillet, le général Odonnell fut battu par le général Harispe à Castalla, entre Xixona et Villena. La perte des Espagnols fut de trois mille hommes. On peut appliquer au général Odonnell ce que j'ai dit de Ballasteros, à l'occasion de son échec de Bornos. Le général Maitland était attendu à Alicante avec des troupes d'élite, détachées de l'armée de Sicile. Odonnell était donc bien affamé de gloire pour ne pas différer son attaque de quelques jours. Il craignait sans doute de la partager avec le général anglais. Il reçut le châtiment que méritait sa présomption. L'expédition de Sicile, forte de six mille hommes, débarqua à Alicante le 10 août. Le 19, Astorga se rendit au général Santocildes. La garnison, forte de douze cents hommes, fut prisonnière de guerre. Clausel avait détaché le général Foy avec deux divisions, pour secourir Astorga. Sa marche fut trop lente. Il n'arriva que le 20. Les Espagnols qui étaient instruits de son approche avaient fait partir la garnison, aussitôt que la capitulation avait été signée. Bilbao fut attaqué par les Français le 14 août. Le général Renovalès les repoussa. Le 27, Caffarelli attaqua de nouveau cette place, et en prit possession, tandis que le général Soulier soutenait un combat très-vif avec le Marquesito près d'Areta, où les Espagnols occupaient une forte position. Ils ne l'évacuèrent qu'après avoir bien disputé le terrain, et parce que les Français avaient assez de monde pour chercher à couper leur retraite pendant qu'ils attaquaient de front.

Clausel avait organisé son armée; il avait reçu des renforts. Le 19 août, il poussa une forte reconnaissance sur Tudela, et obligea le général Anson à repasser le Douro. Le corps d'observation de l'armée anglaise se replia sur Arevalo. Lord Wellington quitta Madrid le 1ᵉʳ septembre, et le 6 il passa le Douro sans obstacle. Le lendemain il entra à Valladolid, que Clausel avait évacué pendant la nuit. Dans sa retraite, il rompit les ponts sur la Pisuerga pour retarder la marche de l'avant-garde des alliés. Le 16, sa seigneurie arriva à Pampliega, près de Burgos; trois divisions de l'armée de Galice se joignirent à la grande armée, qui entra le 19 dans Burgos. Les Français s'étaient retirés sur Briviesca ; ils avaient laissé dans le château une garnison forte de deux mille hommes, aux ordres du général Dubreton. Dès que le général Pack eut passé l'Arlanzon, il força les Français à faire rentrer leurs postes extérieurs ; ils ne conservèrent que l'ouvrage à cornes construit sur la hauteur de Saint-Michel. Quand lord Wellington en eut fait la reconnaissance, sa seigneurie jugea qu'il pouvait être enlevé de vive force, et, la nuit suivante, le général Pack s'y établit. Les troupes qui le défendaient furent culbutées après une vigoureuse résistance ; environ cent cinquante hommes furent faits prisonniers.

Sa seigneurie voulut aussi brusquer l'attaque du château. Dans la nuit du 22, plusieurs colonnés se présentèrent avec des échelles ; les assiégés étaient sur leurs gardes ; c'était le commencement du siége. Les alliés furent repoussés. Il est probable que l'assaut aurait réussi si, comme à Badajoz, il n'eût été donné que quand il y aurait eu une brèche au corps de place, et que la garnison aurait été sur les dents par les fatigues que nécessite la défense de quinze ou vingt jours. Les assiégeans furent donc obligés de procéder régulièrement pour s'approcher des remparts. Le 29, ils firent jouer une mine pratiquée sous le mur extérieur du château : la brèche était praticable, puisqu'un détachement monta sur le rempart ; mais il ne put s'y loger, parce qu'il ne fut pas soutenu à propos. Une autre mine joua le 4, et fit une seconde brèche. Les assiégeans, sans perdre un instant, montèrent à l'assaut, et s'établirent dans les ouvrages extérieurs. Les Français, se voyant serrés de si près, redoublèrent d'énergie ; ils firent plusieurs sorties pour détruire les ouvrages des alliés, et souvent ils y réussirent, parce qu'on n'avait pas établi les parallèles avec des redoutes assez habilement placées pour ôter aux assiégés les moyens de paraître hors de leurs ouvrages.

L'armée française fit un mouvement en avant le 15, pour tâcher de forcer les alliés à lever le siége du château de Burgos. Les 18 et 19, le général Clausel manœuvra comme s'il eût désiré livrer bataille. Lord Wellington ne refusa pas la partie : il plaça son armée en position, la droite appuyée à l'Arlanzon, se prolongeant par la gauche dans la direction d'Ibeas et de Riobena. Le 20, les deux armées s'observèrent ; vers le soir, le général Paget, avec deux divisions, repoussa un parti français qui s'était porté à Quintana-Palla. Le 21, lord Wellington apprit que Soult arrivait sur le Tage, et menaçait d'attaquer le général Hill. Sa seigneurie ne voulut pas compromettre le succès de la campagne, en s'obstinant à la prise du château de Burgos : elle jugea que sa réunion avec le général Hill était indispensable, pour ne pas combattre avec des forces disproportionnées ; car un avantage marqué obtenu par les Français en rase campagne, les auraient mis en état de rentrer sur le champ en Andalousie, et de recommencer le siége de Cadiz. Tous les mouvemens des alliés, sur Madrid et Burgos, doivent être considérés comme des manœuvres habilement calculées pour délivrer de la présence des Français, l'Andalousie aussi riche, et presque aussi peuplée que le Portugal.

La perte devant le château de Burgos est certainement très-considérable ; mais elle n'est pas le quart de ce qu'aurait coûté une bataille contre Soult, pour obtenir dans le sud ce que lord Wellington sut lui arracher par ses mouvemens stratégiques dans le nord. Le siége du château de Burgos couvre de gloire le général Dubreton et sa brave garnison. Il fut levé dans la nuit du 22, et toute l'armée se replia vers le Douro ; malgré les éloges que le général anglais veut bien donner aux ingénieurs chargés de la conduite des travaux du siége, nous ne pouvons pas adopter son opinion ; et pour remplir entièrement la tâche que nous impose l'espèce de magistrature que le public accorde à tout écrivain, nous devons censurer la générosité dont le noble lord veut faire usage aux dépens de sa réputation. Le château bien attaqué devait être aux alliés du 5 au 6 octobre, et les conséquences de cette conquête sont assez faciles à calculer pour en connaître toute l'importance du premier coup-d'œil. Caffarelli battu par l'armée de lord Wellington, et contenu par la garnison que l'armée de Galice aurait placée dans le château, n'aurait pas pu passer le Douro du reste de l'année. L'élite de l'armée anglaise étant disponible, se serait portée à marches forcées sur le Tage, et aurait obligé Soult à se replier sur Valence, et peut-être même sur la gauche de l'Ebre, de compagnie avec le roi Joseph et le maréchal Suchet. Ici, tout zélé partisan de la cause sainte que défendaient les alliés se demande avec raison : Que faisaient les armées d'Andalousie, de Murcie, de Valence et le général Maitland ?

Les alliés repassèrent le Douro le 19 octobre, les Français occupèrent la rive opposée le même jour ; la retraite depuis Burgos fut conduite avec habileté, et exécutée avec beaucoup d'ordre, malgré les attaques multipliées que l'avant-garde française tenta contre l'arrière-garde des alliés. Le général Hill, trop inférieur en forces pour combattre Soult, quitta les environs de Madrid le 1$^{er}$ novembre, passa le Guadarama, et se porta sur Arevalo, où ses troupes firent leur jonction avec la grande armée. Le 8, les deux armées prirent position sur la rive gauche de la Tormès ; le général Hill fit occuper le château d'Alba, et plaça le général Hamilton, avec ses Portugais, sur la droite de la Tormès. Le 9, les Français attaquèrent les avant-postes des alliés, et les rejetèrent dans Alba-de-Tormès. Le 10, le général Hamilton fut attaqué ; il avait fait construire à la hâte quelques retranchemens qui lui furent très-utiles pour la conservation du poste qui lui était confié. Après un feu très-vif, qui dura jusqu'à la nuit, les Français se replièrent sur les hauteurs voisines; ce combat coûta aux alliés près de deux cents hommes tués, blessés ou prisonniers, ce qui portait à environ mille hommes leur perte, depuis la levée du siège du château de Burgos.

J'ai déjà reproché au maréchal Soult beaucoup de lenteur, lorsqu'il s'empara de l'Andalousie en 1810; il commit la même faute dans l'évacuation de ce royaume. Parti de Séville, le 26 août, il ne fit sa jonction avec l'armée de Joseph que le 29 septembre près d'Almanza; son avant-garde occupa Alvacete le 3 octobre. Le 6 elle était à Minaya, près de Sanclémenté; le château de Chinchilla se rendit le 9, ce ne fut que vers la fin du mois qu'il marcha en forces vers le Tage qui, étant guéable par-tout à cette époque de l'année, pouvait être facilement franchi au désavantage des alliés, s'ils eussent persisté à défendre la rive droite de ce fleuve. Le général Hill préféra se poster sur la Jarama. Sa droite, qui occupait Puentelarga, fut attaquée le 30 par l'avant-garde de Soult. Le colonel Skerret, qui commandait sur ce point, fit bonne contenance. Les alliés se retirèrent pendant la nuit, et le 4 novembre, ils arrivèrent à Arevalo sur l'Adaja, sans avoir été poursuivis. Les divisions espagnoles de don Carlos Espana et du comte de Penne-Villemur ne cessèrent point de coopérer avec le plus grand zèle pour l'exécution des dispositions du général Hill, depuis son départ de l'Estramadoure jusqu'à sa jonction avec lord Wellington.

Depuis le 10 jusqu'au 16, Soult s'occupa à reconnaître les positions qui avoisinent la Tormès; et au lieu d'attaquer les alliés qui le provoquèrent réellement le 14 et le 15, il se retrancha sur les hauteurs de Mozarbès, envoyant des partis vers Ciudad-Rodrigo, pour donner de l'inquiétude à lord Wellington, sur ses communications avec cette place. Le 16, sa seigneurie fit camper l'armée sur le Valmuza. Soult suivit les alliés avec une forte avant-garde, sans néanmoins les serrer de près. Le 17, il profita d'une position avantageuse pour presser l'arrière-garde, aux ordres du général Alten. Un parti de ses troupes légères se mit en embuscade sur la route de Ciudad-Rodrigo, à la faveur d'un bois, et fit prisonnier le général Paget, presque au centre de l'armée alliée, au moment où cet officier allait seul reconnaître la cause du retard de la division qui devait suivre immédiatement, la sienne, et que les mauvais chemins avaient forcé à ralentir sa marche. Cet accident causa un vif chagrin à lord Wellington, qui faisait beaucoup de cas des talens de lord Paget. Voici comment sa seigneurie s'en expliquait dans son rapport officiel à lord Bathurst : « Je « suis fâché de dire que nous avons eu le mal- « heur de perdre le lieutenant - général sir « Edward Paget, fait prisonnier le 17. Il com- « mandait la colonne du centre. La chute des « pluies, ayant grandement ruiné les chemins, « et enflé les ruisseaux, il y eut un intervalle « entre les 5ᵉ et 7ᵉ divisions d'infanterie. Sir « Edward revint seul à cheval à l'arrière-garde « pour découvrir la cause de ce retard, et « comme son chemin passait par un bois, il « faut qu'un détachement de la cavalerie enne- « mie se soit trouvé sur ce chemin, ou bien « qu'il se soit égaré, si bien qu'il est tombé « entre les mains de l'ennemi dans ce bois. « J'apprends que sir Edward n'a pas été « blessé, mais je ne puis regretter assez la « perte de ses services dans ce moment. »

Dans le même rapport, lord Wellington dit : « Toute la force disponible de l'ennemi

« en Espagne était sur la Tormès, au milieu de
« ce mois, et certainement elle n'était pas au-
« dessous de 80,000 hommes, y ayant plus
« de probabilité qu'elle est de 90,000, dont
« 10,000 de cavalerie; et comme l'armée de
« Portugal seule a cent pièces de canon, il est
« probable que, dans toute l'armée, il n'y en
« a pas moins de deux cents pièces. » Je ne
partage pas l'opinion de sa seigneurie sur la
force de l'armée française, qui n'avait pas au-
delà de 70,000 combattans; mais ils étaient
pleins d'enthousiasme, et ils brûlaient d'en
venir aux mains; tandis que l'échec éprouvé
devant Burgos avait attiédi le zèle des vainqueurs de Salamanque. Lord Wellington agit
donc très-sagement en reportant son armée
dans ses quartiers d'hiver, sur la rive gauche de
l'Aguéda. Les Français, qui avaient autant
besoin de repos que leurs adversaires, ne tardèrent point à suivre leur exemple. Ils furent
cantonnés entre le Douro et le Tage. Joseph
rentra à Madrid; Soult établit son quartier-
général à Tolède.

Les ministres anglais s'attendaient à voir la
fortune continuer de leur sourire par l'expulsion
totale des Français de la péninsule. Cet évènement fut retardé, par une négligence de lord

Wellington. S'il avait envoyé un parlementaire pour sommer la place de se rendre, le général Dubreton, gouverneur du château de Burgos, était décidé, depuis la journée du 18, à accepter une capitulation honorable. Il la méritait sous tous les rapports; sa belle défense avait commandé l'estime de ses ennemis, et l'admiration de l'Europe. La perte de Burgos aurait privé les Français de leur principal dépôt de munitions, puisque les armées de Soult, Joseph, Clausel et Caffarelli s'empressèrent d'y envoyer chercher des cartouches, aussitôt que le siège eût été levé. Ainsi, l'orgueil d'un chef, interprète trop fidèle des sentimens de ses maîtres, retarda d'un an la délivrance de la péninsule. Il s'exposa même à flétrir les lauriers qu'il avait cueillis sur les rives de la Tormès. Je ne puis point approuver la circonspection du maréchal Soult depuis le 12 jusqu'au 16 novembre. La retraite depuis Burgos avait désorganisé l'armée alliée; elle aurait été mise facilement en déroute par une attaque bien dirigée. J'attribue la prudence du général français au souvenir de la sanglante journée d'Albuéra; et c'est au bonheur qu'eut lord Wellington de ne pas être battu dans sa retraite de 1813, qu'il doit son triomphe de Vitoria, dont je vais donner les détails.

# LIVRE SEPTIÈME.

La désastreuse campagne de Russie en renversant de fond en comble la puissance gigantesque de Napoléon, confirma l'observateur éclairé dans ses conjectures pour la prochaine délivrance de la péninsule. Cette époque était facile à prévoir, en jugeant de l'avenir par le passé. En effet, lord Wellington, en 1808, avait forcé Junot à évacuer le Portugal. En 1809, il battit le maréchal Soult dans les environs de Porto, et il le rejeta en Galice. La sanglante journée de Talavera, en obligeant les Français à se concentrer pour sauver Madrid, rendit libres la Galice, les Asturies et le royaume de Léon. Il est vrai, qu'en 1810, Soult et Masséna parurent devant Cadix et Lisbonne ; mais la grandeur du péril réveilla l'énergie des Anglais, des Portugais et des Castillans. Ils prouvèrent qu'on pouvait les vaincre, mais non pas les dompter. On est même forcé de convenir que les succès de Soult en 1811, paraissent n'avoir eu lieu que pour fournir, en

1812, un plus vaste champ de gloire à l'armée alliée et à lord Wellington. La prise de Badajoz et la victoire de Salamanque, placent le général anglais à côté des grands capitaines, dont le génie supérieur a donné, à la guerre de la révolution, un triple caractère de talent, d'héroïsme et de bonheur qui éclipsent, pour ainsi dire, les plus beaux faits d'armes mentionnés dans l'histoire des temps antérieurs.

On évalue à treize millions d'habitans, la population de la péninsule. Au commencement de 1808, la presque totalité était conquise par les Français, tandis qu'à la fin de 1812, la moitié de cette population était rentrée sous l'obéissance immédiate de l'autorité légitime.

| | |
|---|---|
| La population des Asturies est de | 360,000 âmes. |
| de Galice, | 1,350,000 |
| d'Andalousie, | 1,796,000 |
| de Murcie, | 360,000 |
| d'Estramadoure, | 400,000 |
| du Portugal, | 3,000,000 |
| Total. . . . . . . . . | 7,266,000 |

En ajoutant à ce calcul, le quart du pays qu'occupaient encore les Français, on en conclura que dans l'espace de quatre ans, ils avaient perdu les deux tiers de la péninsule ; ce qui faisait conjecturer que la campagne de 1813, bien dirigée, devait les forcer à repasser les Pyrénées. Ce n'était point un chef qui manquait aux alliés : ils l'avaient depuis long-temps dans lord Wellington. L'obstacle à vaincre était la jalousie des chefs secondaires qui, aveuglés par un faux point d'honneur, paralysaient le zèle des habitans, la valeur de leurs soldats et les talens du général que la Providence paraissait avoir destiné à humilier l'orgueil de Napoléon. La fermeté du gouvernement espagnol fit entrevoir un meilleur avenir. On apprit que le triomphe des Russes n'avait été si complet, que parce que toutes les classes de cette vaillante nation s'étaient réunies autour du trône de Pierre-le-Grand, pour châtier le téméraire copiste de Charles XII. Un exemple si généreux produisit sur les alliés du midi la noble résolution d'une réunion franche et cordiale pour sauver la patrie. Pendant qu'Alexandre témoignait sa satisfaction des efforts dirigés contre les Français dans la péninsule, le prince régent s'adressait au parlement pour en obtenir les moyens de poursuivre la guerre avec vigueur. Son altesse royale ordonna qu'on renforçât l'armée de lord

Wellington, afin que sa seigneurie fût à même de mettre le comble à la gloire des campagnes précédentes, par l'expulsion totale des Français du territoire espagnol. Cet évènement, si vivement désiré par tous les amis de la justice, parut bien plus certain, quand on apprit que Napoléon rappelait cinquante mille hommes d'élite de son armée d'Espagne, ainsi que le maréchal Soult.

Le public, souvent injuste, malgré le proverbe dont ses flatteurs consacrent son infaillibilité prétendue (*vox populi, vox Dei*) murmurait hautement contre lord Wellington, de ce qu'il n'avait encore fait effectuer aucun mouvement à son armée à l'époque du 1$^{er}$ mai 1813. A entendre les orateurs des cafés de Londres, les vainqueurs de Buzaco et de Salamanque n'étaient plus dignes de leur brillante réputation. On poussa même l'inconséquence jusqu'à parler de donner un successeur à l'heureux capitaine qui, le premier, avait rompu le charme de l'invincibilité des Français. Fabius et Paul-Emile, placés dans une circonstance semblable, avaient invité les aristarques romains à quitter les plaisirs de la capitale du monde, pour aller les aider de leurs conseils. Ces hommes vains, et ignorans, prouvèrent qu'ils étaient sans patriotisme, en refusant d'accepter l'invitation des consuls. Le général anglais, prévoyant un semblable refus, prit un parti plus décisif. Il méprisa ses obscurs détracteurs, et il justifia la confiance des hommes sages, en battant Joseph dans les plaines de Vitoria.

Le 24 mai, l'avant-garde des alliés se porta sur Salamanque. Le 26, cette ville fut occupée par le général Fane, qui poursuivit l'arrière-garde française, et lui fit deux cents prisonniers près de Huerta. Les 27 et 28, sa seigneurie cantonna la colonne du général Hill entre la Tormès et le Douro, et se rendit de sa personne à Miranda-de-Douro, où elle arriva le 29 avec la colonne du général Graham, commandant l'aile gauche de l'armée. Le 31, ces troupes prirent position sur l'Esla, leur gauche appuyée à Tabara, communiquant avec l'armée de Galice, et leur droite en avant de Carvajalès. Le 1$^{er}$ juin, les hussards anglais entrèrent dans Zamora, et le lendemain à Toro. Le colonel Grant, qui les commandait, fit deux cents prisonniers. Joseph était à la tête de l'armée française, ayant sous ses ordres le maréchal Jourdan en qualité de major-général. La retraite se fit en désordre. Valladolid fut évacué le 4. Les alliés y trouvèrent beaucoup de munitions. Le 7, leur armée passa le Carrion, et les jours suivans, elle prit poste sur les deux rives de la Pisuerga. Le 12, le général Hill attaqua la position d'Hormazas, défendue par le général Reille. Le général Ponsonby tourna la droite des Français avec la plus grande audace, pendant que le général Hill attaquait les hauteurs d'Estepar.

Les manœuvres des alliés furent si habilement exécutées, que les Français craignirent pour leur ligne d'opérations ; ils passèrent sur la rive gauche de l'Arlanzon. Dans la nuit du 12 au 13, ils firent leur retraite sur Briviesca. Ils firent sauter les ouvrages du château de Burgos. Le 15, les alliés passèrent l'Ebre sur les ponts de Saint-Martin et de Fuente-de-Arenas. Le 26, le général Graham fut attaqué à Osma par des forces bien supérieures. Il resta néanmoins maître du champ de bataille, parce que les Français se retirèrent, craignant d'être coupés du gros de leur armée qui se réunissait près de Vitoria. Lord Wellington aurait réussi dans cette opération, en portant rapidement son centre à Morillas, tandis que sa droite aurait fait des démonstrations contre Vitoria. Le corps français resté à Osma aurait été pris entre deux feux, et probablement détruit. Il réussit à se tirer de ce mauvais pas, et à se lier avec la grande armée, dont la force, après cette jonction, n'excédait pas soixante mille combattans.

Le 20, les deux armées se trouvèrent en présence. Les Français avaient leur gauche postée sur les hauteurs entre Arunez et Puebla-de-Arlanzon, leur centre sur une hauteur qui commandait la vallée de Zadorra, et leur droite appuyée à Vitoria. Cette position était couverte sur tout son front par la Zadorra, qui n'était guéable sur aucun point, à cette époque de l'année. Le général anglais fit ses dispositions pour attaquer le lendemain. Le 21, à la pointe du jour, les alliés, pleins de confiance dans les talens, et sur-tout dans la fortune de lord Wellington, marchèrent au combat avec un enthousiasme difficile à décrire. Sa seigneurie n'avait fait circuler dans les rangs que ces mots : « Souvenez-vous, mes amis, que « vous êtes les frères des héros de Trafalgar, « et que vous avez devant vous les vaincus de « Salamanque. » La droite des alliés, sous les ordres de Hill, en vint la première aux mains. Elle chassa la gauche des Français des hauteurs de Puebla, et s'empara de Subijana-de-

Alava. Le général Reille fit d'abord une faible résistance. Il crut que c'était une fausse attaque, dont le but était de faire dégarnir le centre pour renforcer l'aile gauche ; mais quand il s'aperçut de son erreur, il voulut arrêter les progrès des alliés : il avait laissé passer le moment favorable. C'était sur les hauteurs de Puebla qu'il aurait fallu être préparé à repousser l'ennemi. La division battue sur ce point s'était repliée en désordre, et avait affaibli le moral de celle qui venait à son secours, tandis que si ces deux divisions eussent été en mesure de se soutenir réciproquement au commencement de l'attaque, les efforts des alliés auraient été inutiles. Jourdan et Joseph vinrent de leur personne pour encourager les troupes. Il importait de reprendre le village de Subijana, qui était la clef de la position. Lord Wellington de son côté, persuadé que l'occupation de ce poste lui donnait une supériorité marquée, envoya à Hill l'ordre de le conserver à tout prix. Les Français firent plusieurs tentatives pour reprendre Subijana : ils furent constamment repoussés.

Tranquille sur le sort de sa gauche, lord Wellington fit marcher son centre qui, jusqu'alors, s'en était tenu à des démonstrations.

La Zadorra fut franchie sur les ponts de Villodas et de Transpuntès. Cette manœuvre exécutée avec audace, fit peur à Joseph. Il n'attendit pas l'attaque; il fit replier son centre sur Vitoria. D'ailleurs, il voulait être à même de soutenir sa droite vivement attaquée par le général Graham. Gamarra-Mayor et Abechuco, quoique défendus avec opiniâtreté, furent enlevés à la baïonnette. Ces deux villages étaient comme des têtes de pont sur la Zadorra, pour la conservation de la grande route de Vitoria à Bayonne. Leur perte privait les Français de leur ligne d'opérations. Aussi, pendant que les alliés attaquaient Abechuco, Joseph envoya des divisions d'élite pour reprendre le village de Gamarra-Mayor. Le général Oswald repoussa toutes les attaques, et resta maître de ce point important. Battus sur toute leur ligne, et ne pouvant plus se retirer par la grande route de France, Jourdan et Joseph prirent la route de Pampelune. L'intrépidité et le nombre des alliés ne leur donnèrent pas le temps de se reconnaître. Toute l'artillerie, au nombre de cent cinquante pièces, plus de quatre cents caissons, tous les bagages, et même le trésor de l'armée, furent la proie des vainqueurs. Joseph ne dut son salut qu'à la vitesse de son cheval. Le capitaine Wyndham, du 10ᵉ de hussards, entra au galop dans Vitoria, au moment où la voiture de Joseph venait d'en sortir. Il se mit à sa poursuite avec un escadron, atteignit la voiture, et fit feu dessus. L'intrus fugitif n'eut que le temps de sauter hors de sa voiture, et de monter à cheval. Il s'échappa sous la protection d'une cinquantaine de dragons, qui firent le coup de sabre avec les hussards anglais.

La perte des alliés fut de quatre mille hommes hors de combat, et celle des Français, d'environ six mille. Lord Wellington avait quatre-vingt mille combattans. Joseph aurait pu en avoir d'avantage, s'il avait su concentrer ses forces. Le général Clausel était détaché près de Logrono avec deux divisions d'élite. Le général Foy avait été envoyé depuis peu de jours dans les environs de Bilbao. L'armée française aurait pu réunir cent mille combattans, et rejeter lord Wellington dans les montagnes du Portugal. L'absence du maréchal Soult causa tout le mal. Il n'y avait point d'officier assez marquant, pour paralyser par des talens réels, les prétentions de Joseph et de son major-général. J'ai toujours considéré Jourdan comme l'un des meilleurs généraux de division de l'armée, mais la nature ne l'a pas créé général du premier rang; et, quoique les décrets de Saint-Just et les rapports de Barrère le mentionnent comme le plus grand capitaine de son temps, je dois déclarer que tous ses succès, sa bataille de Fleurus sur-tout, sont dus à Kleber et à Marceau. Quand il a été privé de ces deux savans collaborateurs, *le masque est tombé et le héros s'est évanoui*. On put facilement prévoir le désastre de Vitoria, d'après les malheureuses journées de Wurtzbourg et de Liebtingen. Croit-on que le maréchal Soult aurait souffert que les alliés passassent le Douro, et marchassent jusqu'à Vitoria sans leur livrer bataille, avec son armée concentrée?

Au mois de juin 1813, il restait encore en campagne plus de cent soixante mille Français présens sous les armes, ou dans les garnisons. Rien n'était plus facile que de former une armée d'élite pour déjouer le plan de campagne de lord Wellington. Les succès de Lutzen et de Bautzen justifièrent le choix que Buonaparte fit du maréchal Soult pour son lieutenant à l'armée d'Allemagne; il eût dû donner à Joseph le maréchal Suchet qui, après Soult, possédait, à juste titre, la confiance de l'armée d'Espagne. Depuis huit mois, lord

Wellington organisait une armée d'élite. Les journaux publiaient qu'il ne s'occupait que de lecture et de chasse, tandis qu'il était, jour et nuit, à visiter les cantonnemens, à inspecter ses troupes et à mettre en bon état le matériel de son armée. Malgré tous ses efforts, il ne put entrer en campagne qu'avec quatre-vingt mille hommes, dont six mille de cavalerie ; Joseph aurait pu lui opposer cent mille combattans, dont dix mille chevaux. Les fausses dispositions de son major-général ne lui donnèrent, le jour de la bataille, que soixante mille contre quatre-vingt ; d'où l'on doit conclure combien était profond cet éloge de Louis XIV, en parlant du duc de Vendôme, lorsqu'il apprit sa victoire de Villaviciosa. « Voilà ce que peut « un grand homme. » On peut, sans être taxé de partialité, dire de Joseph, battu à Vitoria : « Voilà ce que cause un petit homme ». Je sais que ma franchise doit déplaire aux flatteurs ; mais j'ambitionne l'approbation des honnêtes gens, qui m'applaudiront d'oser dire la vérité pour servir de leçon, tant aux rois qu'à leurs ambitieux sujets. Les premières places appartiennent aux hommes d'un vrai mérite qui, seuls, peuvent à-la-fois être utiles à leur pays et illustrer les armes de leur souverain.

Les mouvemens de lord Wellington, dans le commencement de cette campagne, sont un chef-d'œuvre de stratégie ; il n'ambitione point le triomphe éphémère d'entrer à Madrid; il prend des positions solides qui forcent les Français à évacuer cette capitale; il menace tout leur flanc droit, depuis Santander jusqu'à Valence; il s'approche de Burgos où était un dépôt immense de munitions ; il a même la hardiesse de pousser la gauche de son armée jusques sur la ligne d'opérations des Français, et il réussit à s'emparer de la grande route qui conduit de Madrid à Bayonne ; mais il faut avouer que le général anglais n'est pas aussi habile tacticien. Arrivé sur un champ de bataille par une série de manœuvres savantes, on est tout étonné de le voir agir, pour ainsi dire, au rebours du bon sens. Pourquoi livrer ces combats de Subijana et de Gamarra-Mayor ? Dès qu'il eut acquis la certitude qu'il avait sur le champ de bataille vingt mille hommes de plus que Joseph, il aurait dû manœuvrer pour la destruction de l'aile gauche des Français. Pour atteindre ce but, il suffisait de faire de fausses attaques sur les deux ailes, tandis que l'élite de l'armée aurait franchi la Zadorra sur les ponts de Villodas et de Traspuntès, et aurait pris position entre la gauche et le centre des Français. Par cette manœuvre hardie , et et qu'indiquait la nature du terrain, tous les Français postés à Subijana, auraient été forcés de mettre bas les armes. En passant la Zadorra, vis-à-vis d'Yruna, avec cinquante mille hommes, lord Wellington renouvelait le brillant triomphe du duc de Marlborough qui, à la bataille de Hochstett, en 1704, fit prisonniers vingt-sept bataillons, et douze escadrons restés dans le village de Plentheim.

Les Français conviennent eux-mêmes qu'ils furent mal attaqués, et encore plus mal poursuivis ; trois mille hommes de cavalerie ( lord Wellington en avait plus du double ) auraient suffi pour écraser l'arrière-garde, forte de dix mille hommes, tant la terreur était à son comble dans l'armée française. Dès qu'il fut nuit, la retraite se convertit en déroute, et il ne fut pas possible de rallier les fuyards, même sous la protection des remparts de Pampelune. Cependant cette forteresse en imposa aux alliés, qui marchèrent avec précaution afin de ne pas donner dans quelque embuscade ; d'où l'on peut conclure que lord Wellington nuisit à ses intérêts en coupant les Français de la grande route de Bayonne : il en aurait eu bien meilleur marché dans cette direction que dans le pays fourré qui conduit à Pampelune : il est même probable qu'il aurait réussi à les engager de nouveau, et dès-lors ils étaient perdus sans ressource. Bayonne qui n'était pas approvisionné aurait ouvert ses portes, et Bordeaux aurait envoyé des députés pour accélérer la marche de ses libérateurs. Je rends justice à lord Wellington, en vantant l'habileté de ses plans pour arriver sur un champ de bataille ; mais je mériterais la censure de tous les gens de l'art, si je ne disais pas hautement que sa seigneurie tatonne sur le terrain, qu'elle s'en rapporte trop à ses lieutenans, et ne sait pas profiter de la victoire. Hill à la droite, et Graham à la gauche défendent Subijana et Gamarra-Mayor avec la bravoure des grenadiers ; mais il ne font point de manœuvres qui caractérisent le général. Béresford, commandant du centre, est proclamé « le mentor de sa seigneurie par ses con- « seils d'amitié et d'assistance durant les der- « nières opérations. » Je n'approuve point cette modestie de lord Wellington, je sais qu'elle est conforme au caractère anglais qui, pris en général, en raison de son attention à exalter ses collaborateurs ; cette condescendance a des bornes au-delà desquelles se trouve le ridiculé le plus complet. Il est pitoyable d'entendre le vainqueur de Salamanque et de Vitoria, nous dire qu'il est redevable de ses lauriers au général qui, le jour de la bataille d'Albuera, fut obligé de se boxer avec un lancier polonais.

Je ne me suis permis de si longues réflexions, que pour dissiper l'étonnement qu'on éprouve de ce que la perte des Français ne correspondit pas à l'importance de la journée de Vitoria; il m'a été assuré que les hommes hors de combat, tués et blessés, n'excédaient pas trois mille, et que les Anglais en avaient perdu près du double. Lord Wellington garde le silence sur le nombre des prisonniers, réticence peu commune, quand on peut donner des détails satisfaisans sur un point si intéressant, dans la narration d'une bataille de la part du vainqueur. Les malades qu'on ne put évacuer des hôpitaux de Vitoria, durent porter le nombre des prisonniers à près de trois mille ; et c'est cette circonstance qui a fait évaluer à six mille la perte totale des Français dans la journée du 21 juin : il n'y périt aucun personnage marquant. Voici comment lord Wellington rend compte de la mort d'un chef de bataillon qu'on n'aurait pas mentionné avec tant d'éloges, si on eût pu les appliquer à quelque officier d'un rang plus élevé. « Je vous annonce avec bien « de la peine que l'honorable lieutenant-colo- « nel Cadogan est mort d'une blessure qu'il a « reçue ; Sa Majesté a perdu en lui un officier « d'un grand zèle et d'une valeur éprouvée, « qui s'était déjà acquis le respect et l'estime « du militaire, et dont son pays pouvait at- « tendre, s'il avait vécu, les plus importans « services. » Ces fleurs, semées sur la tombe d'un héros, rendent un général bien cher à l'armée et à la nation. Napoléon avait suivi ce système avec beaucoup de succès dans ses premières campagnes d'Italie ; en l'abandonnant, pour ne louer que ses flatteurs, il a mécontenté la France, et sa chute est devenu l'objet de tous les vœux. Je ne prétends point faire l'application de ce reproche au juste éloge du maréchal Bessières, mort glorieusement dans les plaines de Lutzen ; mais on ne peut se rappeler sans sourire de pitié la scène tragi-comique qu'on eut l'effronterie d'insérer dans un bulletin officiel, relativement à la mort du général Duroc ; l'histoire doit censurer avec rigueur le charlatan qui affecte dans ses écrits une morale sublime, tandis que toutes ses actions ne sont qu'un monstrueux assemblage de perfidie et de cruauté. On peut aussi reprocher à lord Wellington d'avoir répandu bien du sang inutilement ; mais il l'a fait par inexpérience, tandis que Buonaparte aurait fait périr un million d'hommes pour un million de sucre et de café. On lui a souvent entendu dire « que sa conscription ou denrée *conti-*« *nentale,* finirait par lui suffire pour acquérir « la propriété absolue de la denrée *colo-*« *niale.* »

Les alliés du sud déjouèrent ses calculs, et humilièrent l'orgueilleux vainqueur de Bautzen. La déroute de Vitoria nécessita le renvoi du maréchal Soult à l'armée d'Espagne. Le coup décisif était frappé ; c'était envoyer un médecin, quand le malade était perdu sans ressource. Ferdinand VII était remonté sur le trône de ses pères, le 21 juin. Le 26, la forteresse de Pampelune fut investie par les Espagnols. Le général Hill poursuivit l'armée de Joseph qui rentrait en France par la route de Roncevaux. La vallée de ce nom est fameuse dans l'histoire par la défaite de Charlemagne en 778. Le célèbre Roland, son neveu, y périt avec une foule d'autres vaillans chevaliers que les romanciers ont tant vantés. La gauche des alliés avait suivi la grande route de Bayonne par Tolosa. Le général Foy qui était dans cette direction avec un corps de quinze mille hommes, fut culbuté près de Tolosa, et chassé de cette ville, qui fut enlevée d'assaut. Le 1$^{er}$ juillet, le général Graham établit ses postes sur les anciennes frontières d'Espagne et de France. Le centre des alliés manœuvra contre le général Clausel qui, ne sachant point la retraite de Joseph, avait osé se montrer à Vitoria le lendemain de la bataille, avec environ vingt mille hommes. C'en était fait de ce corps d'armée, si lord Wellington avait été moins circonspect. Sa seigneurie dit dans son rapport d'Ostiz, en date du 3 juillet « que Clausel était « encore le 25 juin à Logrono, et qu'il n'arriva « que le 27 au soir à Tudela, six jours après « la bataille. » Il n'en fallait que quatre au général anglais pour prendre position avec trente mille hommes d'élite à Villa-Franca sur l'Arragon, occupant Alfaro avec une forte avant-garde pour garder le pont sur l'Ebre, afin de pouvoir manœuvrer sur les deux rives de ce fleuve, en raison des mouvemens de Clausel. Par cette manœuvre, les Français étaient obligés de mettre bas les armes, puisque la retraite sur Sarragosse leur aurait été coupée par une force supérieure. L'habileté de Clausel et l'ardeur de ses troupes contribuèrent, autant que la lenteur de lord Wellington, à tirer les Français d'un aussi mauvais pas. Ils arrivèrent à Sarragosse, d'où ils se dirigèrent sur Jacca et Oléron, sans avoir eu aucun combat à livrer pour rentrer en France. Une division de Clausel était encore à Jacca le 14 juillet. Le général Paris qui la commandait ne tarda pas à se réunir à son corps d'armée, qui formait l'aile gauche de l'armée française. Il laissa dans le fort de Jacca une garnison de huit cents hommes.

Le fort de Pancorbo s'était rendu par capitulation au comte d'Abisbal le 1$^{er}$ juillet. Quoique la garnison ne fut que de sept cents hommes, elle gênait les communications entre Vitoria et Burgos. L'occupation de ce poste fit autant de plaisir à lord Wellington, que d'honneur au comte d'Abisbal. La joie de sa seigneurie fut altérée par les nouvelles fâcheuses qu'elle reçut sur l'expédition de Catalogne. Murray avait débuté avec éclat dans ses opérations contre le maréchal Suchet. Le 13 avril, les Français attaquèrent les alliés dans leur belle position de Castalla. Ils comprirent aisément qu'ils avaient à combattre des hommes plus aguerris que les Espagnols. L'infanterie anglaise croisa la baïonnete avec le sang-froid des vieilles bandes. Toutes les charges de la cavalerie française furent sans effet. Le général anglais voulut profiter de ce premier succès: il prit l'offensive. Suchet, qui comprit que ses troupes déjà fatiguées du combat, seraient enfoncées du premier choc, ne voulut pas risquer une seconde affaire. Il se retira sur Biar dans le plus grand ordre. Pendant la nuit, il continua sa retraite sur Villena. Les alliés reprirent leur position de Castalla. Cet avantage remporté sur une armée qui se croyait invincible, fit naître les plus flatteuses espérances. Le vainqueur de Tarragone, de Sagonte et de Valence fuyait, pour la première fois, devant les alliés. Depuis long-temps ce résultat avait été annoncé au gouvernement anglais, lorsqu'il aurait donné une réserve de troupes aguerries, pour soutenir les efforts de ces braves Espagnols. Mais les troupes, pour rendre les services qu'on a droit d'en attendre, doivent être bien dirigées. La victoire du 13, était due à l'intrépidité des soldats. La médiocrité du général Murray ne tarda pas à paraître dans tout son jour, non par des revers, mais pour n'avoir pas su organiser la victoire dans l'est de l'Espagne.

Le cabinet de Londres, plus heureux à choisir ses conseillers que généreux à récompenser leurs services, avait reçu un plan de campagne pour la péninsule, qui prescrivait d'attaquer les Français par leurs deux lignes d'opérations, en se rapprochant, autant que possible, des extrémités de ces lignes du côté de la France. Pendant que lord Wellington menacerait Bayonne, Murray devait faire des démonstrations sur le bas Ebre. En conséquence de ces dispositions, vingt mille hommes s'embarquèrent à Alicante, quittèrent ce port le 31 mai, et arrivèrent le 2 juin en vue de Tarragone. La rapidité de ce trajet déconcertait le plan de défense des Français. Deux divisions partirent de Valence pour s'opposer à l'expédition. Le 10, Suchet était de sa personne à Tortose. Murray n'avait pas perdu un instant pour faire débarquer ses troupes, et former l'investissement de Tarragone. Peu versé dans la fortification, il se fit un épouvantail des retranchemens qui formaient l'enceinte de la place. S'il les avait fait insulter le jour même de son débarquement, il s'en serait emparé avec peu de perte, la garnison se serait retirée dans la ville haute, et se serait trouvé fort bien traitée, si on lui avait accordé la capitulation d'usage. Le général

Murray est très-blâmable de n'avoir pas brusqué l'attaque de Tarragone, mais je le crois excusable de n'avoir pas attendu un engagement sérieux avec le maréchal Suchet. Je prouve mon assertion, quoique diamétralement opposée à celle des ministres anglais qui, peu inquiets sur l'issue définitive de la guerre d'Espagne, auraient été bien-aises qu'un échec majeur éprouvé sur ce point, eût donné un nouveau lustre aux triomphes de leur grand favori, lord Wellington.

La reddition du fort de Balaguer, qui eut lieu le 7, privait les Français de la seule route par laquelle l'artillerie pût marcher vers Tarragone, avec les troupes venues de Valence. Il importait à Suchet de faire connaître son arrivée à la garnison qui se défendait avec la plus grande valeur. Le 12, il couronna les montagnes de plusieurs feux, qui pouvaient être aperçus de Tarragone. De son côté, l'élite de l'armée de Catalogne, sous les ordres du général Maurice Mathieu, arriva le même jour à Arbos, village distant d'une journée de marche de Tarragone. En concertant bien ses mouvemens, Suchet pouvait attaquer l'armée de siége avec vingt-deux mille hommes, tandis que Murray n'en avait pas plus de quinze à lui opposer ; et il faut observer que les deux tiers de cette troupe étaient Espagnols. Il n'y avait que cinq mille Anglais. Je le répète, je n'ai aucun intérêt à faire pencher la balance; j'émets librement ma façon de penser. Si Murray avait pu empêcher la jonction de Suchet avec Maurice Mathieu, et les battre séparément, il est coupable de ne pas l'avoir entrepris. Mais je soutiens que dès que leur jonction fut effectuée, il n'y avait qu'une prompte retraite qui pût sauver les alliés d'une destruction totale. Il y a néanmoins d'autres coupables dans cette dernière hypothèse : ce sont les ministres qui n'ont exécuté le plan qu'à leur guise. Il fallait débarquer à Barcelone un corps de vingt-cinq mille hommes de troupes de ligne anglaises, établir l'investissement de cette place, en confier le blocus aux braves Catalans, battre l'armée française, la faire poursuivre par les miquelets dans les défilés des Pyrénées jusques sous le canon de Perpignan, et marcher ensuite sur l'Ebre au-devant de Suchet. Il est probable que si ce plan eût été ponctuellement exécuté, le duc d'*Albufera* aurait été dans une situation à aller surveiller par lui-même les travaux agricoles de ses nouveaux domaines.

J'étais à Londres, lorsqu'on y reçut la nouvelle de la retraite du général Murray. Je l'approuvai hautement, et je démontrai qu'il n'avait pas les moyens nécessaires pour atteindre le but proposé. Mon avis aurait prévalu, sans l'abandon de l'artillerie et des munitions. On ne lui pardonnait pas d'avoir rendu aux Français cette artillerie qui avait coûté tant de sang le jour à jamais mémorable de l'assaut de Badajoz. Vingt-six pièces de canon sont à regretter; mais si leur conservation eût dû coûter la perte d'une bataille, il n'y avait point à balancer. L'honneur de l'armée expéditionnaire ne fut nullement compromis, ni par la retraite, ni par la perte de l'artillerie, abandonnée par la force des circonstances. Une défaite aurait produit un grand malheur, puisqu'à la perte sans fruit d'une foule de braves gens, on aurait eu probablement à ajouter celle de cette même artillerie, ou au moins, des canons de bataille qu'on aurait placés en ligne. Je reproche à Murray trop de circonspection dans ses premières opérations contre Tarragone, ainsi que sa négligence à prévenir la jonction des armées de Valence et de la Catalogne. Avec plus de prévoyance et d'activité, il aurait pu rembarquer ses canons et autres approvisionnemens de siége; mais il doit être loué, d'avoir eu assez de fermeté de caractère et de vrai patriotisme pour avoir préféré à sa propre gloire le salut de son armée et l'honneur national. Il dut bien lui en coûter, pour se rembarquer sans combattre. Si ce général a eu le chagrin de se voir vilipendé par quelques écrivains, gagés par des militaires de cabinet, il peut se consoler par la certitude que tous les hommes sages et expérimentés l'ont plaint bien sincèrement de ce qu'il avait été exposé à faire un pas rétrograde dans une carrière où il avait les plus brillans lauriers à cueillir, si ses moyens avaient été en proportion de la tache importante qui lui était confiée.

Le maréchal Suchet prit amplement sa revanche de la journée de Castalla. Il manœuvra avec la plus grande habileté. Il paralysa momentanément un vaste plan, dont l'exécution précise et entière l'aurait placé dans une position très-critique. Pendant qu'il dirigeait les opérations de Catalogne, le général Harispe se battait sur le Xucar. Le 13, le général Elio attaqua la division Habert près de Carcagente. La mêlée fut très-vive. Les Espagnols perdirent quinze cents hommes, dont sept cents prisonniers. Ce succès des Français ralentit l'ardeur des alliés, et décida, sans doute, lord Bentinck, qui avait remplacé Murray, à rentrer avec l'expédition dans son ancienne position. Suchet, satisfait d'avoir délivré Tarragone, partit en toute hâte pour Valence, afin d'être à même de s'opposer aux tentatives que les alliés étaient dans le cas de faire contre les côtes, sur les points dégarnis de troupes, où les magasins pouvaient être enlevés. Le 24, son armée entra dans Valence. Lord Bentinck, ayant été retardé par des vents contraires, Suchet résolut de profiter de l'absence de l'expédition pour battre les alliés restés sur le Xucar. Mais ils furent prévenus à temps par leurs espions, et ils se replièrent dans leur camp retranché de Castalla. Une arrière-garde, restée au col de la Olleria, fut attaquée à la baïonnette, tuée, prise ou dispersée. Le retour de l'expédition à Alicante eut lieu le 24. Les troupes furent débarquées sur-le-champ, et prirent des positions dans les environs de Xixona, pour servir de réserve au camp de Castalla. Cette détermination de lord Bentinck fait l'éloge de la justesse de son coup-d'œil.

C'est avant de partir d'Alicante, le 31 mai, que son prédécesseur, le général Murray, se serait montré digne de sa place, s'il avait refusé le commandement en chef de l'expédition, jusqu'à ce qu'on lui eût fourni de quoi la conduire à une heureuse fin. La force des Français dans cette partie de l'Espagne n'était point un problème; les émissaires des alliés avaient dû la faire connaître avec précision. Murray, comme général, devait savoir, le 31 mai, à qui il aurait à faire le 12 juin suivant; et comme en pareil cas on doit peu laisser au hasard, je suis aussi forcé de *censurer* les ministres qui avaient confié un poste si délicat à un homme qui n'avait pas assez d'intelligence et de souplesse pour mériter leur estime, en se *sacrifiant* pour l'exécution de leurs ordres.

J'ai déjà dit que la grande science des gouvernans était de bien choisir leurs principaux agens. Malheur à ces froids égoïstes qui organisent des revers pour avoir la gloire de les réparer! Mais que dire de ces ignorans qui, ayant à leur disposition les moyens d'assurer la victoire, refusèrent de les mettre en usage, dans la crainte qu'un succès éclatant ne donnât un rival à l'idole du jour? Si mes plans avaient été ponctuellement suivis, la Catalogne aurait été évacuée en même temps que la Navarre. J'ai fait mon devoir, je le fais encore aujourd'hui en disculpant un officier brave et loyal dont les torts proviennent de l'entêtement et du machiavélisme de ses mandataires. Toute l'Angleterre connaît l'étendue de mes services, la pureté de mes intentions, et sur-tout ma résignation à tout ce qu'il plaira au parlement britanique de statuer sur mes intérêts; comme je me soumets d'avance, pour mes écrits, au jugement éclairé des savans de tous les pays qui m'ont si souvent honoré de leur indulgence.

Depuis le commencement de juillet, le général Graham opérait contre Saint-Sébastien; le 17 il s'empara du couvent de Saint-Barthelemy. L'occupation de ce poste le mit à même d'établir des batteries contre le rempart de la place; elles furent si bien servies que la brèche fut jugée praticable. Le 22, un parlementaire envoyé pour sommer la garnison de se rendre, ne fut pas reçu; le 25, au moment où la basse mer laissait à sec le pied du rempart, les assiégeans firent une attaque générale sur trois points; les Français s'attendaient à cette affaire, et pour la tourner à leur avantage, ils avaient construit des retranchemens intérieurs en arrière des brèches. Jamais les Anglais n'avaient déployé tant d'intrépidité; leur dévouement méritait un meilleur sort : on les tuait à bout portant; le major Frazer périt sur la brèche avec l'élite des grenadiers écossais. Cet assaut coûta aux alliés deux mille hommes hors de combat; de leur côté, les Français n'en avouent que quarante. Le 27 ils firent une sortie, et ils furent au comble de la joie quand ils eurent l'assurance que les alliés avaient discontinué les opérations du siége. Le général Rey évalue à douze cents hommes la perte qu'il fit éprouver aux alliés dans cette rencontre avec l'arrière-garde. Lord Wellington se voyant attaqué par le maréchal Soult, fit les dispositions pour concentrer ses troupes sur le point où il prévoyait que les Français dirigeraient leurs efforts. Le ravitaillement de Pampelune paraissant l'objet des opérations de Soult, le général anglais manœuvra pour s'y opposer. Le 25 il ordonna au général Graham de suspendre le siége de Saint-Sébastien, et de se placer près de Renteria; par cette disposition, Graham formait la réserve des troupes postées sur la Basse-Bidassoa, tandis qu'un corps d'observation contenait la garnison de Saint-Sébastien.

Le général Cole se battit à Roncevaux toute la journée du 25 contre l'avant-garde française; dès qu'il fut nuit il se retira dans les environs de Zubiry : le même jour, le général Hill fut attaqué dans le Puerto de Maya, à l'entrée de la vallée de Bastan. La vivacité des Français franchit tous les obstacles : les alliés furent culbutés; l'arrivée du général Barnes protegea la retraite qui s'effectua sur Iturita. Le 82ᵉ régiment exécuta plusieurs charges à la baïonnette, sous la direction du général Stewart, qui fut blessé. Lord Wellington ne put arriver que le 27 ; le général Cole avait quitté sa position de Zubiry, comme trop hasardée, et il avait manœuvré pour couvrir le blocus de Pampelune; sa droite était appuyée à Huarte, et sa gauche couronnait les hauteurs près de Villaba ; la cavalerie de sir Stappleton Cotton était à la droite, près d'Huarte ; deux divisions espagnoles étaient en réserve. Soult attaqua cette position presqu'au moment de l'arrivée de lord Wellington ; il fut repoussé sur toute la ligne, excepté à la gauche; il s'empara du village de Sorauren, sur la route d'Ostiz à Pampelune : tous les efforts pour l'en débusquer, furent inutiles; il resta maître de cette partie du champ de bataille, et les deux armées passèrent la nuit sur le même terrain où elles avaient combattu.

Lord Wellington, convaincu que l'opiniâtreté et les nombreux régimens gagnent les batailles, ne perdit pas un instant pour se renforcer de toutes ses troupes disponibles; dans la matinée du 28, il fut rejoint par un corps d'infanterie qu'il posta sur les hauteurs, près de Sorauren. Ce mouvement inquiéta les Français qui débouchèrent du village avec un gros corps d'infanterie; ils furent bientôt forcés de se retirer avec une grande perte : pour réparer cet échec, ils attaquèrent toute la ligne entre Villaba et Huarte, ils réussirent à la forcer sur deux points ; ces succès ne furent que momentanés. Les généraux Campbell et Ross ayant été renforcés, reprirent leurs positions respectives; le reste de la journée fut employé à se canonner. Le général Hill, quoiqu'attaqué très-vivement, se maintint dans sa position près de Lezasso, pendant la journée du 28. Lord Wellington ayant donné à cette colonne l'ordre de rétrograder pour entrer en ligne avec les troupes, près de Pampelune, les Français suivirent ce mouvement. Arrivés à Ostiz, ils essayèrent de tourner la gauche du général Hill; lord Wellington profita de cette manœuvre trop étendue pour prendre l'offensive.

Le 30, les Français furent attaqués sur toute leur ligne; une montagne très-escarpée, où était appuyée leur droite, fut enlevée à coups de baïonnette par le général comte Dalhousie; le général Packenham s'empara de Sorauren ; alors on n'entendit qu'un cri sur toute la ligne des alliés : « Conservons sans tache les lauriers « de Salamanque et de Vitoria. » Soult, étonné de tant de résistance, dut néanmoins céder à l'empire des circonstances.

Monsieur le maréchal ordonna donc la retraite, avec la mortification de n'avoir pas pu jeter dans Pampelune le convoi qu'escortait l'armée. L'entreprise était audacieuse, et probablement elle aurait réussi avec plus d'activité de la part des généraux français : il fallait attaquer le plateau d'Altabisca, près de Roncevaux, le 25, et poursuivre l'ennemi l'épée dans les reins sans lui donner le temps de se reconnaître. Une faute qu'on peut reprocher au maréchal Soult, c'est de n'avoir pas composé sa colonne de manière à pouvoir arriver sans se compromettre jusque sous les remparts de Pampelune ; les corps des généraux Reille et d'Erlon devaient amuser le général Hill, et manœuvrer pour rejoindre le corps principal du maréchal Soult, en coupant de l'armée des alliés les quinze mille hommes qui défendaient Roncevaux; d'autant plus que le général Cole qui les commandait commit l'imprudence de se battre dans cette position, ayant sur son front une armée plus nombreuse. On conçoit que c'en était fait de cette troupe, si au lieu de s'obstiner à enlever le col de Maya, le comte d'Erlon avait marché par sa gauche sur Erro, par les Alduides et Hurpele. Les gardes nationales et les chasseurs des montagnes dont le maréchal Soult vante l'ardeur, auraient été chargés de couvrir le mouvement, et de donner le change à l'ennemi. Cette opération était analogue à la réputation distinguée du maréchal Soult ; il aurait vengé la défaite de Vitoria ; il aurait conservé dans l'opinion générale la supériorité, sur lord Wellington, qu'il avait acquise par ses victoires, et dans le nord et dans le sud de l'Europe ; le théâtre de la guerre aurait été fixé sur les rives de l'Ebre ; Suchet avait évacué le royaume de Valence pour se rapprocher de ses établissemens sur ce fleuve : au contraire, la perte « *de la bataille des Pyrénées* » assura la reddition de Pampelune et rejeta les Français sur leur territoire ; l'Espagne fut libre, excepté la Catalogne et les places fortes où Suchet avait placé des garnisons.

Le gouvernement français n'ayant pas publié les rapports des journées des 28 et 30 juillet, on ne peut parler de la perte de Soult que par approximation. Lord Wellington l'évalue à quinze mille hommes hors de combat, et il porte celle des alliés à six mille. Les circonstances où se trouvèrent les deux armées, tour-à-tour sur l'offensive et la défensive, engagent à croire que cette lutte sanglante leur fut également fatale, et que chacun des deux partis perdit environ huit mille tués, blessés ou prisonniers. Il est aussi juste de dire que les généraux et soldats des deux armées se couvrirent de gloire. Si l'étoile de lord Wellington éclipsa momentanément celle du maréchal Soult, ce ne fut que par des prodiges d'activité, de courage et de dévouement. Le général français avait conçu un plan digne de ses grands talens, et il l'aurait heureusement exécuté, sans le double inconvénient de commander une armée battue récemment, contre des soldats devenus invincibles par leurs derniers triomphes. Les cols de Maya, de Roncevaux et de Sorauren prouvent que la valeur des troupes est subordonnée à l'habileté de leur général. Soult, quoique battu, mérite beaucoup d'éloges, par l'ordre de ses marches, la précision de ses attaques, et sur-tout par sa savante retraite. Dès le 28, il avait renvoyé en France les canons et bagages qui auraient pu encombrer les routes. Cette prévoyance est une censure bien amère de la perte de l'artillerie, le 21 juin, par le maréchal Jourdan.

Un autre désagrément vint augmenter les regrets de M. le maréchal Soult. Depuis le commencement d'août, le siége de Saint-Sébastien avait été repris et poussé avec vigueur. Le 26, le poste de Santa-Clara fut enlevé par les alliés. La brèche ayant été *reconnue* praticable, l'assaut fut donné le 31 à onze heures du matin. Mais écoutons parler le général Graham, aussi *loyal* avec sa plume qu'il est brave avec son épée : « Tout ce que la bra-
« voure la plus déterminée pouvait tenter, fut
« entrepris plusieurs fois, et en vain, par les
« troupes qui s'avancèrent des tranchées. Au-
« cun homme ne survécut à ses efforts pour
« monter sur la brèche...... Dans cet état pres-
« que désespéré de l'attaque, j'osai ordonner
« *que les canons fussent tournés contre la*
« *courtine.* Un feu très-vif d'artillerie fut di-
« rigé sur ce point, passant à quelques pieds
« seulement au-dessus de nos soldats...Voyant
« alors l'*admirable effet du feu des batteries*
« *sur la courtine,* j'ordonnai qu'il fût fait un
« grand effort pour s'établir sur la brèche, en
« même-temps qu'il serait fait une tentative

« pour escalader l'ouvrage à corne. Il échut
« en partage à la deuxième demi-brigade de la
« cinquième division, sous le commandement
« de l'honorable colonel Charles Greville, de
« sortir des tranchées à cet effet; et le troisième
« bataillon des royaux Ecossais, sous le lieute-
« nant colonel Barnes, soutenu par le quatre-
« vingt-huitième, sous le lieutenant-colonel
« Miles, arriva heureusement pour monter à
« la brèche de la courtine, à-peu-près dans le
« moment où une explosion au rempart de la
« courtine, causée par le feu de notre artillerie,
« produisit de la confusion parmi les ennemis.
« La passe étroite fut prise et maintenue.......
« Ainsi, après un assaut qui durait depuis plus
« de deux heures, un logement sûr fut obtenu.
« Il fut impossible d'arrêter l'impétuosité des
« troupes; et dans l'espace d'une heure au plus,
« l'ennemi fut débusqué de toutes les défenses
« compliquées qu'il avait érigées dans les rues,
« essuyant une forte perte dans sa retraite au
« château, et laissant toute la ville en notre
« possession. » Cet extrait du rapport du général Graham à lord Wellington, suffit pour
donner une idée et de la bravoure des soldats
anglais, et de l'inexpérience de leurs ingénieurs.

Lorsqu'en juin 1811, lord Wellington fit donner deux assauts pour enlever Badajoz, je publiai une lettre fort détaillée sur les fautes commises par les directeurs du siége. Tous les journalistes, excepté le *Times*, m'accablèrent d'invectives, et l'année suivante Badajoz fut pris par la stricte observation de *mes principes*. Le colonel du génie, Fletcher, était un fort bon officier; il avait autant de bravoure que d'instruction, mais il manquait d'expérience pour la conduite des travaux de siége. Il périt en héros sur la brèche : c'était sa faute. S'il avait suivi les règles de l'art, pour couronner le chemin couvert, faire la descente et le passage du fossé, rendre la brèche praticable, et établir le logement sur la brèche, il vivrait peut-être, et il aurait la satisfation de jouir de sa gloire moins ensanglantée. L'assaut de Saint-Sébastien coûta trois mille hommes, parce qu'il fut donné, ou, pour mieux dire, préparé *à la turque*. Cette opération, bien dirigée, ne devait pas faire regretter plus de mille hommes hors de combat. D'ailleurs, il fallait considérer que la garnison avait sa retraite assurée dans le château, et que l'occupation de quelques maisons en ruine ne devait pas faire sacrifier une foule d'intrépides soldats. Je suis étonné qu'une idée si libérale ait échappé au caractère généreux de Graham. En effet, la ville étant prise, il fallut faire le siége du château. Sa position fit prendre le parti de le bloquer et de le bombarder.

Le maréchal Soult aime les braves. Il avait à cœur de secourir la garnison de Saint-Sébastien, dont la belle défense commandait l'admiration. Le jour même de l'assaut, il passa la Bidassoa avec la majeure partie de ses troupes, et attaqua avec beaucoup d'impétuosité les troupes espagnoles postées sur les hauteurs de San-Marcial. A en croire lord Wellington, ces troupes suffirent pour repousser les Français; il n'eut pas besoin de faire marcher les divisions anglaises, qui étaient en réserve sur les flancs des Espagnols. Il y eut plusieurs affaires partielles sur le front des deux armées. Le général anglais fut forcé d'abandonner les hauteurs entre Lezaca et la Bidassoa. Il se retira sur celles qui sont en avant du couvent de San-Antonio, où il fit bonne contenance. Le maréchal Soult dût être instruit de bonne heure de la prise de la ville de St-Sébastien. Il voulut néanmoins tenter le sort des armes : il dût trouver qu'un grand changement s'était opéré dans un très-court espace de temps. En Andalousie, un an auparavant, les Espagnols étaient les auxiliaires de Soult, escortaient ses convois et montaient même sa garde. Quel dût être son étonnement, lorsqu'il se vit repoussé par des hommes à qui on avait refusé jusqu'alors le titre de soldat ! Il dût en conclure que la fortune abandonnait les armes de Buonaparte, et qu'une prompte paix était le seul moyen de conserver les tristes débris de cette puissance colossale, qui, en août 1812, effrayait l'Europe, de Cadix à Naples, et de Londres à Moscou. Les Français reprirent leurs positions sur la Bidassoa, le 1er septembre, laissant le château de Saint-Sébastien à la merci des alliés.

Le général Rey offrit au général Graham une suspension d'armes pendant quinze jours, promettant de se rendre à cette époque, s'il n'était pas secouru; mais à condition qu'il rentrerait en France avec la garnison, sans être prisonniers de guerre. Sa proposition fut rejetée. Une nombreuse artillerie foudroyait le le château par terre et par mer, et causait beaucoup de mal aux assiégés, quand le gouverneur fit arborer le drapeau blanc, et envoya un parlementaire pour obtenir une capitulation. La garnison, forte de dix-sept cents hommes, fut prisonnière de guerre, et conduite en Angleterre. Quoique ces braves eussent fait perdre aux alliés plus que le double de leur nombre, ils furent traités avec les plus grands égards par la nation anglaise, toujours fière d'honorer la valeur et le vrai mérite, en dépit de ses ministres.

J'ai fait observer que lord Wellington poussait trop loin sa reconnaissance envers ses collaborateurs : il est de mon devoir de consigner ici sa délicatesse, en faisant l'éloge des rivaux, pour ne pas dire des maîtres de l'armée de terre; car en Angleterre, tout ce qui appartient à la marine, obtient une préférence marquée sur le militaire. Mais écoutons sa seigneurie s'exprimer elle-même sur le compte des officiers de la marine royale, dont la coopération fut si active et si efficace pendant toutes les opérations du siége de Saint-Sébastien : « Je donne mon entière
« concurrence au rapport du général Graham,
« sur l'assistance cordiale qu'il a reçue du ca-
« pitaine sir George Collier et des officiers,
« marins et soldats sous ses ordres. Ils ont
« fait tout ce qui était en leur pouvoir, pour
« faciliter et assurer nos succès. Les marins ont
« servi l'artillerie aux batteries, et, en toute
« occasion, ils ont montré cette énergie qui
« caractérise la marine britannique. (*Lettre*

le lord *Wellington à lord Bathurst*, en date de Lezaca, du 2 septembre 1813.) Pourquoi la Providence, qui a doué les Français de tant de qualités éminentes, leur a-t-elle refusé cet esprit d'union entre la terre et la mer, qui, depuis Cromwell, a si bien servi à donner à l'Angleterre le commerce de l'univers? Il y a dans notre marine, ainsi que dans nos armées de terre, une foule d'hommes de mérite; que la concorde nous dirige tous vers un même but : la gloire de notre belle France, et le pavillon des Bourbons verra bientôt renaître les beaux jours de Louis XIV et de Louis XVI, dont les flottes firent souvent trembler les riches boutiquiers de Londres!

Buonaparte, inquiet sur le sort de l'Espagne, puisque le maréchal Soult n'avait pas réussi à battre les alliés, fit demander au sénat une levée de trente mille hommes, à prendre sur les dernières conscriptions, dans les départemens voisins des Pyrénées. « Cette force, dit
« le comte Regnault de Saint-Jean-d'Angely,
« *suffira* pour arrêter les succès dont l'ennemi
« s'est applaudi *trop vite*; pour reprendre avec
« lui l'attitude *convenable* à la France, pour
« attendre et *préparer le moment* où l'Angle-
« terre ne disposera plus, pour la *dévastation*

« des Espagnes, des trésors du Mexique qu'elle
« leur *arrache*, et avec lesquels elle *alimente*
« son commerce dans les deux Indes, prolonge
« son *monopole* en Europe, soutient chez elle
« son crédit *épuisé*, stipendie les hommes
« qu'elle a *corrompus*, et paye ses *funestes*
« subsides aux cabinets qu'elle *égare*. » Les orateurs qui peuplèrent nos armées d'un million d'hommes au commencement de la guerre de la révolution, n'employèrent point un jargon aussi absurde, une véritable lamentation de Jérémie. Les conscrits qui réussirent à s'évader, se moquèrent du décret. Peu furent arrêtés par les gendarmes : on les conduisit partie à l'armée de Soult, partie à celle de Suchet. Depuis son départ de Valence, le duc d'Albufera n'avait point eu d'engagement sérieux. Il commit la faute majeure de laisser des garnisons par-tout où il y avait un rempart avec un fossé, ce qui affaiblit son armée de plus de vingt mille hommes. Un bon général fait peu de cas des places fortes. Une victoire ouvre leurs portes à bien meilleur marché que le siége le plus régulier. Les ingénieurs me combattront, parce que j'attaque à-la-fois leur gloire et leur bourse ; mais j'aurai les suffrages de tous les militaires instruits, et je m'estime-

rai heureux, si je puis engager le gouvernement à économiser des sommes énormes, dépensées annuellement et en pure perte, ainsi que l'ont prouvé incontestablement la campagne de Marengo en 1800, et l'invasion de la France en 1814.

Lord Bentinck avait suivi le maréchal Suchet, depuis son départ de Valence; peu confiant dans la qualité de ses troupes, il n'avait pas voulu risquer une bataille. Il passa l'Ebre le 21 juillet, entre Tortose et la mer. La flotille qui suivait les mouvemens de l'armée de terre, facilita cette opération. Le 29, les alliés investirent Tarragone par terre et par mer; les travaux du siége furent commencés le 3 août. La garnison, trop faible pour faire des sorties, fit un feu très-soutenu d'artillerie et de mousqueterie; le général Decaen se réunit au maréchal Suchet, le 14, dans les environs de Villa-Franca; ils résolurent de marcher le lendemain pour livrer bataille à lord Bentinck, et le forcer à lever le siége. Le 15, l'avant-garde française rencontra un parti anglais en avant de Nulles et le mit en fuite; cette escarmouche paraît avoir effrayé lord Bentinck; il profita de la nuit pour se retirer sur Cambrils. Sa seigneurie, quoique très-brave de sa personne, manqua de courage d'esprit : c'est en vain que lord Wellington ap-

prouve sa retraite. Je la blâme avec bien plus de raison que n'en montrèrent les adversaires du général Murray. Dans son rapport en date du 19 août, lord Bentinck dit à lord Wellington : « J'appris, le 10, que le maréchal Suchet
« s'était porté de Barcelone à Villa-Franca,
« avec *cinq mille hommes*. Le 14, je fus in-
« formé par le baron d'Eroles et le colonel
« Manzo, qu'outre ce qu'il avait pris de toutes
« les garnisons, il avait été joint par Decaen
« avec *six mille hommes*. En conséquence
« de ces avis, je *suspendis* toutes les opéra-
« tions du siége de Tarragone, excepté la con-
« fection des fascines, et je ne débarquai ni
« artillerie ni munitions...... J'avais eu *inten-
« tion* de pousser jusqu'au Llobregat. L'armée
« de Suchet fut pendant un temps divisée entre
« Barcelone et Villa-Franca. Un *mouvement
« rapide aurait pu* me mettre à même de tom-
« ber séparément sur son avant-garde, et de
« me rendre maître de la chaîne de montagnes
« de ce côté-ci du Llobregat, avant qu'il pût
« faire venir ses troupes de Barcelone; mais
« je ne pouvais pas exécuter ce mouvement
« avant d'avoir été joint par Saarsfield, et préa-
« lablement Suchet avait concentré ses forces
« dans Villa-Franca et les environs. Les forces

« de Suchet ont été diversement représentées
« *de vingt à vingt-cinq mille hommes*. Le voi-
« sinage de Tarragone offrait une position *très-*
« *bonne* en elle-même; mais elle peut être *com-*
« *plètement tournée* par un ennemi qui, en *tra-*
« *versant* les cols, s'approcherait de Tarragone
« par Valls et Reuss. Le 14, Suchet porta un
« gros corps à Altafalla; mais la route étant
« près de la mer, les chaloupes canonnières
« *l'empéchèrent* de passer, si telle était son
« intention. Le 15, il *repoussa* les postes qui
« étaient aux cols de Santa-Christina et Llebra,
« et il *força* ensuite le corps qui était à Bra-
« fim de se retirer; toute son armée suivit
« cette route, etc. »

On peut demander à lord Bentinck les détails du combat qui *força* le corps qui était à Brafim de se retirer, et qui, par cette fuite, mit à la disposition de Suchet les cols qui devaient servir à arrêter l'armée française, s'ils avaient été gardés avec habileté et défendus avec courage. La meilleure position peut être tournée, si ses flancs ne sont point garantis par les avantages de la nature, ou par les combinaisons de l'art. Comment sa seigneurie peut-elle nous dire que Suchet avait de vingt à vingt-cinq mille hommes, lorsqu'elle a dit, quelques lignes auparavant, dans ce même rapport, qu'il n'en avait que onze mille? Trente mille alliés restent dix-huit jours devant une place presque démantelée, défendue par une garnison de deux mille hommes ; et, malgré leur supériorité, ils se retirent devant une armée de onze à douze mille hommes sans livrer bataille! On voit à présent combien j'avais raison d'approuver la retraite du général Murray, puisque, n'ayant que la moitié des forces de lord Bentinck, il avait à combattre l'élite des armées françaises de Valence et de Catalogne. Je serais en contradiction avec moi-même, si je ne comparais l'approbation de lord Wellington de la conduite de lord Bentinck, au grattement des deux baudets de Lafontaine, quand l'un d'eux répond aux éloges de son confrère :

« Seigneur, j'admire en vous des qualités pareilles. »

Mais je suis forcé de dire, qu'à l'imitation des loups, les lords ne *se mangent* point en Angleterre; tandis qu'il n'y eut qu'un cri d'indignation contre le sage Murray, à qui on aurait dû voter des remercîmens pour avoir conservé l'honneur des armes anglaises, malgré les clameurs furibondes d'une nuée d'étourdis et d'envieux. Mais Murray n'avait pas l'honneur d'être lord; et les ministres dont il refusa constamment d'être le flagorneur, saisirent avec empressement cette occasion pour le dénigrer aux yeux de son prince, afin de lui fermer à jamais l'honorable et brillante carrière de la pairie du royaume-uni. Pour donner une juste idée des hauts faits d'armes du vice-roi de Sicile, je me borne à dire qu'il eut, dans cette expédition, *treize hommes hors de combat!*

Le maréchal Suchet qui craignait que les alliés, mieux instruits sur ses véritables forces, ne vinssent lui livrer bataille près de Tarragone, se hâta de faire sauter les fortifications qui n'avaient pas encore été détruites, et il rétrograda sur Barcelone. Il suppléa au nombre par beaucoup d'audace, et c'est à la résolution qu'il mit dans ses manœuvres qu'on doit attribuer la pusillanimité de lord Bentinck. Ainsi, l'infortunée Tarragone, après avoir été occupée par les Français pendant deux ans, n'offre plus qu'un monceau de ruines! Assiégée, bombardée et prise d'assaut, elle fut la proie des flammes; et ce qui échappa à l'incendie ou aux batteries, disparaît par l'explosion des mines et des magasins à poudre qu'on fait sauter, parce qu'on ne peut pas les emporter! Tarragone est une petite ville située sur une colline près de la mer, entre deux rivières, la Gaya et le Francoli. Son port n'est pas bon, à cause des rochers qui en empêchent l'entrée aux gros vaisseaux. Sa population n'excède pas dix mille âmes, tandis qu'elle était, du temps des Romains, la plus peuplée de l'Espagne. Elle donna son nom à la plus grande partie de la péninsule, appelée *Espagne tarragonaise*. Auguste et Antonin-le-Pieux la protégèrent, à l'exemple des Scipions qui, dans les guerres puniques, en avaient fait la principale place d'armes contre les Carthaginois. Comme Alexandrie, elle est déchue de son antique splendeur; et, malgré la fertilité de son sol et la beauté de son site, Tarragone ne se relevera pas de son abaissement présent, à cause du voisinage de Barcelone et Valence; mais la postérité la plus reculée vantera le généreux dévouement de ses habitans dans le siége de 1812, et flétrira d'ignominie les lâches, indignes d'être Anglais, qui refusèrent de débarquer pour améliorer ou partager le sort de leurs fidèles alliés!

Il n'y eut rien de marquant en Catalogne, après la destruction de Tarragone comme place forte, excepté que l'avant-garde de lord Bentinck fut surprise par Suchet le 13 septembre dans la passe d'Ordal. Sa seigneurie se replia sur Tarragone; et les Français, satisfaits d'avoir donné une leçon de vigilance aux alliés, rentrèrent dans leurs positions près de Barcelone. Que conclure de cette supériorité si constamment conservée par Suchet? Les armées de Catalogne, étant composées comme celles sur la Bidassoa, on peut assurer que l'indolence des alliés dans l'est de l'Espagne provenait de l'infériorité des talens militaires de lord Bentinck. Sa seigneurie se rendit enfin justice, et fit voile pour la Sicile, sur un vaisseau de ligne, vers la fin de septembre. Il fut remplacé par le général Clinton, qui seconda si efficacement lord Wellington le jour de la bataille de Salamanque. Mais Suchet, qui fut instruit de suite de ce changement, ne voulut point compromettre ses anciens succès. Il resta sur le Llobregat, et Clinton prit position dans les environs de Tarragone. Il avait des forces supérieures à celles de Suchet. Il craignait aussi sans doute de compromettre, comme général en chef, la gloire qu'il s'était acquise sous lord Wellington.

Sa seigneurie continuait à prêcher d'exemple, en attaquant les Français, dès qu'ils lui fournissaient la moindre occasion de pouvoir le faire avec quelqu'espérance de vaincre. Le passage de la Bidassoa fut effectué le 7 octobre, par le général Graham. Il éprouva une vive résistance, sur-tout à l'ermitage de la Rhune, situé sur un rocher très-escarpé. Les Français réussirent à s'y maintenir pendant toute la nuit du 7. Le 8, vers les dix heures du matin, ce poste fut enlevé de la manière la plus brillante. Les Français, accablés par le nombre, furent obligés de se retirer, et ils eurent la douleur de voir l'ennemi prendre position sur le territoire de l'ancienne France. Le passage de la Bidassoa coûta aux alliés trois mille hommes hors de combat, et à-peu-près le même nombre aux Français. Ce succès de lord Wellington était encore un résultat des fausses dispositions des généraux français dans la journée de Vitoria, où ils perdirent toute leur artillerie. Je conclus cet ouvrage, en mentionnant la capitulation de Pampelune. Cette place se rendit le 13 octobre, après un blocus de quatre mois et dix jours. La garnison, prisonnière de guerre, fut traitée avec les plus grands égards, parce que les autorités civiles attestèrent « que la conduite des Français envers les « Espagnols avait été conforme à la bonne dis-

« cipline, et que les dispositions faites par le « gouverneur durant la disette occasionnée par « le blocus, n'avaient causé la mort d'aucun « habitant. » Pampelune est la *Pompeiopolis* des Romains, et la *Pampelon* des autres peuples. Le grand Pompée fut son fondateur. Ses fortifications actuelles sont du célèbre Vauban, bien digne par ses vertus, ses talens, ses services et ses malheurs de passer à la postérité, comme l'égal en gloire de l'illustre vainqueur de Mithridate.

Le lecteur aurait peut-être désiré que j'eusse composé un huitième Livre des opérations militaires qui ont eu lieu sur le territoire français, depuis le passage de la Nivelle, jusqu'à la bataille de Toulouse. Je conviens que l'ouvrage aurait pu paraître plus complet, quoique j'aie rempli ma promesse de donner une analyse des principaux faits d'armes de la guerre d'*Espagne et de Portugal*; mais le véritable motif qui m'a fait conclure cette analyse à la prise de Pampelune, c'est que je vais publier incessamment un ouvrage sur *la Restauration* ou *le Triomphe des Souverains légitimes*. Les alliés du sud opèrent dans cette grande époque d'une manière si glorieuse, qu'en les présentant isolément, j'aurais atténué l'importance de leurs brillans services, tout en morcelant le tableau le plus intéressant de l'histoire ancienne et moderne.

Lord Wellington brave tous les dangers, franchit tous les obstacles, et déploie toutes les ressources de son génie pour faire triompher la cause sacrée des Bourbons. Les alliés du nord paraissent redouter de pénétrer sur le territoire de l'ancienne France. Ils s'arrêtent sur les bords du Rhin. Le général anglais leur donne le signal des combats, qui, sous ses auspices, fut toujours l'augure de la victoire. Fier de posséder dans son camp un digne descendant de Saint-Louis, Son Altesse Royale le duc d'Angoulême, lord Wellington franchit l'Adour, pour pouvoir présenter ce prince aux embrassemens des loyaux Bordelais, qui reçoivent avec un enthousiasme vraiment français, le neveu de Louis-le-Désiré, l'époux de l'auguste fille de Louis XVI, et l'héritier présomptif du trône de France. Les alliés du nord, encouragés par les succès des alliés du sud, passent le Rhin, culbutent les armées de Buonaparte, et font leur entrée dans Paris, où ils sont reçus comme des libérateurs. Combien ils dûrent s'applaudir de leurs généreux efforts, quand ils furent témoins des transports de joie de toutes les classes de citoyens, à la réception de Son Altesse Royale Monsieur, frère du Roi, et à l'entrée de Louis-le-Désiré, dans sa bonne ville !

La restauration de Ferdinand VII, si justement nommé le *Bien-Aimé*, fait aussi partie de ce tableau, à la gloire de l'Angleterre, qui rendra bientôt son ouvrage parfait. Le noble sang des Bourbons doit être complètement vengé des humiliations que lui ont suscité quelques énergumènes, la honte de la société, le fléau le plus terrible des nations. Quel est donc l'homme né pour être sujet, qui oserait prétendre à un traitement plus distingué que les Crillon, les Turenne, les Marlborough, les Kléber, les Soult et les Wellington ? Quels reproches n'auraient point à se faire les illustres croisés pour le bonheur de l'Europe, si les clameurs serviles de quelques intrigans les rendaient sourds à ces vœux énergiques innés dans le caractère national de tous les peuples, en faveur de leurs légitimes souverains ? Il ne suffit pas d'avoir détruit la cause du mal, il faut en extirper les funestes effets, pour l'exemple des coupables, l'honneur des victimes, la gloire des monarques réparateurs et la sécurité de tous ! Je sais que la générosité et la clémence doivent être les qualités distinctives des souverains; mais je sais aussi que la postérité, juge sévère et incorruptible, vouera au mépris le plus profond ces princes à qui la Providence avait confié les moyens de faire triompher *leur propre cause*, et qui en abuseraient pour confirmer la plus injuste usurpation. Le règne du charlatanisme n'a duré que trop long-temps, à la honte de ces familles augustes, destinées par la Providence à représenter la divinité sur la terre par un heureux assemblage de bienfaisance, de dignité, de grandeur, et sur-tout de cette confiance ou attachement réciproque entre un bon prince et ses sujets. Non, non, il n'est ni prudent, ni permis, ni possible au congrès de Vienne d'investir de ces belles prérogatives l'usurpateur du trône de Naples, aux dépens des illustres descendans de Louis-le-Grand ! Que les magnanimes auteurs de la restauration de Louis XVIII me permettent de soumettre à leur méditation cette pensée sublime de Cicéron, quand, plaidant pour Ligarius, il dit à César : « Vous n'avez point reçu de plus grande faveur de la fortune, que le *pouvoir* de conserver la vie (*l'honneur des rois légitimes*), ni aucun avantage plus flatteur de la nature, que la *volonté* de le faire. »

FIN DU SEPTIÈME ET DERNIER LIVRE.

# NOTICE BIOGRAPHIQUE

SUR

# LE MARÉCHAL SOULT,

## DUC DE DALMATIE (1).

> « Seldom he (Cassius) Smiles, and Smiles
> « in such a sort, as if he Mocked Himself,
> « and Scorned his spirit that Could be Moved
> « to Smile at any thing. »
> SHAKESPEARE, *Julius Cæsar*, act. 1.

Le général Soult est employé en Espagne : il commande en chef l'armée d'Andalousie ; il est un des quatre généraux de la garde impériale.

Soult n'a que quarante-deux ans, quoiqu'il paraisse plus âgé. Sa taille est de cinq pieds cinq pouces ; sa constitution est robuste ; sa physionomie est ordinaire, excepté son coup-d'œil qui est scrutateur : il a en outre un air réfléchi, qui annonce un génie au-dessus du commun. En l'observant avec

---

(1) Cette Notice biographique fut publiée à Londres en novembre 1811, dans le premier volume du *Philosophe*. A mon arrivée à Paris en mai 1814, un officier d'état-major me pria de lui donner la traduction de cette note. Elle m'a été rendue avec les observations qui l'accompagnent. Mon impartialité m'impose l'obligation de les consigner dans cet ouvrage, avec mes réflexions à la suite de cette Notice.

attention, on remarque bientôt qu'il est doué d'une force d'ame qui lui a valu la plupart de ses succès. Sa tournure est militaire ; sa tenue est simple ; son abord est froid. Il parle peu ; il est très-rigide pour le maintien de la discipline. Son activité et son intelligence lui ont mérité souvent les éloges de Kléber et de Buonaparte.

Né de parens d'une fortune médiocre, Soult doit être considéré comme l'auteur de sa fortune militaire. Il n'avait encore que seize ans, lorsqu'il s'enrôla comme simple soldat. Sa bonne conduite le fit facilement distinguer par ses chefs, qui le nommèrent d'abord caporal, et ensuite sergent. Son goût pour les armes étant décidé, il s'occupa avec fruit de l'étude des manœuvres d'infanterie. Ses progrès furent rapides, et déjà, dans ces grades inférieurs, on le vit déployer envers ses subordonnés cette fermeté de caractère qui depuis a tant contribué à son avancement. En 1792, sa réputation de bon instructeur le fit nommer adjudant-major d'un bataillon de gardes nationales. En 1793, il fut nommé officier d'état-major, et peu de temps après, adjudant-général. Il fut employé dans ce dernier grade à l'armée de la Moselle, sous le commandement de Jourdan. A l'époque où quarante mille hommes de cette armée se portèrent sur la Sambre au secours de Charleroi, Soult était chef d'état-major de la division du général Lefèvre, qui formait l'avant-garde de l'armée.

Le 26 juin 1794, jour de la bataille de Fleurus, l'aile droite de l'armée française, aux ordres de Marceau, fut attaquée par Beaulieu, à trois heures du matin. A midi, toutes les troupes de Marceau étaient battues et fuyaient dans le plus grand désordre. Lui-même, environné par les dragons de Latour autrichiens, ne dut son salut qu'à la bravoure de ses officiers d'état-major, qui protégèrent sa retraite sur la division Lefèvre. « Donnez-moi, dit « Marceau à ce général, quatre de vos bataillons, « afin que je chasse l'ennemi de la position qu'il « vient de m'enlever. » Comme il s'aperçut que Lefèvre était indécis, pour le déterminer, il ajouta avec l'accent du désespoir : « Si vous me refusez, « je me brûle la cervelle. » Lefèvre, se tournant vers Soult qui était présent, lui demanda son avis. Celui-ci dit « que le moindre détachement compro« mettrait la sûreté de la division. » Marceau, lançant un regard foudroyant sur Soult, lui demanda qui il était pour oser parler d'un ton si tranchant. « Je suis calme, lui répondit froidement Soult, et « vous ne l'êtes pas. » Cette observation ne servit qu'à enflammer davantage la colère de Marceau, qui provoqua Soult pour le lendemain. « Aujour« d'hui comme demain, répliqua Soult, vous me « trouverez toujours disposé à vous dire la vérité, « et à vous témoigner les égards que je dois à votre « grade. Ne vous brûlez pas la cervelle ; battez-vous « dans nos rangs, et quand nous serons hors de « danger, nous vous donnerons les bataillons que « vous demandez. » Dans ce moment le prince de Cobourg attaqua Lefèvre avec l'élite de ses troupes. Les grenadiers hongrois revinrent à la charge jusqu'à sept fois. Soult se portait avec rapidité là où le danger était le plus grand. Marceau se battit aussi comme un lion. Lefèvre se tenait avec la réserve. La bataille dura plusieurs heures avec un acharnement qui tenait de la rage. Le brave régiment de royal-allemand chargea plusieurs fois les colonnes de Soult et de Marceau qui poursuivaient les grenadiers autrichiens. Environ trois cents de ces vaillans soldats trouvèrent la mort près du camp retranché de Lefèvre. A six heures du soir, les divisions de l'armée de la Moselle étaient en retraite, excepté celle de Lefèvre. Ce général, alarmé pour ses deux flancs, allait suivre le mouvement du reste de l'armée, lorsque Soult le pria d'attendre, en l'assurant que l'ennemi était déjà en retraite, autant qu'il en pouvait juger par l'incertitude de ses manœuvres. Cette opinion de Soult fut bientôt confirmée par un ordre d'attaquer, envoyé par Jourdan, qui, à l'aide d'observateurs placés dans un ballon, fut averti des mouvemens de l'armée autrichienne. Marceau et Soult attaquèrent le village de Lambussart, et réussirent à s'en emparer. Cobourg effectua sa retraite en bon ordre, après un combat sanglant qui dura dix-huit heures presque sans interruption.

Marceau, qui avait été témoin de l'habileté et du sang-froid de Soult, dit à Lefèvre : « Le chef de « votre état-major est un homme de mérite : il ne « tardera pas à se faire un nom. » « Oui, répondit « Lefèvre avec indifférence, il est assez bon ; je suis « content de lui ; il conduit assez bien mon état-« major. » Alors Marceau tendant la main à Soult, lui dit d'un ton très-amical : « Général, je vous prie « d'oublier ma vivacité de ce matin. Quoique je sois « destiné par mon rang à vous donner des leçons, « vous m'en avez donné une aujourd'hui que je « n'oublierai de ma vie. C'est vous qui avez gagné « la bataille de Fleurus. » A ces mots, il l'embrassa, et depuis lors, il a existé une amitié solide entre ces deux officiers, jusqu'à la mort de Marceau, à laquelle Soult fut très-sensible.

Pendant les campagnes de 1794, 95, 96 et 97, Soult continua à diriger l'état-major du général Lefèvre. Quand on faisait l'éloge de Soult, Lefèvre se hâtait de répondre que cet officier était plus propre pour la plume que pour l'épée, quoiqu'il fût bien convaincu qu'il était également recommandable sous les deux rapports ; mais sa politique l'engageait à diminuer le mérite de Soult comme tacticien, dans la crainte que quelque général en chef ou le Directoire, ne le lui enlevassent pour le placer d'une manière plus analogue à ses talens. C'est la véritable raison qui a fait rester Soult si long-temps dans le second rang. Quiconque avait vu Lefèvre, et l'avait entendu raisonner sur les affaires militaires, était étonné qu'un homme ordinaire sous le rapport de l'instruction, eût pu acquérir la grande réputation dont il jouissait alors. Sa division était forte de quinze mille hommes : elle formait l'avant-garde en avançant, et l'arrière-garde dans les retraites. Dans ses marches, dans ses camps, et sur le champ de bataille, cette division conservait le plus grand ordre, n'était jamais enfoncée, et gagnait presque toujours l'avantage de la journée. Les troupes de Marceau, de Championnet, de Bernadotte, etc., n'avaient point une si brillante réputation, quoique ces généraux fussent reconnus bien supérieurs à Lefèvre par leurs talens. On convenait donc que c'était Soult qui était l'auteur de la gloire de son général. La cavalerie se déployait sur un champ de bataille avec autant de précision que sur une place de parade, et l'infanterie manœuvrait comme des Suisses, sous le feu le plus meurtrier. Soult avait l'œil à tout : il poussait même sa vigilance jusqu'à se rendre lui-même au lieu des distributions, pour s'assurer qu'elles étaient de bonne qualité, ce qui lui avait concilié les cœurs des soldats. Ferme pour réprimander les officiers négligens, il témoignait sa satisfaction à tous ceux qui faisaient preuve de zèle. Du reste, il prêchait d'exemple, et un jour de combat, on était assuré de le trouver toujours aux premiers rangs.

Lefèvre réussit, par ses rapports ampoulés au gouvernement, à recueillir pour son compte le fruit de tant de zèle ; mais les soldats ne furent jamais sa dupe. S'il arrivait quelque chose de fâcheux, on n'entendait qu'un cri dans toute la division : « C'est, « disait-on, parce que le général s'en est mêlé. « Pourquoi ne s'en rapporte-t-il pas aveuglément à « son chef d'état-major ? » Tous ces détails ne doivent pas être considérés comme exagérés ; ils sont la pure vérité. J'ai servi avec Soult dans la division de Lefèvre, en qualité d'adjudant-général, et j'ai été à même d'apprécier le mérite de chacun.

Soult fut enfin nommé général de brigade ; mais Lefèvre ne voulant pas s'en séparer, le fit employer dans sa division comme commandant de son avant-garde. Ce général, ayant été blessé, Jourdan donna sa division à Soult, qui la commanda en chef à la bataille de Lieblingen, le 26 mars 1799. Nommé général de division, il fut employé en Suisse sous Masséna, dont on le considérait comme le bras droit. Il suivit ce général en Italie : il le seconda efficacement au siége de Gênes. Il y fut blessé d'une balle qui lui fracassa la jambe droite. Il fut fait prisonnier avec son frère, qui était alors son aide-de-camp chef d'escadron, et qui est aujourd'hui général commandant la cavalerie du 4º corps dans le royaume de Grenade.

La perte de la bataille de Marengo, par les Autrichiens, fit rentrer Soult dans sa patrie. Dès qu'il fut guéri de ses blessures, il fut nommé au commandement du corps d'observation dans le royaume de Naples. Des officiers, qui servaient sous ses ordres, m'ont assuré qu'il avait réussi à se faire aimer et respecter des troupes et des habitans, par sa justice et sa probité. J'ai déjà dit comment Mortier avait gagné les bonnes grâces de Buonaparte. Ce fut aussi Lefèvre qui représenta Soult, comme autant habile dans les manœuvres, que zélé pour la discipline. Il fut mandé à Paris, et nommé colonel-général des chasseurs à pied de la garde. Il se montra constamment digne de la confiance de Buonaparte, et on ne tarda pas de s'apercevoir combien était grande l'influence de Soult par l'amélioration de tout ce qui était relatif au service. Buonaparte, enchanté des progrès de sa garde, tant par la discipline que la tenue et l'instruction, crut ne pouvoir point faire un meilleur choix, qu'en nommant cet officier au commandement en chef du camp de Boulogne.

Plus franc que les autres courtisans, Soult blâma hautement les ouvrages immenses qu'on construisait sur la côte de Boulogne et sur les deux rives de la Liane. On le laissa dire, et on lui pardonna cette licence, parce qu'il eut le bon esprit de se montrer un des plus zélés partisans de l'érection de la colonne triomphale de Buonaparte, avec cette ins-

cription : « *L'armée de terre et de mer à Napoléon-*
« *le-Grand.* » Soult aurait beaucoup mieux fait de
conseiller à son maître de construire de bonnes barraques pour les soldats, d'établir un hôpital salubre
avec un jardin spacieux, et de faire bâtir des magasins à poudre en pierre, en place de ceux en
bois, qui, comme autant de volcans, menacent
Boulogne d'une destruction complète. Ce qui est
d'autant plus à craindre, que cela ne dépend que de
l'imprudence d'une sentinelle, ou de la malveillance
d'un scélérat. Mais, par malheur, le brillant est
préféré à l'utile, et d'après ce principe funeste, on
néglige ce qui peut être avantageux à la société.

Pendant son séjour à Boulogne, Soult déploya
une grande activité. Presque toujours à cheval, il
visitait la côte, les camps et les cantonnemens.
C'est là qu'il s'occupa à instruire ses troupes dans
les grandes manœuvres qui lui furent si profitables à
la bataille d'Austerlitz. Quand l'armée de Boulogne
marcha en Allemagne, Soult passa le Rhin à Spire
le 26 septembre 1805, et dirigea sa marche sur
Nordlingen par Hailbron. Le 6 octobre, il s'empara
de la tête de pont de Donavert, passa le Danube, et
marcha sur Augsbourg, dont il prit possession sans
coup-férir. Memmingen lui ouvrit aussi ses portes,
après une faible résistance. Pendant toute cette
campagne, Buonaparte confia à Soult les postes les
plus importans. A la bataille d'Austerlitz, il eut le
commandement de l'aile droite de l'armée. Buonaparte lui ayant envoyé l'ordre d'attaquer sur-le-champ les hauteurs de Pratzen, Soult répondit à
l'aide-de-camp porteur de cet ordre : « Qu'il com-
« mencerait l'attaque aussitôt qu'il pourrait le faire

« avec succès ; mais qu'il n'était pas encore temps. »
Cette réponse, rapportée à Buonaparte, le rendit
furieux, et il envoya de suite un autre aide-de-camp
pour réitérer son ordre. Il arrivait, lorsque Soult
avait déjà commencé son mouvement, qu'il n'avait
différé que pour donner aux Russes le temps de se
porter vers leur gauche, et ainsi affaiblir leur centre.
Tout ce qui s'opposa à la marche du corps de Soult
fut pris ou tué. Il s'établit sur le beau plateau de
Pratzen. Buonaparte, qui était sur une hauteur d'où
il découvrait tous les mouvemens de l'armée, fut
charmé des belles manœuvres de son lieutenant et
de leur brillant résultat. Il accourut à grande course
de cheval, et en présence de tout son état-major,
qui quelques momens auparavant l'avait entendu se
plaindre amèrement de Soult, il l'embrassa en lui
disant : « Monsieur le maréchal, je vous regarde
« comme le premier manœuvrier de mon empire. »
« Sire, je le crois, répondit Soult, puisque votre
« majesté a la bonté de me le dire. » Ce compli-
ment, placé fort à propos, fit autant de plaisir à
Buonaparte, qu'il étonna tous les spectateurs. Rien
ne manquait pour compléter l'effet de cette scène
extraordinaire, que le colonel du régiment d'infanterie où Soult avait servi comme simple soldat
en 1786. Il aurait sans doute crié « *au miracle !* »
en voyant son soldat inexpérimenté devenu un
adroit courtisan, et un général assez habile pour
battre les généraux russes et autrichiens qui avaient
acquis tant de gloire par leurs brillans exploits contre
les Turcs.

A la bataille d'Iéna, le 14 octobre 1806, Soult
décida la victoire par son mouvement contre le

centre de l'armée prussienne, après qu'il se fut emparé d'un bois qui était sur sa droite. Le 16 du même mois, au village de Greussen, il refusa de croire à l'armistice dont le général Kalkreuth lui garantissait la conclusion, afin de favoriser la retraite de la colonne qui couvrait la fuite du roi de Prusse. Buonaparte, dans son dixième Bulletin, en date de Naumbourg, du 18 octobre 1806, a imaginé une conférence entre le général prussien et le maréchal Soult, afin de donner une leçon de sa façon aux généraux de la grande armée, qui ayant eu la bonhommie d'ajouter foi à l'armistice prétendu, laissèrent échapper plusieurs colonnes ennemies. Soult rendit de grands services en Prusse et en Pologne. A la bataille d'Eylau, quoiqu'inférieur en nombre, il réussit à contenir Beningsen. Le maréchal Augereau avait été culbuté, et avait laissé à découvert la gauche du maréchal Soult. Les mauvais chemins avaient retardé la marche du maréchal Davout. Ney se battait contre les Prussiens, et Bernadotte était trop éloigné pour pouvoir compter sur sa coopération. Soult tira si bien parti de ses troupes, qu'il parut les multiplier. Si, après avoir forcé Augereau à quitter le champ de bataille, l'armée russe s'était portée toute entière, en masse et tête baissée ( leur manœuvre favorite ) contre la ligne de Soult, Buonaparte aurait été complètement battu, et le corps de Davout, que ce mouvement aurait isolé du reste de l'armée, aurait été pris, tué ou dispersé. Vers le soir de cette sanglante journée ( 8 février 1807 ), Buonaparte, effrayé de la perte énorme qu'il venait d'essuyer, se proposait de se retirer à la faveur de la nuit. « Restons où nous

« sommes, Sire, lui dit Soult; car, quoique nous
« ayons horriblement souffert, nous passerons pour
« vainqueurs, si nous restons les derniers sur le
« champ de bataille. J'ai observé des mouvemens
« dans l'armée russe, qui me font croire que Be-
« ningsen profitera de la nuit pour battre en re-
« traite. » Quoique Buonaparte n'osât pas l'espérer, il se rangea de l'avis de Soult dont il connaissait la grande perspicacité. Il fut si joyeux de la
tournure que prirent ses affaires, qu'on le vit toute
la journée du lendemain de la bataille parcourir avec
un visage riant les environs d'Eylau, théâtre affreux
de destruction et de carnage, où vingt mille morts,
mourans et blessés, étaient étendus dans la neige
sans secours, l'armée manquant de tout !

Peu de temps après la paix de Tilsitt, Soult fut
désigné pour prendre un commandement à l'armée
d'Espagne. Le 10 novembre 1808, il attaqua l'armée d'Estramadoure avec le 2ᵉ corps : il la mit en
déroute, et s'empara de Burgos. Il marcha sur
Reynosa, occupa Santander, et poussa des partis
jusque dans le royaume des Asturies, pendant que
les autres corps de l'armée française manœuvraient
sur les deux rives de l'Ebre, et battaient Castanos à
Tudela.

Buonaparte, s'étant décidé à marcher sur Madrid, ordonna à Soult d'observer le général Moore.
Il lui dit de manœuvrer de manière à attirer les Anglais du côté de Burgos (1), tandis qu'un corps d'é-

---

(1) Il y a erreur; le maréchal Soult ne reçut aucun ordre
ni avis de cette nature ; il revint de son propre mouvement
des montagnes des Asturies, où il était engagé sur la Carion,
lorsqu'il apprit que l'armée anglaise se portait sur le Douro,

lite chercherait à s'emparer de leur ligne d'opération, afin de couper leur retraite sur la Corogne où étaient les vaisseaux destinés à les transporter en Angleterre. L'habileté du général Moore lui fit éviter ce piége fort adroitement préparé. Il se retira sur Bénavente, où sa cavalerie se mesura avec succès contre les chasseurs de la garde impériale. La marche de Soult fut lente, et ses attaques peu vigoureuses. Quoiqu'en puisse dire Buonaparte, il est certain que Soult fut repoussé dans la journée de la Corogne, et que les Anglais furent vainqueurs. Ils payèrent bien cher cette victoire défensive, puisqu'ils perdirent leur brave général Moore, aussi estimable par ses vertus privées, que recommandable par ses talens militaires.

L'invasion du Portugal ne peut pas être comptée au nombre des faits d'armes qui honorent le maréchal Soult. Il est vrai, qu'après avoir passé sur le ventre aux milices portugaises, il prit d'assaut la ville de Porto. Mais, comment défendit-il un poste si important (2) ? Quelles mesures prit le maréchal

---

et il arriva à temps pour la contenir. Du reste, Buonaparte n'avait pas prévu ce mouvement; Soult poussa avec une grande vigueur les Anglais; dans sa marche, il enleva deux divisions espagnoles du corps de La Romana. A la Corogne, il battit les Anglais, et les obligea à se rembarquer précipitamment, en abandonnant leurs chevaux, magasins et matériel.

(2) L'auteur est mal instruit, l'expédition du Portugal fut ordonnée en exécution du traité secret de Tilsitt, qu'il ignore. La bataille de Porto est un des plus beaux faits d'armes que l'on puisse citer. Le maréchal Soult fut forcé de se retirer, parce que, 1º la population sur ses derrières était insurgée; 2º l'armée anglaise qui l'attaquait était très-supérieure; et 3º parce que le maréchal Victor, qui devait déboucher avec trois divisions par Ciudad-Rodrigo et l'Alentejo, n'arriva pas. La dé-

pour empêcher lord Wellington d'effectuer le passage du Douro ? Il m'a été assuré que Soult avait été sur le point d'être fait prisonnier dans Porto. Il était à table avec tout son état-major, lorsqu'on lui annonça que l'ennemi était déjà en ville. Il n'eût que le temps (3) de monter à cheval, et il fut forcé de s'ouvrir un passage, le sabre à la main, au milieu des tirailleurs anglais. Je tiens ce fait du colonel d'Auture, qui était employé dans l'état-major du maréchal Soult, et qui l'a été depuis sous mes ordres au camp de Boulogne. Quand le 2<sup>e</sup> corps entra en Portugal, le 10 février 1809, il était fort de vingt-trois mille hommes. Il en sortit le 18 mai suivant, après avoir essuyé une perte de huit mille hommes. En outre, l'artillerie et les bagages furent abandonnés. La perte des hommes fut due en partie à l'esprit vindicatif des paysans portugais qui ne faisaient point de prisonniers. Par une de ces bizarreries de l'inconstante fortune, Soult arriva très-à-propos pour faire lever le blocus de Lugo, qui était cerné par le général Mahi, à la tête de vingt mille Espagnols. La garnison de cette place, formée par le 69<sup>e</sup> régiment, aux ordres du général Fournier, était sans provisions, et hors d'état de prolonger sa défense. Les Espagnols se retirèrent à l'approche de

---

cision que prit Soult d'abandonner son artillerie, lui fait un grand honneur ; il sauva ainsi son armée ; du reste, il ramena dix-neuf mille cinq cents hommes, et ne perdit dans cette expédition que trois mille cinq cents hommes, y compris deux mille hommes qui restèrent à l'hôpital de Porto.

(3) Cela n'est pas exact, le maréchal Soult était en mesure et en mouvement ; il ne fut pas dans le cas de s'ouvrir un passage.

Soult, et cet heureux évènement fit oublier l'échauffourrée du Portugal.

La marche de Soult sur Placentia avec son corps et celui du maréchal Mortier, obligea lord Wellington à évacuer sa position de Talavera-de-la-Reyna. Buonaparte porta à soixante-dix mille hommes la force de l'armée de Soult. La vérité est qu'il n'en avait pas plus de trente mille (4). Il parut prendre sa revanche de son expulsion du nord du Portugal. L'assaut de Porto et la victoire de Talavera sont certainement de très-beaux faits d'armes; mais il est constant que lord Wellington et le maréchal Soult se laissèrent influencer par des rapports exagérés, et qu'ils ne surent pas tirer tout le parti possible de deux succès qui leur avaient coûté tant de sang. Le roi Joseph, obligé de se sauver à toutes jambes après la bataille de Talavera, en conclut avec raison que Jourdan, son chef d'état-major, n'était pas assez instruit pour bien diriger les opérations militaires de la péninsule, et il confia à Soult des fonctions si importantes (5). Joseph eut bientôt lieu de s'applaudir d'un tel choix. Le 19 novembre 1809,

---

(4) La vérité est que Soult avait cinquante-six mille hommes de son corps et de ceux de Ney et de Mortier; il manœuvra avec audace malgré les ordres de Joseph, qui était généralissime, et qui venait de perdre la bataille de Talavera; Joseph était perdu avec toute l'armée, si Soult ne fût arrivé trois jours après pour le sauver; à son approche, Wellington se retira précipitamment sur la Guadiana, et il abandonna l'armée espagnole de Cuesta. Si Joseph avait écouté les conseils de Soult, l'armée anglaise était perdue ou très-compromise.

(5) C'est Buonaparte qui nomma, par décret, Soult major-général des armées françaises en Espagne, en lui donnant le droit de commander directement par-tout où il serait; Soult ne voulut jamais prendre le titre de major-général de Joseph.

une armée de cinquante mille Espagnols commandés par le général Arrizaga, fut battue complètement dans les plaines d'Occana. Le roi Joseph commandait en personne l'armée française sous la direction de Soult. On ne peut s'empêcher de s'apitoyer sur les désastres de ces braves Castillans. Pourquoi aller avec des troupes de nouvelle levée, et dans une plaine, attaquer une armée aguerrie par plusieurs campagnes ? Pourquoi ne pas avoir attendu les Français dans les belles positions de la Sierra-Morena (6)? Pourquoi enfin, si les Espagnols avaient tant la fureur des combats, ne se concertèrent-ils pas avec les Anglais, dont la discipline et l'expérience pouvaient faire espérer un succès, ou tout au moins préserver des désastres d'une déroute?

Le 20 janvier 1810, Soult fit une attaque générale des postes ennemis qui défendaient les passages de la Sierra-Morena. Sa victoire d'Occana avait atterré les Espagnols. Le 22, tous les obstacles étaient franchis, et il avait son quartier-général à Baylen, lieu célèbre par la victoire des Epagnols sur les Français commandés par le général Dupont. Soult ne profita pas de la stupeur occasionnée dans toutes les classes d'habitants par son passage de la Sierra. Si, au lieu d'éparpiller ses troupes, il s'était porté rapidement et avec toutes ses forces sur Séville, et ensuite à Cadix, il est probable qu'il se serait emparé de ces deux villes sans résistance; mais il parut hésiter (7),

---

(6) Ils y furent aussi battus.

(7) Toute l'armée marcha sur Séville, qui ouvrit ses portes sans hésiter; trois divisions, qui n'avaient pas six mille Espagnols devant elles, se portèrent à marches forcées sur Cadix; Victor les commandait; peut-être pouvait-il pousser plus vive-

et il marcha avec la lenteur de la tortue. Au lieu d'envoyer Sébastiani à Grenade et Mortier vers Badajoz, il aurait dû les faire marcher sur Cadix avec un équipage de pont pour passer le ruisseau de Saint-Pierre (Santi-Petri), et la dépêche qui annonça à Berthier la conquête de l'Andalousie aurait été datée du quartier-général de Cadix. C'est ainsi que Buonaparte aurait manœuvré s'il avait commandé cette expédition en personne. L'influence du parti français à Cadix garantissait la reddition de cette place (8). C'est en vain que Soult cherchera à s'excuser en assurant que ses plans furent paralysés par l'irrésolution du roi Joseph ; c'était là le moment favorable de lui faire bien comprendre « *que son royaume n'était pas de ce monde.* » Le roi devait être considéré comme zéro quand les circonstances exigeaient les talens d'un général ; les Français ne dûrent la victoire de Fontenoy qu'au bon sens (9) de Louis XV. Ce monarque, un jour de combat, ne se considérait que comme le premier aide-de-camp du maréchal de Saxe.

La défaite du corps de La Romana, le 19 février 1811, et la prise de Badajoz, rendu le 11 mars, sont

---

ment son attaque, malgré que l'armée n'eût pas d'équipages de pont ; du reste, il n'y eut aucun détachement de fait avant la prise de Séville, et ceux qui furent ensuite envoyés, ne contrarièrent en rien l'expédition sur Cadix.

(8) L'influence des Anglais et des cortès, soutenue de toute la population armée et de huit mille hommes de troupes réglées, couvertes par des retranchemens, était plus forte.

(9) Tout cela est vrai, mais il est extraordinaire que l'auteur en attribue la faute au maréchal Soult ; il ne se doute pas des difficultés que celui-ci avait à surmonter pour faire le bien et empêcher le mal.

des évènemens d'autant plus tristes pour les alliés, que toutes les chances étaient en leur faveur pour éviter ces désastres. Au lieu de poursuivre Masséna, qui s'échappa comme une ombre, sans même en excepter la garnison d'Alméida, lord Wellington aurait dû se borner à envoyer les Portugais avec quelques troupes légères pour harceler l'arrière-garde de l'armée française, et il aurait dû marcher au secours de Badajoz avec l'élite de ses troupes. Cette place, la clef de la Guadiana, ne se rendit que le 11, et elle pouvait être secourue dès le 9. Buonaparte se fait moquer de lui, quand il gronde le maréchal Soult pour n'avoir point donné le commandement de l'Andalousie au maréchal Victor, quand il se rendit en Estramadoure. Il n'y a pas de sous-lieutenant dans l'armée française qui ne sache que le gouvernement d'une province appartient, d'après les règlemens militaires, au plus ancien officier à égalité de grade (10). Victor était maréchal, et Sébastiani général de division. Il n'est pas à présumer que ce dernier eût refusé d'exécuter les ordres de Victor, si celui-ci avait eu la prévoyance de lui en envoyer à propos. Buonaparte est très à plaindre si, pour diminuer l'odieux d'un revers aux yeux des Français, il en est réduit à chercher des querelles d'allemand à ses meilleurs officiers. S'il voulait gronder Soult avec raison, la bataille d'Albuera, livrée le 16 mai (11),

---

(10) Le général Sébastiani avait été mis expressément sous les ordres du maréchal Victor.

(11) Le maréchal ne put être instruit de la levée du siége de Badajoz, puisqu'il resta toujours devant la place un corps de troupes anglaises et espagnoles; d'ailleurs un combat était indispensable pour empêcher les ennemis de reprendre leurs

lui fournissait une belle occasion d'évacuer sa bile. Ce maréchal apprit dans la nuit du 15 au 16, par des espions, que le siége de Badajoz était levé. Son but était rempli. Au lieu donc de faire périr plusieurs milliers de braves gens, il aurait dû manœuvrer le 16 au matin, comme il le fit le lendemain. Cette conduite lui était tracée par sa supériorité en cavalerie, qui aurait protégé très-avantageusement tous les mouvemens de son infanterie. Cette attitude menaçante en aurait imposé à Beresford, qui aurait été plusieurs jours sans pouvoir reprendre le siége de Badajoz. Il est même vraisemblable que sans ce carnage du 16 mai, l'armée alliée n'aurait pas refusé le bataille, lors de la jonction de Marmont avec Soult. Tout porte à croire que le sort de la péninsule aurait été décidé le 20 juin dans les plaines d'Albuera. On peut aussi reprocher à lord Wellington d'avoir autorisé le général Beresford à accepter une bataille rangée avec le général Soult, qui depuis plus d'un an avait été représenté au gouvernement anglais comme le plus habile général français de l'armée d'Espagne. Il paraissait naturel, d'après cet avis, que lord Wellington se trouvât en personne à la première affaire importante qui aurait lieu avec le maréchal Soult.

La conduite des généraux français, après le ravitaillement de Badajoz et la retraite de lord Wellington sur Portalègre, cause un grand étonnement à tous les militaires. On se demande pourquoi deux

---

opérations devant Badajoz, et donner le temps au maréchal Marmont d'arriver sur la Guadiana avec l'armée du Portugal, résultat qui fut obtenu. Le maréchal s'honore de la bataille d'Albuera. En cette circonstance, il sauva la place de Badajoz.

armées françaises, qui ont eu tant de peine à être réunies, se séparent sans livrer bataille à l'ennemi, qui n'est qu'à une journée de distance (12)? Les lignes de Portalègre n'avaient pas pu devenir dans vingt-quatre heures le second volume des lignes de Torres-Vedras; et cette position ne présentait pas des obstacles suffisans pour arrêter le double torrent qui, quelques mois auparavant, avait franchi la Sierra-Morena et inondé le Portugal. Le temps, qui est un grand maître, nous apprendra peut-être un jour les causes de ces singuliers mouvemens stratégiques. Pour mon compte, je suis porté à croire que Masséna en 1810, et Soult en 1811, obéirent à regret à des ordres supérieurs. Dans tous les cas, le duc de Dalmatie s'est exposé à la censure de l'histoire en insérant dans son rapport du siége de Badajoz, des faits contredits par les rapports des Anglais, d'ailleurs peu vraisemblables. Le sort des armes est journalier. La loyauté des chefs garantit à l'univers la vérité qui doit déterminer l'opinion publique. L'armée anglaise fit plus que son devoir au siége de Badajoz, puisqu'elle donna deux assauts sans que la brèche fût praticable.

La dispersion de l'armée de Murcie, attaquée par Soult le 9 août, paraît n'avoir été pour les troupes du 4$^e$ corps qu'une simple marche. Cependant l'arrivée de Blake en Murcie, avec des renforts de Cadix, aurait dû réveiller l'énergie et accroître l'esprit de résistance des Espagnols. On se demande

---

(12) Buonaparte l'ordonna impérieusement; le maréchal Soult éprouva même des désagrémens pour avoir manifesté un avis contraire; alors il prédit pour l'avenir des revers qu'il n'a pas été en son pouvoir d'empêcher.

aussi pourquoi lord Wellington ne fit pas une diversion sur la Guadiana pour empêcher Soult de marcher contre l'armée de Murcie? On voit combien on a eu tort de ne pas adopter sur le champ un plan fixe d'opérations militaires et un bon système d'organisation. Il résulte de cette double négligence que les provinces de l'Espagne sont attaquées successivement, ravagées et soumises, tout comme l'ont été les autres royaumes du continent de l'Europe.

Quoique j'aie été obligé de censurer plusieurs fois les opérations du maréchal Soult, il est néanmoins le premier général des armées françaises, après Buonaparte et Moreau. Il ne possède pas le génie de la grande guerre dans un degré égal à celui de ces deux capitaines, mais il leur est supérieur dans l'application ou exécution des manœuvres sur le terrain. De même que Buonaparte regretta, en 1809, de n'avoir pas Soult pour collaborateur sur les bords du Danube; de même Soult a plusieurs fois regretté, en Espagne et en Portugal, de n'être pas sous la direction immédiate de Buonaparte. Pendant quelque temps on a soupçonné Soult d'être un chaud républicain. On a même prétendu qu'il n'avait adopté l'autre parti que par politique. D'autres ont assuré qu'il s'était fait traiter en roi à Porto (13). Tous ces bruits n'ont point été confirmés, malgré les soins que s'est donné Berthier pour les vérifier. Du reste Buonaparte, depuis sa nomination d'empereur, a levé le masque. Il lui importe fort peu

---

(13) Ils étaient également absurdes, et l'on a eu l'inconséquence de ne pas reconnaître que Buonaparte les faisait répandre à dessein, pour perdre Soult dans l'opinion, ainsi qu'il avait fait pour Moreau.

qu'on l'aime et qu'on l'estime, pourvu qu'on lui obéisse et qu'on le craigne, comme fait Soult.

Mon opinion est que ce maréchal, qui a été un des mieux récompensés, ne cherche qu'à conserver la bienveillance de son souverain, en remplissant ses devoirs avec honneur. Il a sans doute, comme beaucoup d'autres, parlé contre le nouvel ordre de choses. A présent qu'il joue un des principaux rôles, il faudrait qu'il eût perdu la raison pour penser au rétablissement de la république. Au contraire, le jugement solide et éclairé du maréchal Soult nous donne lieu de croire qu'il sera, en temps opportun, un des plus fermes soutiens du trône, un zélé défenseur de la religion et un sévère observateur de la discipline, qualités fort importantes, puisqu'elles sont, sous un gouvernement légitime la triple et immortelle égide du bonheur des citoyens, de la gloire des monarques et de la splendeur des empires.

*Note sur le siége de Burgos.*

Le 19 septembre, les Anglais s'emparent du fort St-Michel par un coup de main. Du 20 au 23, ouverture de la tranchée, établissement des batteries, vive défense des assiégés. Le 24, les assiégeans débouchent du faubourg St-Pierre pour attaquer le camp retranché. Du 25 au 29, rien de marquant. Dans la nuit du 29 au 30, les Anglais font sauter une mine sans résultat avantageux. Du 30 septembre au 3 octobre, attaque et défense d'usage. Le 4, explosion d'une mine et assaut. Les Anglais s'établissent sur la brèche du camp retranché. Du 5 au 18, la vivacité de l'attaque est paralysée par l'habileté de la défense. Le 18, assaut général par trois colonnes anglaises. La victoire reste aux assiégés. Le chef de bataillon Laidé se distingue par sa bravoure et son intelligence. Le général de brigade Dubreton fut promu au grade de général de division, à cause de sa belle défense d'une bicoque contre l'élite de l'armée anglaise. Il est le frère de l'ordonnateur en chef Dubreton, qui a rendu tant de services aux armées d'Allemagne et d'Italie, par une administration active, ferme, probe, éclairée et vraiment paternelle. La perte des Français pendant le siège, qui dura 34 jours, fut de 800 hommes hors de combat. Celle des assiégeans fut de plus de 3000.

# RÉPONSES DE L'AUTEUR

## AUX NOTES DE L'OFFICIER D'ÉTAT-MAJOR.

---

(1) Il y a erreur, etc., page 589.

La rédaction de la note biographique a été faite d'après les rapports officiels du général Moore et les bulletins français. Si Buonaparte n'avait pas prévu le mouvement des Anglais, ni ordonné celui du maréchal Soult pour leur tenir tête, cela confirme l'opinion que j'ai donnée souvent de la supériorité des talens de Soult. Quant au surplus de la remarque, les faits mentionnés dans l'ouvrage répondent assez clairement, pour ne pas dire davantage, sur un article bien connu. Quand on n'a pas pris un canon ni un homme à une armée qu'on attaquait, et qu'on n'a pas pu la forcer à quitter sa position, tandis que les assaillans ont été obligés de rentrer dans la position qu'ils avaient avant l'attaque ; rien n'est plus facile que de désigner le vainqueur. Moore gagna une bataille défen

(2) L'auteur est mal instruit, etc., page 590.

J'ignorais qu'il eût été question de l'expédition de Portugal dans le traité de Tilsitt, dont je n'ai connu, comme toute l'Europe, que ce qui a paru dans les journaux. Je crois aussi que la prise de Porto fut un beau coup de main ; mais je ne puis pas le classer avec les batailles d'Austerlitz et d'Iéna, pas même avec l'assaut de Badajoz, le 6 avril 1812. Porto était défendu par des paysans et attaqué par des Français, tandis que des Français défendaient Badajoz ! Je suis d'accord avec l'officier d'état-major sur les éloges qu'il donne à la retraite du Portugal ; et j'apprends avec plaisir que la perte en hommes fut beaucoup moindre que ne disaient les rapports anglais.

(3) Cela n'est pas exact, etc., page 591.

Le colonel qui m'a raconté le fait n'était pas à Porto au moment où l'affaire eut lieu. Il aura sans doute augmenté ce qui lui fût rapporté par quelque témoin oculaire. Ce qu'on ne conteste point, c'est que le maréchal Soult fut fusillé de très-près dans les rues de Porto, et que malgré tous ses efforts pour chasser de la place la colonne du général Hill, il ne put point y réussir. Je conviens donc qu'il était en *mouvement*, mais point en *mesure*, et l'on peut dire de lui dans cette occasion:

« *Et quandoque bonus dormitat Homerus.* »

(4) La vérité est que Soult avait cinquante-six mille hommes, etc., page 392.

Soult pouvait avoir cinquante-six mille hommes à Salamanque ; mais la garnison de cette place, mais le corps nécessaire pour observer la garnison de Ciudad-Rodrigo, mais les troupes nécessaires pour maintenir les communications jusqu'à Placencia dans un pays insurgé, et enfin la lenteur, pour ne pas dire le refus, d'un maréchal, dans ce qui était relatif à cette opération, toutes ces circonstances ne permettent pas de croire que Soult eût pu attaquer les alliés avec plus de trente mille baïonnettes et quatre à cinq mille chevaux. Je ne partage pas l'opinion de l'officier d'état-major ; je trouve plus de témérité que de science dans le mouvement de Soult sur Talavera par Placencia. Il se serait bien gardé de prendre une telle licence, quand lord Wellington était sur l'Adour avec des *plans fixes* d'opérations, et cinq ans d'expérience de plus dans la grande guerre. Cette partie de mon ouvrage est donc très-exacte, excepté qu'on doit donner à Soult quelques milliers d'hommes de plus ; ce qui ne peut point détruire la justesse de mon raisonnement, puisque les alliés auraient encore eu presque deux fois autant de troupes que les Français.

(5) C'est Buonaparte, etc., page 392.

J'approuve le maréchal Soult de ne pas avoir voulu prendre le titre de major-général de Joseph. Il l'était cependant *par décret*, puisqu'il est dit dans la note 4, que Joseph était *généralissime* des armées d'Espagne. Je sais de bonne part que Soult avait aussi carte blanche de Joseph, quand sa majesté n'avait pas la tête exaltée par le Champagne ou tournée par quelque favori. Au surplus, le nom ne fait rien à la chose. Que Soult fût le major-général ou le général en chef de Joseph, cela est indifférent ; mais Buonaparte est très-blâmable de ne pas avoir prescrit à son frère de suivre aveuglément les avis de ce maréchal, de même que je désapprouve le maréchal Soult d'avoir consenti à servir avec Joseph sans cette condition expresse pour ce qui était relatif au militaire.

(6) Ils y furent aussi battus, etc., page 393.

Cela est vrai, mais uniquement parce qu'ils avaient commis la faute d'aller combattre dans les plaines d'Occana. Si l'armée d'Arrizaga, forte de cinquante mille hommes, avait été postée par un général comme Soult, pour défendre les passages de la Sierra-Morena, j'en appelle à M. le maréchal, et j'ose assurer qu'il dira que sa position aurait été inexpugnable.

(7) Toute l'armée marcha sur Séville, etc., page 393.

J'ai prouvé que la marche sur Séville avait été trop lente : première faute. Pourquoi avoir gardé toute l'armée pendant deux jours devant Séville, tandis que la soumission de Cadix dépendait de celui qui se présenterait le premier? deuxième faute. Quant à la troisième que suppose l'officier d'état-major quand il dit « que le maréchal Victor aurait pu pousser sa pointe « plus vivement, » elle saute aux yeux de tout le monde, avec d'autant plus de raison, qu'on la considère comme la *première* cause de tous les désastres des Français dans la péninsule.

(8) L'influence des Anglais, etc., page 394.

A cette époque, la population était toute en faveur des Français. Il est ridicule de parler de l'influence des cortès. On les regardait alors comme une bande de polichinelles. On craignait les Anglais : on suspectait leur bonne foi. Si Victor était arrivé avant le duc d'Albuquerque, il aurait été reçu avec le plus grand enthousiasme. Je m'en réfère à la lettre du duc d'Albuquerque (*page* 118) et aux chagrins amers dont les partisans de la France abreuvèrent ce malheureux seigneur, mort depuis à Londres, de désespoir d'avoir été traité par ses concitoyens avec tant d'ingratitude !

(9) Tout cela est vrai, etc., page 394.

Un historien ne connaît ni amis ni ennemis. Il ne doit même pas penser qu'il s'expose à être persécuté par la génération présente. Il ne doit avoir que deux idées sans cesse présentes à son esprit : « la justice et la postérité. » Le maréchal Soult a peut-être à se reprocher d'avoir rendu Joseph récalcitrant, par des complimens outrés, toujours dangereux quand ils sont adressés à un faquin. Quelle nécessité, par exemple, après la bataille d'Occana, que le maréchal Soult vînt dire au ci-devant commissaire des guerres, Joseph d'Ajaccio : « Sire, recevez « mes félicitations sur la victoire éclatante que vient de gagner « votre majesté ? » On cesse d'être surpris que cet écrivassier se crût devenu général, puisque le vainqueur d'Austerlitz avait la faiblesse de proclamer ses prétendus talens et de lui attribuer l'un de ses plus beaux triomphes.

(10) Le général Sébastiani, etc., page 395.

Connaissant l'exactitude du maréchal Soult dans tout ce qui est relatif au service, je ne balançai pas d'assurer les ministres anglais que cette assertion de Buonaparte était fausse, et qu'il ne l'avait mise en avant que pour jeter de la défaveur sur Soult, dont il jalousait les talens et les succès, jusqu'à l'enfantillage.

(11) Le maréchal ne put être instruit, etc., page 395.

Le corps qui resta devant Badajoz ne put pas empêcher la destruction des ouvrages des assiégeans. On est donc étonné que le gouverneur n'eût pas donné avis au maréchal de tout ce qui se passait. Mes réflexions sur la bataille d'Albuera sont assez étendues pour me dispenser de tout commentaire ultérieur. Les manœuvres exécutées le jour de la bataille font certainement beaucoup d'honneur à M. le maréchal, quoique la victoire soit restée indécise. Telle est mon opinion, comme tacticien; mais comme historien, je suis obligé de censurer les maréchaux Soult et Beresford, pour avoir oublié qu'ils étaient les pères, et non pas seulement les généraux de leurs soldats.

(12) Buonaparte l'ordonna, etc., page 397.

C'est une des plus grandes fautes qui aient été commises pendant la guerre par les généraux français. Une victoire complète remportée sur les alliés à cette époque, rendait leur position extrêmement critique, d'autant plus que Suchet venait de soumettre le royaume de Valence. Je pense que si j'avais été à la place des maréchaux Soult et Marmont, j'aurais obéi aux *lois* de la tactique pour ma gloire et pour l'honneur des armes françaises, bien convaincu que Buonaparte aurait tout approuvé, à cause du succès qui était hors de doute.

(13) Ils étaient également absurdes, etc., page 398.

Buonaparte n'y a jamais cru, quoiqu'il eût maltraité le général Ricard, sous prétexte que cet officier avait écrit des proclamations pour faire réussir ce projet. Le maréchal Soult, quoique plus propre à occuper un trône que Murat, n'eut jamais une si folle ambition. Il n'a jamais formé de désir que pour la gloire et le bonheur de sa patrie. Qu'il ait employé tous les moyens qu'il a cru propres à retirer ses troupes d'un mauvais pas, toujours de concert avec ses collaborateurs, et en en donnant avis au gouvernement, les lois de la guerre lui en faisaient un devoir. Et quel est le Français qui ne doit pas remercier ce maréchal d'avoir osé employer un semblable stratagème, pour épargner à nos armées la douleur et la honte qui accompagnent toujours la plus belle capitulation ! Lorsque je publiais sa note biographique en novembre 1811, Buonaparte était encore dans toute sa puissance, et je n'avais d'autre but que de mériter l'estime du public de l'Europe par des narrés impartiaux. Je suis donc forcé de blâmer le faux zèle de l'officier d'état-major qui veut donner la victoire au maréchal Soult dans les journées des 16 janvier 1809, à la Corogne, et 16 mai 1811, à Albuera. Son excellence a assez de brillantes actions pour que personne ne soit obligé de se battre les flancs, afin de lui en attribuer qui ne lui appartiennent pas. Cette maladresse de son ami ne pourrait que jeter du louche sur ses véritables triomphes, et l'on serait tenté de dire avec le bon La Fontaine :

> Rien n'est si dangereux qu'un ignorant ami :
> mieux vaudrait un sage ennemi.
> LIVRE VIII, Fable 10.

FIN.

# ERRATA.

Page 4, lig. 13, évènement, *lisez* évènemens.
id. 21, sous, *lisez* tous.
23, 10, quoique cette conduite, nécessitée, *lisez* cette conduite, quoique nécessitée.
77, 1, combat où, *lisez* combat, ou.
99, 10, *après* complète, *ajoutez* leur perte fut de 28,000 hommes, dont 25,000 prisonniers.
114, 7, 25 janvier, *lisez* le 15.
117, 20, a encouragé, *lisez* encouragerait.
175, 16, possession, *lisez* position.
272, 19, se réunirent, *lisez* se récrièrent.
304, 27, très-difficile, *lisez* très-facile.
315, 16, le 4, *lisez* le 4 octobre.
323, 27, 1813, *lisez* 1812.
370, 13, si je ne comparais, *lisez* si je comparais.
374, 14, trois mille, *lisez* mille.

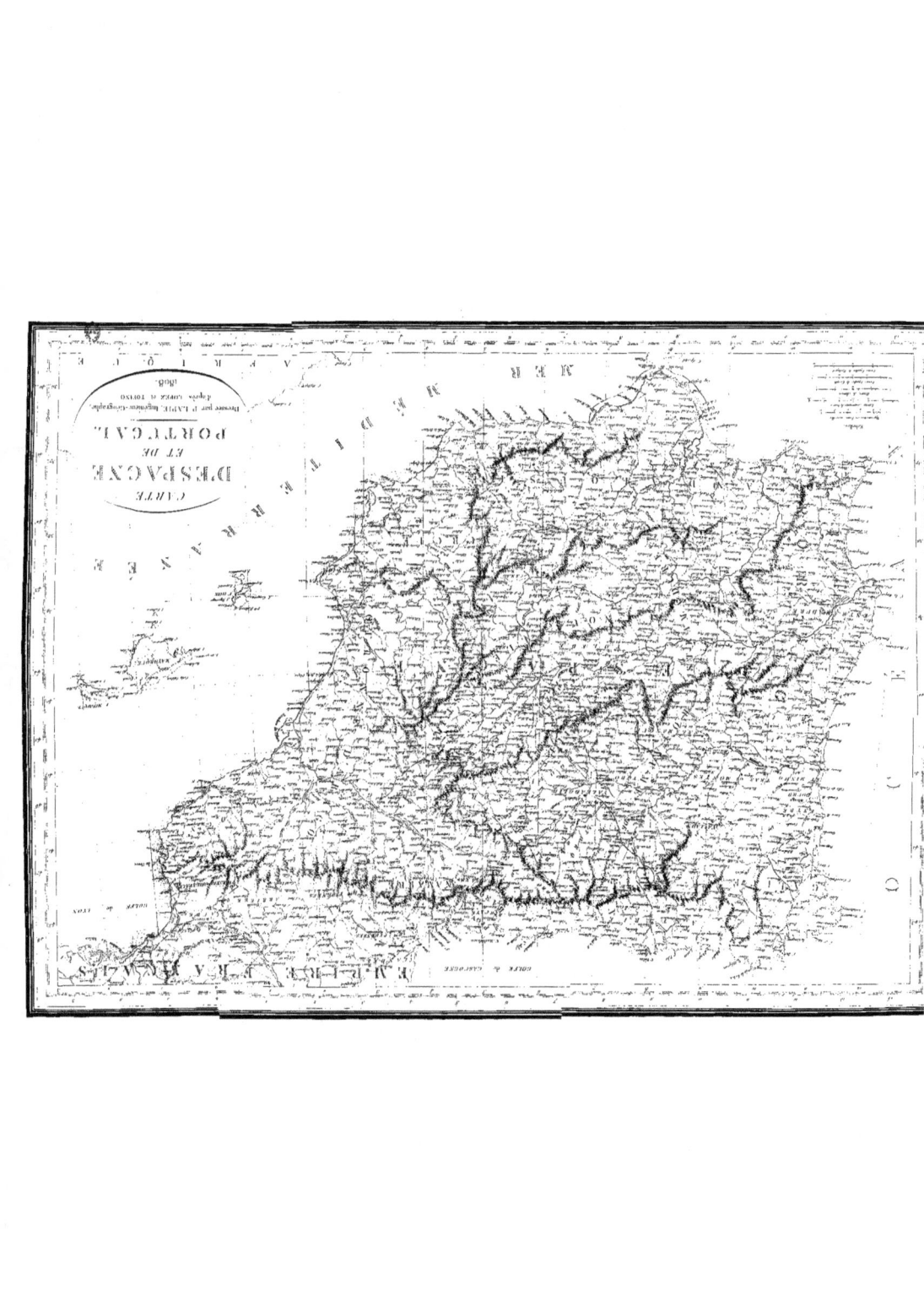

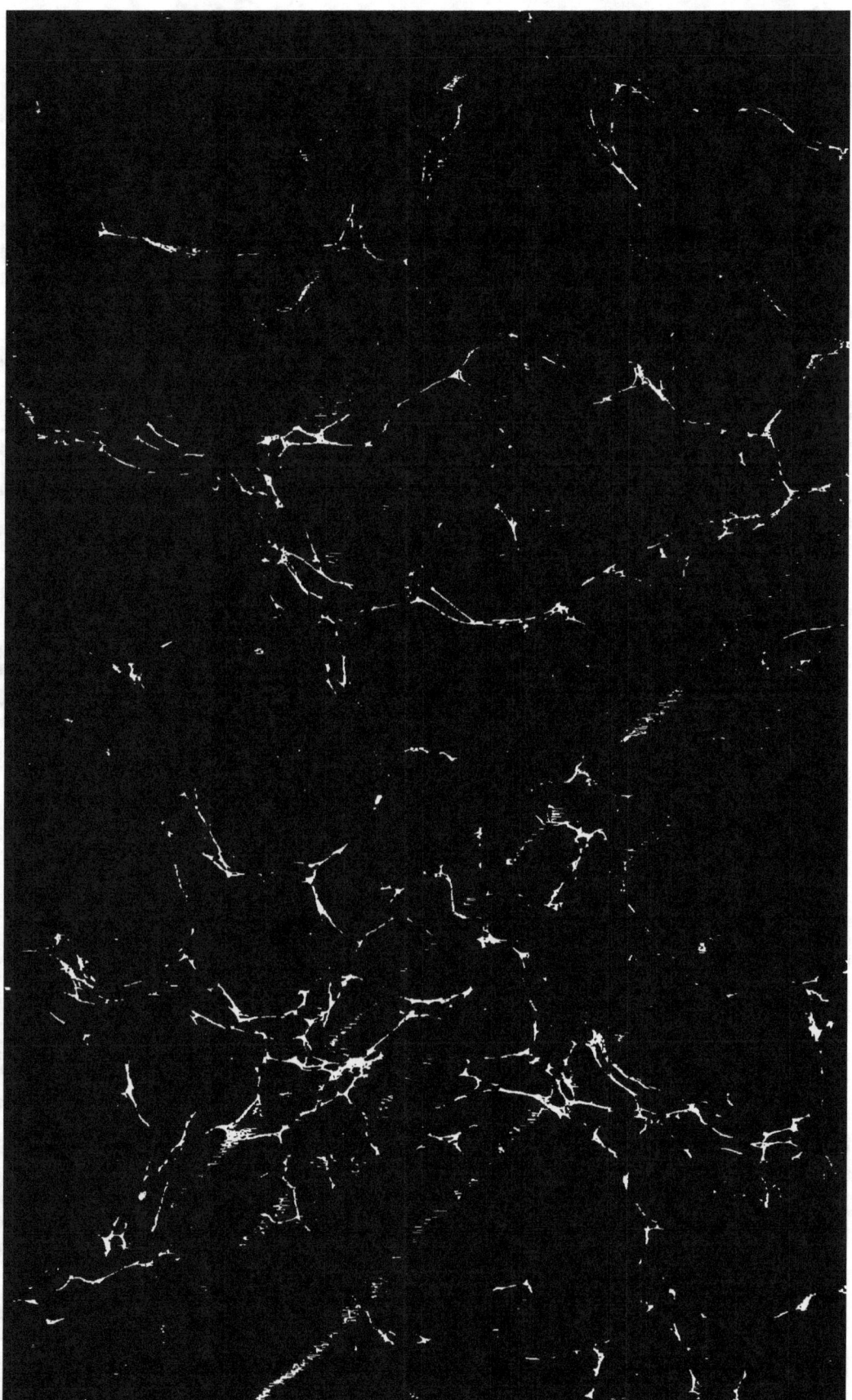